역사 추리 조선사

이성계의 위화도 회군에서 사도세자의 뒤주까지,
가정과 추론으로 재구성한 조선 이야기

역사 추리
조선사

김종성 지음

인문서원

역사는 럭비공처럼 튄다

결정적 순간에는 의외의 결과가 빈발한다. 최고위 관리직 임용이 확실시됐던 어느 남자는 최종 순간에 뜻밖의 변수로 낙마했다. 취임식 당일에 폭우가 쏟아져 발이 묶인 것과 더불어 믿었던 사람들의 배신으로 그는 탈락했다. 폭우 때문에 제시간에 도착하지 못하자 사람들이 그의 경쟁자를 즉석에서 추대해버렸던 것이다. 상심한 그는 강릉으로 떠났고, 훗날 그의 아들은 아버지의 자리를 되찾으려다 실패해 스스로 생을 마감했다.

그 남자가 최고위직을 놓쳤다는 것은 기정사실이었다. 하지만 취임식 당일 아침까지만 해도 그것은 기정사실이 아니었다. 그의 취임은 의심할 수 없는 사실이었다. 취임식장에 가지도 못할 정도의 폭우가 내리리라는 것과 폭우 때문에 지각했다고 해서 사람들이 등을 돌리리라는 것은 누구도 예측하지 못했고 누구도 중시하지 않았던 엉뚱한 변수였다. 만약 그 남자가 이런 가능성에 대비해 조치를 취해두었더라면 사전에 점쳐진 결론대로 상황이 흘러갔을 수도 있다.

그랬다면 그 이후의 상황은 그가 탈락한 뒤의 상황과 다른 방향으로 전개됐을 것이다.

『삼국사기』「신라본기」에 나오는 이 사건은 785년에 실제 발생한 일이다. 왕이 될 뻔했다가 탈락한 사람은 김주원이고, 김주원 대신 왕이 된 사람은 원성왕(재위 785~798년)이다. 아버지 김주원의 한을 풀려고 쿠데타를 일으켰다가 실패한 사람은 김헌창이다.

이런 사례는 주변에서 흔히 접할 수 있다. 중대한 이익이 걸린 사안, 이를테면 올림픽 게임, 인사이동, 입학시험, 취직시험, 공직 선거, 입찰 등에서는 수많은 변수가 복합적으로 작용한다. 행위자들이 사력을 다해 분투하므로 의외의 변수가 의외의 결과를 낳기 쉽다. 최종 결과만 놓고 "이 일은 이래서 이렇게 결론 났다."(A)고 말하지만, 속속들이 들여다보면 전혀 다른 결론으로 끝났을 가능성이 높은 사안도 한둘이 아니다. "이 일은 이래서 이렇게 결론 났지만, 저래서 저렇게 결론 났을 수도 있다."(B)고 말해야 정확한 경우가 매우 많다.

역사도 마찬가지다. 역사 속의 결정적 순간은 지금의 독자들이 보기에는 생생하고 실감 나는 상황일 수 있지만, 당사자들에게는 피를 말리는 일이었을 것이다. 잘못하면 패가망신에서 끝나지 않고 조직과 나라를 잃을 수도 있었다. 그렇기 때문에 각 행위자들이 온 신경을 곤두세우고 그야말로 목숨 걸고 덤볐을 것이다. 그래서 이런 상황에서는 한두 개가 아닌 수많은 변수가 복합적으로 작용할 수밖에 없고, 최종 결론 역시 여러 가지가 될 가능성이 높았을 것이다.

점을 쳐서 효험을 경험했던 이들은 이런 이야기에 공감하지 않을 수도 있다. 세상만사는 처음부터 결과가 예정되어 있다고 믿는 이들이라면 A에는 동의해도 B에는 동의하지 않을 것이다. 하지만 점에 대한 실증적 연구에 따르면, 점 역시 예정된 결과를 전제로 하는 것은 아니다.

1950년대부터 40여 년간 무녀 3천 명과 인터뷰한 민속학자 고(故) 서정범은 1998년 7월 16일자 『한겨레 21』과의 인터뷰에서 "무속인은 상대방이 방출하는 기(氣)와 거기에 담긴 정보를 해독하는 능력이 뛰어나다."고 말했다. 무속인은 상대방의 몸에서 흘러나오는 기에 담긴 개인 정보를 영상 이미지로 해독하는 능력이 뛰어나다고 그는 설명했다. 이렇게 과거사에 대한 정보를 입수하면 앞으로 어떤 방향으로 움직일지도 쉽게 예측할 수 있다. 부모나 친구가 우리에게 조언을 해줄 수 있는 것은 그들이 우리의 이력을 잘 알고 있기 때문이다. 과거에 대한 지식을 기초로 미래를 예측할 수 있는 것이다. 마찬가지로 무속인도 과거에 대한 지식을 바탕으로 미래를 예측한다. 이 사람은 저렇게 될 수도 있지만 이렇게 될 가능성이 높다는 식으로 판단하는 것이다. 이런 판단을 잘해야 용하다는 말을 듣는다. 무속인들이 자신들의 활동을 신비한 말로 포장하기 때문에 일반인들이 그들의 활동에 담긴 과학적 원리를 잘 파악하지 못할 뿐이다.

무속인이 과거를 기초로 미래를 예측하는 것이라면, 미래가 예정되어 있다는 일부 사람들의 믿음은 근거를 상실할 수밖에 없다. 역사는 예정된 결과를 향해서가 아니라 여러 가능성을 향해 달리는 존재다. 여러 가능성 중에서 가장 많은 또는 가장 강력한 변수의 지원을 받은 쪽이 역사적 상황의 최종 결과로 확정될 뿐이다. 그러나 최종 결과가 확정되기 전까지는 결론이 어떻게 날지 알 수 없다. 역사는 럭비공처럼 튀는 존재라고 할 수 있다.

고려 말 정몽주는 처음엔 이성계와 정도전에게 협력했다. "임 향한 일편단심이야 가실 줄이 있으랴."라는 시조가 무색하게, 그는 공민왕의 아들 우왕을 폐위하는 일에 간여하고 우왕의 아들 창왕을 폐위하는 일에도 협력했다. 하지만 이성계와 정도전이 토지 개혁을 추진하고 신왕조를 세울 움직임을 보이자 정몽주는 태도를 바꾸고 고려 왕조를 수호하는 쪽에 섰다. 1392년에 이성계가 낙마해 자리에 눕자 그는 그 틈을 놓치지 않고 공세에 돌입했다. 우왕의 왕명을 받아내 정도전을 비롯한 이성계 측근들을 전광석화처럼 무력화했다.

이때만 해도 정몽주가 승리할 것처럼 보였다. 임금을 장악하고 합법성을 확보했기 때문이다. 이성계의 군사력은 절대적 우위까지는 도달하지 못했다. 그는 무장들 중에서 가장 강력했을 뿐이다. 그에게는 고려 왕조를 무력화할 정도의 군사력은 없었다. 고려 왕실 대비의 승인을 받아 공양왕을 폐위하고 국정 총괄 책임자인 감록국사에 취임한 사실에서도 그의 한계를 가늠할 수 있다. 합법적 절차를 무시하면서까지 왕좌에 오를 힘은 없었던 것이다. 그런 상태에서 정몽주가 합법성이라는 명분을 쥐었으니 이방원의 정몽주 암살이라는 돌발 변수가 나타나지 않았다면 정몽주가 그대로 정권을 굳혔을 것이다. 돌발 변수가 나타났더라도 정몽주가 잘 제어했다면 마찬가지 결과가 나왔을 것이다.

잠시 뒤 본문에서 설명하겠지만, 1392년 당시에는 고려 왕조의 종말보다는 연속성을 점치게 할 만한 요소들이 많았다. 그래서 정몽주의 승산은 결코 낮지 않았다. 오늘날 우리 생각에는 정몽주가 실패한 게 조금도 이상하지 않지만, 당시에는 그게 이상한 결론이었다. 이 책에서 우리는 지금으로서는 이상하지만 당시로서는 당연했던 결론들을 많이 접하게 될 것이다. 실제로 발생하지는 않았지만 발생

가능성이 높았던 역사적 결말을 많이 만나게 될 것이다.

정몽주가 고려를 지켰다면 역사는 어떤 방향으로 흘러갔을까? 사람이 아무 때나 태어나고 죽는 게 아니듯 국가의 흥망성쇠도 아무 때나 일어나지 않는다. 국가는 국가를 망하게 할 만한 조건이 충족돼야 망한다. 망할 가능성이 있는 상황에서 망하지 않고 살아남았다면 다음번에 조건이 다시 충족될 때까지는 비교적 안정을 누릴 수 있다. 환절기의 건강 위기를 무사히 넘기면 다음 환절기 때까지는 비교적 건강할 수 있듯이 말이다. 그렇기 때문에 정몽주가 나라를 지켰다면 고려는 상당 기간 더 존속했을 것이다. 그렇다면 고려는 얼마나 더 존속할 수 있었을까? 고려가 1392년을 무사히 넘겼다면 우리가 알고 있는 1392년 이후의 역사는 어떻게 바뀌었을까?

이 책에서는 이런 면들을 집중적으로 추리한다. 오늘날 우리가 보기에는 매우 익숙한 결론이지만 당시에는 의외의 결론이었던 사건들이 추리의 소재가 된다. 이런 추리를 통해 우리는 우리가 알고 있는 것과 다른 결론이 도출됐다면 그 뒤에 어떤 일들이 줄지어 일어났을지도 함께 살펴보게 된다.

행위자들이 목숨 걸고 덤비는 역사적 고비에는 의외의 변수들이 돌출하므로 사건이 어떤 결론으로 귀결될지 단정할 수 없다. 거기다가 인간만 행위자로 나서는 것도 아니다. 세균 같은 미생물도 인간 역사에 영향을 줄 수 있고, 동물 역시 그렇게 할 수 있다. 경제 문제나 자연환경도 그런 기능을 할 수 있다. 이 책에서는 역사적 순간에 등장한 각종 행위자들로 인해 역사가 이렇게 전개될 수도 있고 저렇게 전개될 수도 있었다는 점을 살펴보게 될 것이다.

이를 위해 조선시대의 주요 고비에 발생한 30가지 사건을 준비했다. 우리는 그 30가지 사건이 어떤 결론으로 마무리됐는지 알고 있다. 이 책에서는 그 사건들을 다른 방향으로 이끌 수도 있었을 각종 변수를 제시한다. 정치, 경제는 물론이고 사회, 문화, 성(性), 기술력, 국제 정세, 자연환경 등의 다양한 변수가 소개될 것이다.

이 책은 2012년에 펴낸 『조선을 바꾼 반전의 역사』의 개정판이다. 문장을 손보고 오류를 수정하는 한편, 새로운 내용을 추가했다. 무엇보다 전체적인 구성을 바꾸었다. 여전히 부족하기는 하지만, 이 책이 역사 발전의 변수를 이해하는 데 조금이라도 도움이 됐으면 하는 바람이다.

2018년 3월
김종성

차례

1. 위화도 회군이 없었다면?

_ 고려가 임진왜란을 당했을 것이다

　이성계 가문의 거점은 쌍성총관부였다. 지금의 원산만을 포함하는 곳이다. 이곳은 여진족 거주지였다. 본래 고려의 지배를 받았던 이 지역은 몽골의 영향력이 확장되면서 그리로 넘어갔다. 이성계의 조상들이 몽골을 선택했던 것이다. 그래서 이 집안은 몽골 지배하에서도 권세를 유지할 수 있었다. 하지만 몽골이 약화되고 고려가 독자 노선을 추구하자 이 집안은 동맹자를 바꾸었다. 1356년 공민왕이 쌍성총관부를 수복할 당시, 이성계의 아버지 이자춘은 아들과 함께 고려 조정에 적극 협력했다. 이성계가 역사 무대에 등장하는 순간이었다.

　1356년에 몽골을 버린 뒤로 30년 넘게 고려에 충성하던 이성계는 두 번째 주인도 배신했다. 사건의 발단은 철령 이북을 둘러싼 고려와 명나라의 분쟁이었다. 철령은 쌍성총관부와 고려의 접경이었다. 지금으로 치면 강원도와 함경도의 접경이었다. 쌍성총관부를 수복하기 이전에 철령 이북은 몽골의 영역이었다. 명나라는 이를 근거로 철령 이북에 대한 연고권을 주장했다. 1368년에 명나라가 몽골을 몰아내고 중원의 지배자가 됐으므로 몽골의 기존 영토는 자국의 영토가 돼야 한다는 논리였다. 이 요구가 고려 조정에 전달된 것은 『고려사(高麗史)』「신우열전」에 따르면, 우왕 14년 2월 15일(1388. 3. 23.)경이었다.

명나라가 철령 이북을 요구하자 우왕과 실권자 최영은 정면승부를 결심했다. 이참에 압록강을 건너 요동, 즉 만주를 침공하기로 결심한 것이다. 이성계는 지금 명나라를 치는 것은 무리라며 반대했다. 하지만 정권을 쥔 우왕과 최영을 꺾을 수는 없었다. 우왕과 최영은 이성계에게 북진을 명했고, 이성계는 할 수 없이 군대를 이끌고 떠났다. 고려 역사의 핵심을 정리한 『고려사절요(高麗史節要)』「우왕」편에 따르면, 이 부대는 전투원 3만 8,830명과 비전투원 1만 1,600명을 합한 5만 430명의 대군이었다. 그런데 이성계는 압록강 위의 작은 섬 위화도에서 이 부대를 되돌렸다. '불법 유턴'이었다. 우왕 14년 5월 22일(1388. 6. 26.)의 일이었다.

이성계가 반기를 든 그 사건은 '위화도 회군'으로 불린다. 이 회군을 계기로 실권을 잡은 이성계는 4년 뒤 정도전과 함께 새 나라를 세웠다. 그러므로 위화도 회군은 500년 조선 역사의 실질적 출발점인 동시에 500년 고려 역사의 종말을 알리는 신호탄이었다.

만약 우왕과 최영이 이성계에게 요동 정벌 명령을 내리지 않았다

---

1   우왕이 왕우가 아닌 신우라는 이름으로 『고려사』에 실린 것은 우왕을 몰아내고 조선을 세운 뒤 『고려사』를 편찬한 세력이 우왕을 승려 신돈의 아들로 규정했기 때문이다. 우왕의 아버지를 주군으로 모신 신돈의 몸에서 우왕이 나왔으므로 우왕은 진짜 왕이 아니며, 그러므로 우왕을 몰아낸 자신들의 행위는 정당하다는 논리를 펴기 위해서였다.

면 고려는 멸망하지 않고 계속 존속했을까? 만약 이성계가 위화도를 넘어 그대로 진격했다면 역사는 어떻게 됐을까?

요동 정벌 명령을 내리지 않았다면?

우왕과 최영이 정벌을 명하지 않았다면 이성계가 위화도에서 회군할 일은 없었을 것이다. 그랬다면 고려 왕조는 좀 더 장수할 수 있었을까? 이 문제를 풀려면 3가지 변수를 고려해야 한다.

고려 왕조의 기대수명

기원전 202년 건국된 한나라(전한) 이래 중국 중원에서 출현한 왕조 60개의 평균수명은 64.8년이다. 대부분의 중국 왕조들이 '환갑'을 조금 넘긴 나이에 종말을 고한 것이다. 300년을 넘긴 나라는 하나도 없었다. 200년을 넘긴 나라는 청나라(295년), 당나라(289년),[2] 명나라(276년), 한나라 및 요나라(209년)뿐이다.

---

2 흔히 당나라는 618년 건국되어 907년 멸망했다고 말한다. 289년이라는 기간은 그래서 나온 것이다. 하지만 이것은 엄밀히 말하면 사실이 아니다. 왜냐하면 690~705년에는 당나라가 지구상에 존재하지 않았기 때문이다. 그 기간에 중국을 지배한 것은 무측천(측천무후)의 주나라였다. 중국 역사학자들은 무측천의 주나라를 인정하지 않는다. 690~705년에도 당나라가 존속한 것으로 '처리'하고 있다. 683~684에 당나라 황제를 지낸 중종이 705년에 당나라를 부활시켰다는 것이 핵심적인 이유다. 하지만 누가 당나라를 부활시켰든, 690년에 당나라가 멸망했다는 객관적 사실은 부정할 수 없다. 그러므로 당나라의 존속 기간은 618~690년과 705~907년의 두 기간을 합한 274년이 된다. 사실 중국 역사학계는 주나라를 부정하는 것이 아니라 여성 황제를 부정하는 것이다. 황제까지 지낸 무측천을 일부러 '측천무후'라고 부르는 저변에는 그런 심리가 깔려 있다. 황제가 아닌 황후로 낮추려는 심리에서 측천무'후'라는 호칭이 나온 것이다.

300년을 넘긴 왕조가 하나도 없는 중국에 비해 한민족 왕조의 평균수명은 상당히 긴 편이다. 김부식은 『삼국사기(三國史記)』에서 신라는 기원전 57년, 고구려는 기원전 37년, 백제는 기원전 18년에 건국됐다고 말했다. 신라는 935년, 고구려는 668년, 백제는 660년에 멸망했으므로 이 나라들이 얼마나 오랫동안 유지됐는지 알 수 있다.

여기서 짚고 넘어갈 것이 있다. 고구려는 기원전 37년, 백제는 기원전 18년에 건국됐다는 말은 진실이 아니다. 이 점은 예전부터 지적됐다. 독립투사이자 역사학자였던 신채호는 『조선상고사(朝鮮上古史)』에서 "이는 건국의 선후로 국가의 지위를 다투던 고대의 풍조와 관련이 있다."면서 "신라인들은 자신들의 건국이 고구려, 백제보다 뒤진 것을 부끄럽게 생각했다. 그래서 두 나라를 멸망시킨 뒤, 기록상의 세대와 연도를 삭감하여 양국이 신라 건국 이후에 세워진 것처럼 만들었다."고 말했다.

『삼국사기』「고구려본기」의 왕실 계보를 계산하면, 광개토태왕[3]은 건국 시조 고주몽의 12대손이다. "유리왕은 주몽의 원자다", "대무신왕은 유리왕의 3남이다", "민중왕은 대무신왕의 아우다" 등등의 기록을 종합하면 그렇다. 하지만 광개토태왕릉 비문에 따르면 실제는 17대손이었다. 비문에서는 고주몽 이래의 역사를 서술하면서 "17세손에 이르러 국강상광개토경평안호태왕이 18세에 즉위하니, 영락태왕이라 불렀다."고 했다. 국강상광개토경평안호태왕, 즉 광개토태왕이

---

3 고구려 군주의 정식 칭호는 광개토태왕릉 비문, 충주 고구려비 등에 따르면, 적어도 제4대 임금 이후로는 '왕'이 아니라 '태왕(太王)'이었다. 그래서 광개토대왕이라 하지 않고 광개토태왕이라 한 것이다.

표1 주몽과 광개토태왕의 세수에 관한 『삼국사기』 기록의 추적

대	기록	세수	근거
1	"주몽은 해모수의 아들"	-	『삼국사기』 권13 「고구려본기」 1
2	"유리왕은 주몽의 원자"	1	
3	"대무신왕은 유리왕의 3남"	2	『삼국사기』 권14 「고구려본기」 2
4	"민중왕은 대무신왕의 아우"	2	
5	"모본왕은 대무신왕의 원자"	3	
6	"대조대왕은 유리왕의 6남 재사의 아들"	3	『삼국사기』 권15 「고구려본기」 3
7	"차대왕은 대조대왕의 동생"	3	
8	"신대왕은 대조대왕의 막냇동생"	3	『삼국사기』 권16 「고구려본기」 4
9	"고국천왕은 신대왕의 차남"	4	
10	"산상왕은 고국천왕의 아우"	4	
11	"동천왕은 산상왕의 아들"	5	『삼국사기』 권17 「고구려본기」 5
12	"중천왕은 동천왕의 아들"	6	
13	"서천왕은 중천왕의 차남"	7	
14	"봉상왕은 서천왕의 태자"	8	
15	"미천왕은 서천왕의 아들 돌고의 아들"	9	
16	"고국원왕은 미천왕의 태자"	10	『삼국사기』 권18 「고구려본기」 6
17	"소수림왕은 고국원왕의 아들"	11	
18	"고국양왕은 소수림왕의 아우"	11	
19	"광개토왕은 고국양왕의 아들"	12	

＊'대'는 임금의 즉위 순서이며, '세수(世數)'는 주몽과 역대 임금의 촌수를 의미한다.

주몽의 17대손이라는 것이다. 12대손이 아니라 17대손이었다면 고주몽과 광개토태왕 사이의 시간적 간격이 그만큼 더 길었다는 뜻이 된다. 고구려 역사가 과거로 더 소급돼야 한다는 의미다.

당나라 역사서 『구당서(舊唐書)』의 개정판인 『신당서(新唐書)』에는 좀 더 구체적인 자료가 나온다. 『신당서』 「고구려열전」에는 668년 고구려 침공 직전에 당나라 황제 고종과 신하 가언충이 나눈 대화가 소개돼 있다. 가언충은 고구려 예언서에 나오는 '900주년이 되기 전에 나라가 망한다'는 예언을 근거로 '금년이 고구려 건국 900주년'이라며 고종을 고무했다. 이 대화에 따르면, 고구려 건국 연도는 668년으로부터 900년 전인 기원전 233년이다. 김부식은 갑신년에 고구려가 세워졌다고 했다. 갑신년이면 기원전 37년이다. 하지만 실제로는 그보다 196년 전에 고구려가 세워진 것이다. 당시 세상에서 고구려를 가장 많이 연구했을 나라는 당나라다. 고구려를 멸망시켜야 자국 중심의 동아시아 질서를 만들 수 있었으므로 당나라 입장에서는 고구려를 철저히 연구할 수밖에 없었다. 그런 당나라가 고구려 건국 연도라는 기본적인 정보조차 파악하지 못했을 가능성은 높지 않다.⁴

『삼국사기』 「백제본기」에서는 고구려 건국 19년 뒤에 소서노·비류·온조 모자가 가장인 고주몽에게 불만을 품고 이탈해 백제를 세웠다

---

4   한편, 북한 학계에서는 압록강 유역의 고구려 지배층 무덤에서 출토된 유물들이 기원전 3세기 초반의 것으로 보이는 점을 근거로 김부식이 말한 갑신년은 기원전 3세기 초반의 갑신년인 기원전 277년일 것이라고 추정했다. 2000년 11월 24일 도쿄에서 열린 남북 고대 사학자 학술대회에서 발표된 석광준 사회과학원 교수의 논문 「고구려 고고학의 새로운 성과」에서 그런 주장이 나왔다. 하지만 이 주장은 『신당서』의 '기원전 233년 건국'만큼 구체적이지 않다. 그래서 현재로서는 『신당서』의 기록에 무게를 둘 수밖에 없다.

고 했다. 이에 따르면, 고구려가 기원전 233년 건국됐으므로 백제는 19년 뒤인 기원전 214년 건국됐다는 말이 된다.

기원전 233년 건국된 고구려는 서기 668년 멸망했다. 900년간 존속한 것이다. 기원전 214년 건국된 백제는 서기 660년 멸망했다. 873년간 존속한 것이다. 신라는 기원전 57년에 세워져 서기 935년에 멸망했다. 991년간 존속한 것이다. 바로 옆에 있는 중국 왕조들이 평균 64.8년밖에 생존하지 못한 점을 감안하면 고구려·백제·신라 왕조의 장수는 꽤 특이한 일이다. 고구려·백제·신라뿐만이 아니었다. 가야 연맹도 520년이나 존속했다. 위화도 회군 당시 고려인들의 머릿속에는 이 같은 경이적인 장수 기록들이 입력되어 있었다. 고려인들이 볼 때, 한민족 왕조들은 웬만하면 1,000년 가까이 장수했다. 따라서 그 시대 사람들이 예상하는 고려 왕조의 기대수명은 500년을 훨씬 넘었을 것이다.

많은 사람이 무언가에 대해 어떻게 생각한다는 점은 매우 중요하다. 사실이든 아니든 그것은 사회적으로 힘과 의미를 갖는다. 고려 후기 사람들 사이에 '고려는 100년 정도면 망할 것'이라는 인식이 널리 퍼져 있었다면 반란 세력은 이런 관념을 활용해서 어떻게든 정권을 빼앗으려 했을 것이다. 만약 그랬다면 고려도 100여 년 만에 위기에 봉착했을 수 있다. 하지만 '고려는 1,000년 가까이 유지될 것'이라는 인식이 지배적일 경우는 웬만한 반란 세력도 민중을 쉽사리 선동하기 힘들다. 역대 왕조들이 웬만하면 1,000년 가까이 생존했기 때문에 고려 후기 사람들은 자신들의 왕조 역시 오래가리라 생각했을 것이다. 그러므로 위화도 회군 같은 돌발 변수가 고려 건국 470년 만에 발생하지 않았다면 고려 왕조가 훨씬 장수했을 가능성이 있다. 말기를 기준으로 할 때, 고려 왕조는 분명히 기대수명이 높은 나라였다.

그렇지만 기대수명이 높더라도 체력이 약하면 위기 상황에서 스스로를 지키기 힘들다. 아직 한창인 사람도 체력이 약하면 환절기에 변을 당할 수 있다. 마찬가지로, 고려의 장수 여부를 판단하려면 기대수명 외에 '체력'과 '위기관리 능력'까지 검토해야 한다.

고려 왕조의 체력

고려 초기에 동아시아 최강은 한족의 송나라(북송)였다. 이후 북송에서 요나라(거란족)로, 요나라에서 금나라(여진족)로, 금나라에서 몽골제국으로 패권이 넘어갔다. 패권이 바뀌면 국제 질서가 변동한다. 이 와중에 많은 왕조가 명멸한다. 그런데 이런 변화에도 고려만큼은 나라를 잃지 않았다. 최강국을 바로 옆에 두고도 최강국의 교체로 인한 격변을 피해 간 것이다. 이는 매우 흥미로운 일이다.

고려, 요나라, 북송이 대립하던 시기에 고려의 국력은 양국을 능가하지 못했다. 강감찬 장군이 1019년 귀주대첩에서 요나라 군대를 격파했지만, 이것은 양국의 국력을 그대로 반영하지 못한다. 귀주대첩의 전후 처리 결과를 보면 알 수 있다. 『고려사』 「현종세가[5]」에 따르면, 귀주대첩 이후인 현종 11년 2월 27일(1020. 3. 24.)경에 이런 사건이 있었다.

---

5 '세가(世家)'는 제후의 역사에 관한 기록이다. 고려를 멸망시킨 조선 왕조가 편찬한 책이기에 고려 임금들을 제후로 취급했던 것이다.

이달에 이작인(李作仁)을 파견해 표문(表文)을 올리는 동시에 예
전처럼 거란에 속국을 자칭하고 조공을 납부할 수 있게 해달
라고 요청하도록 했다.

표문은 제후급이 아닌 최상위 군주에게 올리는 문서였다. 표문에
따르면, 고려는 전쟁에서 이기고도 요나라에 속국, 즉 신하국의 예
를 지켰다. 신하국이 되면 군주가 바뀔 때마다 황제국의 승인을 받
고, 정기적으로 조공 예물을 바친 뒤 그에 대한 답례품을 받았다.
전쟁에서는 고려가 승리했지만 전체 국력에서는 요나라가 앞섰기에
고려가 신하국이 되는 선에서 전쟁이 매듭지어진 것이다.

이렇게 고려의 국력은 북송과 요나라를 넘지 못했다. 하지만 북
송과 요나라가 망할 때 고려는 망하지 않았다. 고려, 요나라, 북송이
대립하는 시기는 10세기에 시작해서 12세기에 끝났다. 12세기 초반
에는 고려, 금나라, 남송이 대립하는 구도로 바뀌었다. 이때도 고려
의 국력은 금나라와 남송을 능가하지 못했다. 하지만 금나라와 남
송이 몽골에 의해 차례로 멸망할 때도 고려는 국권을 유지했다. 주
먹이 아주 세지는 않지만 몸이 튼튼하고 면역력이 좋은 사람. 고려
는 그런 사람에 비유할 수 있었다. '환절기'에 강한 나라였던 것이다.

고려가 환절기, 즉 정세 변동기에 얼마나 강했는가는 몽골제국이
세계를 제패하던 시절에도 끝끝내 국권을 지킨 사실에서도 드러난
다. 고려는 40년간의 항몽 투쟁 중에도 결코 국권을 상실하지 않았
다. 몽골 기병대의 말발굽 소리가 저 멀리 동유럽을 진동시키는 동
안에도 몽골에서 가까운 고려는 끄떡도 하지 않았다. 양국이 강화
조약을 체결한 것은 두 나라 모두 장기전으로 지쳤기 때문이다. 그

래서 몽골제국을 우위에 두는 강화 조약을 체결하고 전쟁을 종결한 것이다.

고려가 수차례의 국난을 무사히 극복한 원동력은 크게 2가지로, 외교력과 군사력이다. 고려는 새로운 패권국이 출현하면 기존 패권국과의 관계를 과감히 청산했다. 유연한 외교력을 구사한 것이다. 그러면서도 새로운 패권국이 자국을 침공하는 것만큼은 결단코 용서하지 않았다. 이때는 군사력으로 자신을 지켜냈다. 고려를 포함한 역대 왕조는 주로 유목민족으로부터 외침을 당했다. 농경민족인 중국 한족이 침공하는 경우는 드물었다. 고려는 산악 지대라는 특성을 활용해 유목민 군대를 산성에서 막아냈다. 기마병 위주라서 넓은 벌판이 유리한 유목민을 산성으로 끌어들여 장기전을 벌였던 것이다. 고려 밖에서는 몰라도 고려 내부의 지형에서는 잘 통할 방법이었다. 이렇게 고려는 정세 변화에 민감하고 위기를 잘 극복하는 나라였다. 이런 '강철 체력'을 보유했기 때문에 고려는 정상적인 경우였다면 원·명 교체기의 위기 역시 충분히 극복할 수 있었다.

고려 말의 위기관리 능력

고려가 14세기 말의 위기를 극복할 수 있었음을 보여주는 또 다른 증거는 위기관리 능력이다. 이와 관련하여 공민왕의 개혁이 주목을 끈다. 공민왕은 신진사대부라는 새로운 정치 세력을 중앙 정계에 안착시켰다. 사대부는 유교적 교양을 갖춘 관료다. 이런 관료들은 이전에도 있었지만, 14세기 말의 사대부들은 이전의 사대부들과 명확히 구별됐다. 중소 규모의 부동산 보유자들이 다수를 차지했다는 점, 인맥이 아닌 실력(과거시험 합격)을 통해 중앙 정계에 진출했다는 점,

사회 시스템의 혁신을 갈망하고 구세력인 권문세족과 대결할 의사가 있었다는 점에서 그들은 새로운 세력이었다. 그래서 신진사대부라 불린 것이다.

공민왕은 무명의 승려 신돈을 발탁해 권문세족을 견제하고 신진사대부를 정계의 중심으로 끌어들였다. 불교 승려를 앞세워 유교 사대부들을 등용했다는 것은 아이러니하다. 신돈이 그런 공을 세웠는데도 조선시대 유학자들이 그를 '요승'으로 배척한 것도 재미있는 일이다. 이렇게 왕조를 지탱할 만한 새로운 세력이 공민왕 시대에 형성된 것은 이 왕조가 위기관리에 필요한 능력을 보유했음을 보여준다.

고려 이전의 역대 한민족 왕조들이 유별나게 장수했기 때문에 고려인들이 자국의 기대수명을 높이 잡았을 것이라는 점, 여러 차례의 정세 변동을 극복한 사실에서 드러나듯이 고려 왕조의 체력이 강했다는 점, 공민왕 시기에 진보적 지배층이 등장해 위기관리 능력이 높아졌다는 점을 고려할 때, 위화도 회군 같은 돌발 변수만 없었다면 고려 왕조는 '좀 더 오래' 존속할 수 있었을 것이다.

'좀 더 오래'가 얼마 정도인지를 판단하는 것은 어렵지 않다. 중국이 동아시아 정치의 중심으로 부각된 기원전 2세기 이후, 한민족의 운명은 대륙의 정세 변동과 연동됐다. 고구려·백제의 멸망과 고려·조선·대한민국의 건국 등이 국제 정세 변동과 연계됐다는 점은 굳이 강조할 필요가 없다. 동아시아 정세가 안정적일 때 한민족 왕조는 웬만해서는 끄떡도 하지 않았다.

이런 점을 볼 때, 위화도 회군 같은 변수가 없었다면 적어도 차기 국제 질서가 도래하기 전까지는 고려가 계속 생존했을 가능성이 높다. 동아시아 정세는 14세기 말에 요동쳤다가 잠잠해진 뒤에 17세기 전반에 다시 요동쳤다. 임진왜란이 끝난 직후인 17세기 전반에는 명나라와 청나라가 교체되는 사건이 있었다. 고려가 14세기 말의 격동을 극복했다면 적어도 17세기 명·청 교체기까지는 살아남았을 가능성이 높다. 그랬다면 임진왜란이 조선군과 일본군의 대결이 아니라 고려군과 일본군의 대결이 됐을 공산이 크다. 우왕과 최영이 명나라 침공을 명령하지 않아서 이성계가 위화도 회군을 할 이유가 없었다면 역사는 이렇게 흘러갔을 가능성이 높다.

지금까지 살펴본 것은 우왕이 명나라 침공을 명령하지 않았을 경우다. 반대로 이성계가 우왕의 명령에 따라 압록강을 넘었다면 역사는 어떻게 바뀌었을까?

이성계가 압록강을 넘었다면?

압록강 입구에 신의주가 있고, 신의주 바로 위에 위화도라는 섬이 있다. 이성계가 위화도에서 '유턴'하지 않고 그대로 진격했다면 상황은 둘 중 한쪽으로 전개됐을 것이다. 이성계가 요동에서 패배했을 경우와 승리했을 경우다.

'왜 패배 가능성부터 언급하는가? 고려군이 역량이 없었을 거라고 지레짐작하는 건가?'라고 생각할 필요는 없다. 패배 시나리오부터 언급한 것은 고려군이 패배할 가능성이 더 컸다는 의미는 아니다. 위화도 회군 당시 요동에 대한 명나라의 지배력은 불안정했다. 그래서 고려 쪽에도 승산이 있었다. 우왕과 최영이 침공을 결심한 데는 그런 이유도 있었다. 그래서 이성계가 그대로 진군했다면 고려군이 승리할 가능성이 분명 있었다. 그런데도 패배 시나리오를 먼저 거론한 것은 그런 뒤에 승리 시나리오를 거론하는 것이 훨씬 수월하기 때문이다. 이 점은 뒷부분에서 자연스레 드러날 것이다.

요동에서 패배했을 경우

요동에서 패배했을 경우 이성계의 입지가 약해지는 것은 당연했다. 위화도 회군 1년 전인 우왕 14년의 정치 상황을 생각해보면 이성계의 군사적 패배가 정치적 실각으로 연결됐을 것임을 쉽게 이해할 수 있다.

우왕 14년에 발생한 최대 사건은 최영 정권의 탄생이다. 이성계(1335~1408)보다 19살 연상인 최영(1316~1388)은 우달치(迂達赤)라는 관직에서 출발했다. 우달치는 임금의 경호원에 해당했다. 임금 친위부대에 근무했던 것이다. 그는 친위부대에서 성장해 권력 핵심부에 진입했다. 그래서 당시 군부에는 최영만큼 왕의 신임을 받는 장군이 없었다. 최영은 왕을 잘 지키기만 한 게 아니라 외적 방어에서도 공을 많이 세웠다. 그래서 우왕이 가장 신임하는 인물이었다. 이성계도 군공을 많이 세웠지만, 언제든 반기를 들 수 있는 인물이었다. 동북면에 독자적 군사력을 갖고 있었기 때문이다. 최영한테는 그런 게 없었다. 그래서 우왕으로서는 이성계보다 최영을 더 신뢰할 수밖에 없었다.

『고려사』「신우열전」에 따르면, 우왕 14년 1월(1388. 2. 8~3. 8.) 우왕과 최영은 이성계의 도움을 받아 친위 쿠데타를 단행했다. 그때까지 우왕 정권을 장악했던 이인임·임견미·염흥방 일파를 제거한 것이다.

하지만 최영 정권은 불안했다. 임금의 친위부대만을 기반으로 하고 있어서 지지 기반이 취약했다. 이들은 신진사대부 세력과도 거리를 두고 있었다. 최영은 이성계를 협력자로 뒀지만, 두 사람은 동지라 하기도 뭣하고 적이라 하기도 뭣한 관계였다. 이성계는 이인임을 꺾을 목적으로 최영에게 협조했을 뿐이다. 그래서 최영 입장에서는 이성계가 위협적일 수밖에 없었다.

때마침 명나라의 철령위 설치 통보는 최영에게 좋은 구실을 제공했다. 명나라에 대한 적대적 분위기를 조성해 내부 분란 요인을 제거할 수 있는 기회였다. 그래서 명나라의 부당한 요구를 명분으로 요동 정벌을 추진했다. 물론 차제에 고토를 회복하자는 민족주의적 열망이 있었던 것도 사실이다. 하지만 그토록 신속하고 강경하게 추진한 것은 무엇보다 정치적 필요 때문이었다. 어떤 형태로든 이성계를 정리하고 정계를 개편해야 했다.

최영이 요동 정벌을 정계 개편의 방편으로 인식했다는 점은 부담스러운 존재인 이성계에게 원정군을 맡긴 데서도 드러난다. 신흥 강국 명나라를 상대하는 만만치 않은 전쟁에 이성계를 투입한 데는 이번 기회에 그를 정리하려는 의도도 분명히 담겨 있었다. 그러면서도 한편으로는 걱정됐다. 이성계한테 대군을 맡기는 게 꺼림칙했다. 그래서 이성계 옆에 자기 측근인 조민수를 붙여두었다.

원정군의 무게 중심은 이성계였다. 『고려사절요』에 따르면, 최고 지휘관인 팔도도통사에 최영이 임명됐지만, 최영은 출정하지 않았으므로 이성계한테 힘이 실릴 수밖에 없었다. 이 점을 의식해 최영은 이성계를 우군도통사로 임명하는 한편, 조민수를 좌군도통사로 임명했다. 시대마다 차이가 있기는 하지만, 대체로 좌가 우보다 높았다.

『고려사절요』에서도 팔도도통사 다음에 좌군도통사를 언급하고 그 뒤에 우군도통사를 언급했다. 조민수를 이성계보다 형식상 위에 둔 것이다. 이성계가 혹시라도 딴마음을 품지 않도록 하기 위해서였다.

하지만 형식상의 편제에도 불구하고 실질적 책임자는 이성계였다. 이성계가 날씨나 외교 관계 등을 이유로 원정군의 진군을 지체시키면서 최영과 갈등을 빚은 사실에서 드러나듯이 부대의 진퇴 여부는 이성계의 의중에 달려 있었다. 실질적인 좌군도통사는 이성계였던 것이다.

사정이 이러했으므로, 요동 정벌에 실패한다면 이성계의 위상이 약화될 게 뻔했다. 정벌이 진행되는 동안 최영이 국내 기반을 공고히 한다면 패배한 이성계의 입지는 한층 좁아질 수밖에 없었을 것이고, 쿠데타 같은 것은 도모하기도 힘들었을 것이다.

요동에서 승리했을 경우

이성계가 승리했다면 그의 위상은 당연히 높아졌을 것이다. 더군다나 최강 명나라를 꺾었다면 그야말로 세계적 명장 반열에 올랐을 것이다.

몽골이 유라시아 대륙을 제패하기 전만 해도 이 대륙의 주도권은 오리엔트 지역에 있었다. 지중해 동부 및 흑해를 둘러싼 이 지역이 동아시아보다 우위에 있었다. 아프리카를 나온 초기 인류는 오리엔트를 거점으로 유라시아 전역에 퍼졌다. 그런 까닭에 이곳은 오래도록 인류 문명의 중심이었다. 이 구도를 깬 것이 13세기 몽골의 서진(西進)이다. 몽골은 북쪽 초원에서 출발했지만, 13세기 후반에 중국 대륙을 근거지로 만들었다. 이렇게 동아시아에 거점을 둔 몽골이 대륙을 제패하면서 세계 질서는 동아시아 중심으로 재편됐다. 이 구도가 바뀐 것은 19세기 중반 아편전쟁 때다. 이 전쟁을 계기로 세계 질서는 유럽 중심으로 바뀌었다. 몽골이 동아시아 중심의 세상을 만든 뒤에 출현한 나라가 명나라다. 그러므로 1368년에 건국된 명나라는 당시로서는 세계 최강이었다. 그런 명나라를 이성계가 꺾는다면 그가 세계 제일의 명장이 되는 것이었다.

그러나 명나라를 이긴다 해서 이성계의 앞날이 무조건 순탄해질 수는 없었다. 우왕과 최영이 그의 승승장구를 마냥 지켜볼 리 없었기 때문이다. 이성계가 승리했을 경우, 최영과의 긴장 관계가 고조될 가능성이 높았다. 갈등이 무력 충돌로 발전할 가능성도 있었다.

그랬다면 어느 쪽 승산이 높았을까? 이성계와 최영 어느 쪽도 고려의 군사력을 확실히 장악하지 못했다. 이성계 군단은 동북면 여진족 출신 병사들로, 최영 군단은 친위부대 소속 병사들로 구성돼 있었다. 양쪽 다 전공을 많이 세웠으므로 어디가 더 강했는지 측정하기란 쉽지 않다.

그렇다면 우열을 점칠 수 있는 방법이 전혀 없는 것인가? 그렇지는 않다. 무력 대결이 펼쳐질 경우, 그 결과가 반드시 군사력에만 좌우되는 것은 아니다. 고려 사회를 이끄는 지배층의 동향 역시 승부에 영향을 주기 마련이었다. 지배층이 누구를 편드느냐에 따라 승부가 판가름 날 가능성이 높았다.

이때는 이성계의 승산이 컸다. 당시 지배층 내부에서는 신진사대부가 강했다. 경쟁자인 권문세족은 약해져 있었다. 신진사대부는 이성계는 좋아했지만 최영은 좋아하지 않았다. 강태공의 사상을 정리한 『삼략(三略)』에서는 "장수는 마치 물을 구하듯이 학자를 찾아야 한

이성계 어진. 위화도에서 군사를 돌릴 때 이 '시골 무사'는 자신이 부패한 왕조를 무너뜨리고 새로운 시대를 열어젖히는 주인공이 되는 야심을 품고 있었을까?

다."면서 "그래야 책략이 모여든다."고 했다. 장수는 선비의 말을 경청해야 한다는 것이다. 이성계는 이 말을 잘 지켰다. 위화도 회군 전부터 정도전을 비롯한 신진사대부들이 주변에 모여든 것만 봐도 알 수 있다.

최영은 그렇지 않았다. 이인임 정권을 붕괴시키는 과정에서 신진사대부들한테도 타격을 입혔다. 『고려사』 「최영열전」에 따르면, 최영은 신진사대부와 권문세족 간에 연결고리가 조금만 발견되면 무조건 숙청하려 했다. 아무리 경쟁자라 해도 같은 조정에서 오랫동안 뒤엉키다 보면 어떤 식으로든 관계를 형성할 수밖에 없다. 최영은 그 점을 고려하지 않았다. 최영은 충직하고 용감했지만, 글 읽는 서생들에 대해서는 편견을 갖고 있었다. 그랬으니 최영도 선비들을 좋아할 리 없고, 선비들도 최영을 좋아할 리 없었다.

최영의 공격을 받는 사대부들을 적극 비호한 인물이 바로 이성계다. 「최영열전」에 따르면, 이성계는 '구정권이 오래 집권했으니 사대부들도 어떤 식으로든 연루될 수밖에 없는 것 아니냐?'는 논리로 사대부들을 적극 비호했다. 신진사대부 그룹이 이성계한테 우호적이었기 때문에 이성계와 최영이 대결을 펼칠 경우 이성계가 유리할 수밖에 없었다. 따라서 이성계가 위화도에서 그대로 북진해 요동 정벌에 성공했을 경우, 우왕·최영 대 이성계의 대결은 후자의 승리로 귀결될 가능성이 높았다고 판단할 수 있다.

어느 시대건 간에 지도층에 오른 사람들 중에는 최고 지존을 꿈꾸는 이들이 있다. 그러나 그들 대부분은 그 꿈을 가슴속에 묻는다. 아무리 명성과 지위가 높아져도 특별한 계기가 없으면 지존의 위치에 도전할 수 없다. 이성계도 우왕과 최영이 자신을 요동 정벌로 억지로 몰아넣지 않았다면 마음속 야심을 현실화할 계기를 찾기 힘들었을 것이다. 우왕과 최영은 독자 세력을 가진 이성계를 사지로 몰아넣음으로써 고려 왕조를 파멸시키는 결과를 초래했다. 만약 이성계한테 독자 세력이 없었다면 위화도 회군을 하든 요동 정벌을 하든 고려 왕조에 큰 위협이 되지 않았을 수도 있다. 하지만 여진족 군단을 보유한 이성계를 떠다밀듯 전쟁터로 보내 결국 반란을 자초했다는 점에서 우왕과 최영한테도 고려 왕조 멸망의 책임이 없다고는 할 수 없을 것이다.

2. 정몽주가 살았다면?

__ 정도전은 조선을 세우지 못하고 죽었을 것이다

위화도 회군 뒤에 이성계와 조민수는 우왕을 몰아내고 아들 창왕을 옹립했다. 이 과정에서 이성계와 조민수가 갈라섰다. 이성계는 공민왕 혈통이 아닌 왕족 중에서 임금을 추대하자고 했다. 신진사대부의 정신적 지도자인 이색과 손잡은 조민수는 공민왕의 아들인 창왕을 옹립하자고 했다. 결국 조민수의 뜻대로 됐다. 정국의 주도권은 조민수와 이색 수중에 들어갔다. 처음에 최영 편이었던 조민수는 위화도 회군을 계기로 이성계와 손잡더니 얼마 안 있어 이성계마저 제치고 정국 주도권을 쥐게 됐다.

조민수와 이색이 이성계와 갈등을 빚은 원인 중 하나는 토지 개혁 문제였다. 조민수와 이색은 이성계, 정몽주, 정도전, 조준 등이 추진하는 토지 개혁에 알레르기 반응을 보였다. 이색은 정몽주와 정도전의 스승이었지만, 개혁 문제에서는 이견을 보였다. 이색은 지방 향리 가문 출신의 전형적인 신진사대부였다. 그래서 이색도 한때는 토지 개혁 주장자였다. 하지만 이 가문은 이색 당대에 중앙의 명문가로 발돋움했고, 그 후 이색은 토지 개혁에 소극적인 입장으로 바뀌었다. 조민수와 이색이 부정적 반응을 보이자 이성계 그룹은 또 한 번 칼을 뽑아 들었다. 부정부패 혐의를 적용해 조민수를 유배 보낸 것이다. 뒤이어 이색도 실각시켰다. 정권을 장악한 이성계 그룹은 우왕의 복위를 노린 김저·정득후 모반을 빌미로 반대파 숙청 작업을 단행했다. 권력을 공고히 한 이들은 우왕과 창왕이 공민왕 혈통이 아니라는 이유로 창왕을 몰아내고 종친인 공양왕을 추대했다.

이성계 그룹에서도 내부 분열이 발생했다. 정몽주가 이성계의 정국 주도에 불만을 품은 것이다. 그는 당시의 정국이 이성계를 시조로 하는 새로운 왕조로 이어질 가능성을 못마땅하게 여겼다. 선죽교 사건의 씨앗은 이렇게 싹텄다. 결국 정몽주는 이성계의 아들 이방원에게 암살당했다. 정국 주도권은 이성계에 의해 완전히 장악됐고, 그 누구도 이성계의 전진을 방해할 수 없게 됐다.

이 시기는 정국이 날카롭게 대립하던 때라 어느 한쪽이 죽지 않으면 정국을 돌파할 방법이 없었다. 만약 정몽주가 죽지 않았다면 누가 죽어야 했을까?

죽음으로 마무리된 정몽주의 3일 천하

공양왕을 옹립한 이성계 정권은 왕조의 기반을 뒤흔드는 고강도 개혁을 전개했다. 그들은 숭유억불과 과전법으로 체제의 성격을 바꾸려 했다. 숭유억불은 국가의 철학적 기반을 불교에서 유교로 바꾸는 것이고, 과전법은 토지 지배권을 기득권층에서 신진사대부로 옮기는 것이었다. 국가 이념을 바꾸고 토지 지배권을 바꾸는 것만큼 체제에 위협적인 것은 없다. 이 같은 고강도 개혁이 단행되다 보니 고려 왕조의 존속 필요성에 대해 의문이 제기되는 것이 당연했다. 이성계 그룹에서는 신왕조 개창을 부르짖는 목소리가 터져 나왔다.

그러자 정몽주, 이숭인, 이종학 등이 제동을 걸었다. 왕조의 성씨를 바꾸는 혁명까지 할 필요가 있겠느냐는 것이었다. 이들은 고려 왕조를 유지하면서 점진적으로 바꾸어나가자고 주장했다. 역사학에서는 이들을 온건파, 반대쪽을 급진파로 분류한다.

정몽주 그룹은 주장은 온건파였지만 행동은 급진파 못지않았다. 이들은 급진파를 상대로 강경 카드를 꺼내 들었다. 이성계의 낙마가 계기가 됐다. 명나라를 방문하고 귀국하는 세자 왕석(王奭)을 맞이하러 나갔다가 해주에서 실수로 말에서 떨어진 것이다. 공양왕 4년 3월 16일(1392. 4. 9.)의 일이었다.

정사 『삼국지(三國志)』에 조조가 말에서 추락하는 장면이 나온다. 『삼국지』「무제본기」에 따르면, 홍평 원년(194) 여름에 조조(무제)와 여포가 푸양(濮陽) 전투에서 충돌했다. 푸양 전투에서 여포의 기병대가 조조군의 청주병(靑州兵)을 공략했다. 청주병은 농민 반란군인 황건적 투항자 중에서 선발한 정예부대다. 여포 기병대가 청주병을 공격하자 조조 진영이 갑작스레 혼란스러워졌다. 이때 조조 진영에 화재가 발생했다. 조조는 급히 불길을 피하다가 말에서 떨어졌고, 왼쪽 손바닥에 화상을 입었다. 그에 비해 이성계의 부상은 훨씬 심각했다. 손바닥이 데이는 정도가 아니었다. 와병을 해야 할 정도였다.

수시중(오늘날 부총리급) 정몽주는 '적장'이 쓰러진 틈을 놓치지 않고 공세를 시작했다. 공양왕 4년 4월 1일(1392. 4. 23.)부터 대간을 움직여 조준, 정도전 등을 탄핵하게 했다. 『고려사절요』에 따르면, 조준에 대해서는 공양왕 옹립 당시 부정적 의견을 냈다는 이유로, 정도전에 대해서는 혈통을 숨기고자 불의한 일을 저질렀다는 이유로 탄핵했다.

정도전의 외할머니는 승려 김진과 그의 노비 사이에서 출생했다. 당시는 데릴사위 문화가 일반적인 시대였고, 그래서 어머니의 혈통이 사회생활을 좌우했다. 노비인 외할머니의 혈통은 정도전의 어머니와 정도전에게 이어졌다. 정도전이 평범했다면 전혀 문제가 안 됐겠지만, 관직에 진출하다 보니 약점이 됐다. 이런 약점을 물고 늘어진 쪽이 있었다. 김진의 인척이자 우왕 때 중진인 우현보의 가문이었다. 우현보는 구세력으로 분류됐다. 『태조실록(太祖實錄)』「정도전졸기⁶」에 따르면, 고려 말에 정도전이 관직에 진출하는 과정에서 혈통 문제가 제기되어 임명이 지연된 적이 있었다. 우현보 가문에서 사연을 흘렸던 것이다. 이 때문에 정도전은 우현보 가문에 원한을 품었다.

정몽주는 정도전과 가장 가까운 선배 겸 친구였다. 일종의 멘토였다. 둘이 얼마나 가까웠는지는 정도전이 보수파 거물 이인임에 맞섰다가 유배 중이던 1376년의 일로도 증명된다. 정도전 문집인 『삼봉집(三峯集)』에 따르면, 정몽주는 「삼봉에게(贈三峯)」라는 시를 유배지에 있는 정도전에게 보냈다.

> 나라를 돕고 시국을 바로잡으려던 전략 멀어지고[輔國匡時術已疎]
> 내, 창졸간에 검은 머리털 백발이 되어가는구나[自嗟童쭬白紛如].
> 삼봉 같은 은자를 누가 능히 당하리오[三峯隱者誰能似].

---

6 졸기(卒記)는 망자에 관한 기록이다.

처음에 세운 뜻 평생 변치 마오[不變平生立志初].

이 정도로 두 사람은 뜻을 같이하는 사이였다. 그랬기 때문에 정몽주는 우현보 가문에 대한 정도전의 불만도 잘 알고 있었다. 이것을 기억했다가 결정적인 순간에 정도전을 탄핵하는 데 활용했던 것이다.

이성계의 낙마를 이용한 정몽주의 정치 공세는 성공했다. 정몽주는 이성계 측근들을 개경 밖으로 쫓아냈다. 이런 상태에서 공양왕이 정몽주에게 힘을 실어주었고, 정권은 정몽주 수중에 들어갔다. 이성계와 정도전의 신국(新國) 건국 움직임은 무산됐다. 일단은 그렇게 되는 듯했다.

낙마해서 화상을 입은 조조는 측근의 부축을 받으며 간신히 전장을 빠져나갔다. 그는 군을 재정비하여 100여 일 동안 여포와 대치했고, 군량미가 떨어진 여포는 결국 철수했다. 낙마한 이성계도 일어섰다. 그의 측근들도 그랬다. 그 계기를 만든 게 이방원이다.

그때 이방원은 모친상 중이었다. 그에게는 어머니가 둘 있었다. 함경도 영흥에 친어머니 한씨가 있었고, 개경에 작은어머니 강씨가 있었다. 그중 영흥 어머니가 돌아가셔서 모친상 중이었다. 정몽주의 공격으로 가문이 위기에 처한 그 순간, 이방원은 함경도에서 상복을 입고 있었던 것이다. 윤리적으로 본다면 그는 그곳에 그냥 있어야 했다. 하지만 그런 그를 자극한 인물이 있었으니, 개경에 있는 작은어머니였다. 『태조실록』 서두에 따르면, 강씨는 사위인 이제를 보내 이방원을 설득했다. 가만히 있으면 안 되는 상황이라고 일러준 것이다. 이때만 해도 이방원은 작은어머니를 잘 따랐다. 결국 작은어머니의 설득에 이방원은 영흥을 떠났다.

정몽주의 공격이 개시된 지 3일 뒤인 공양왕 4년 4월 4일(1392. 4. 26.), 이방원은 조영규 등을 시켜 정몽주를 전격 살해했다. 정몽주의 천하는 그렇게 3일 만에 붕괴했다. 구심점을 잃은 온건파는 금세 와해됐다. 정권은 급진파 수중에 들어갔고, 같은 해 7월 17일(1392. 8. 5.) 조선 왕조가 세워졌다.

만약 이때 정몽주가 죽지 않았다면 누가 대신 죽어야 했을까? 그에게 자객을 보낸 이방원이었을까? 정몽주가 죽지 않았을 경우 죽었을 확률이 99퍼센트였던 제3의 인물이 있다.

누가 대신 죽었을까?

정몽주는 이색의 제자였다. 권근, 김구용, 김제안, 박상충, 윤소종, 이숭인, 이존오, 정도전 등이 그와 함께 수학했다. 이색의 제자들은 고려 말과 조선 초의 격변기에 맹활약을 펼쳤다. 그렇지만 권근을 제외한 나머지는 모두 정치적 격랑에 휘말려 불행한 최후를 맞았다. 이색도 정몽주, 정도전에 의해 유배를 떠났다. 스승도 제자도 다들 끝이 좋지 않았다.

정몽주가 죽지 않았을 경우 죽었을 확률이 가장 높은 사람은 정도전이다. 그는 정몽주보다 5살 적었다. 1360년경에 처음 만난 이후, 이들은 깊은 우정을 나누었다. 한 스승을 모신 이들은 일가친척보다 가까웠다. 정몽주가 나이도 위고 과거시험에도 먼저 합격했기 때문에 정몽주가 정도전을 이끌어주었다.

정몽주 초상. 개성 숭양서원에 보관되어 있던 초상화를 조선의 궁중화가 이한철이 1880년에 모사한 모사화다.

두 사람은 오랫동안 동지 관계를 유지했다. 공양왕을 옹립하기 전까지는 그랬다. 그 뒤 온건파와 급진파로 갈라지면서 두 사람은 '우정은 우정, 정치는 정치'라는 태도를 취했다. 이성계가 낙마한 틈을 타서 정몽주는 정도전을 유배 보내면서 암살 밀명까지 내렸다. 암살이 집행되기 전에 정몽주가 먼저 죽는 바람에 정도전은 극적으로 목숨을 건질 수 있었다. 그러므로 정몽주가 죽지 않았다면 정도전이 죽어야 했을 것이다.

정도전의 기사회생은 상당히 극적이었다. 이것을 실감하는 데 도움이 될 만한 사례가 있다. 김구 자서전 『백범일지(白凡逸志)』에는 23세의 김구가 죽기 직전 아슬아슬하게 목숨을 건지는 장면이 나온다. 명성황후가 시해된 을미사변 이듬해인 1896년, 김구는 황해도 안악

군에서 만난 일본인 쓰치다 조스케(土田讓亮)를 일본군 밀정으로 판단해 살해했다. 중전 시해에 대한 분노가 조선 팔도에 팽배한 상황에서 국모의 복수를 한다는 마음으로 그렇게 한 것이다. 하지만 실정법을 어겼으니 인천 감옥에 투옥됐고, 사형이 확정됐다. 그런데 사형 집행 당일에 '사형 집행을 중지하라'는 고종의 특명이 내려졌다. 전화선을 통해 전달된 특명이었다. 『백범일지』에 따르면, 3일 전에 서울-인천 간 전화선이 개통되지 않았다면 집행 후에나 특명이 도착했을 것이다. 아슬아슬한 장면이었다. 김구처럼 정도전도 그렇게 목숨을 건졌다. 정몽주가 사주한 암살이 집행되기 전에 정몽주가 죽는 바람에 목숨을 건진 것이다.

만약 정도전이 목숨을 잃었다면 이성계 입장에서는 손실이 이만저만이 아니었을 것이다. 건국 작업이 지체됐을 것임은 물론이다. 조선 법제를 정비하고 수도 한양(정식 명칭은 한성)을 설계한 사람은 정도전이었다. 오늘날의 서울 도심은 기본적으로 그의 머릿속에서 나왔다. 서울 사대문 안의 지명들은 유교적 이상에 대한 그의 꿈을 담은 것들이다. 안국동(安國洞)은 '나라를 편안히 한다'는 소망을 담은 것이고, 적선동(積善洞)은 '선행을 쌓아야 한다'는 메시지를 담은 것이다. 이렇게 조선을 설계하고 한양을 설계한 장본인이 정몽주에게 죽음을 당했다면 이성계는 크나큰 손실을 감내해야 했을 것이다.

이처럼 정도전이 이방원보다 훨씬 위험했기에 정몽주는 어떻게든 정도전부터 죽이려 했다. 그래서 정몽주는 이방원은 신경 쓰지 않았다. 덕분에 이방원으로서는 정몽주를 살해하기가 좀 더 수월했을 것이다. 아이러니한 것은, 이방원 덕분에 칼을 피한 정도전이 6년 뒤인 1398년에 이방원의 칼에 맞았다는 사실이다.

정몽주가 3일 천하로 끝나지 않았다면?

정몽주는 충절의 대명사다. 그의 시조 「단심가(丹心歌)」는 600년이 지난 오늘날까지도 애송되고 있다.

이 몸이 죽어 죽어 일백 번 고쳐 죽어
백골이 진토 되어 넋이라도 있고 없고
임 향한 일편단심이야 가실 줄이 있으랴.

김소월의 「진달래꽃」과 더불어 한국인 대부분이 한두 구절은 암송할 수 있는 「단심가」는 역성혁명을 거부하고 고려 왕조에 대한 충성을 지키겠다는 정몽주의 일편단심을 표현하는 시다. 아니, '정몽주의 일편단심을 표현하는 시다'보다는 '정몽주의 일편단심을 표현하는 것으로 이해되는 시다'가 좀 더 정확한 표현일 것이다.

왕조를 지키려다 죽었다는 이유로 훗날 정몽주는 이방원에 의해 영의정으로 추증됐다. 정몽주를 죽인 이방원이 그런 일을 했던 것이다. 이를 건의한 이는 정몽주의 동문인 권근이다. 태종 1년 1월 14일자(1401. 1. 28.) 『태종실록(太宗實錄)』에 따르면, 권근은 '국가가 안정기에 접어들려면 이전 왕조의 충신을 포상해야 하며, 그렇게 해야만 신하들이 임금에게 충성할 수 있다'고 말했다. 태종 이방원은 이 건의를 수용해 같은 해 11월 7일(1401. 12. 11.) 정몽주에게 영의정을 추증했다. 자신이 죽이기는 했지만 충절을 다한 인물이라는 점을 높이 평가한 것이다. 승자의 여유를 보여주는 대목이다. 이방원의 손에 죽은 정몽주가 이방원에 의해 충절의 대명사로 추앙된 것이다.

만약 정몽주가 죽지 않았다면 어떻게 됐을까? 정몽주가 이성계 진영을 제거했다면 그는 고려 왕조에 어떤 태도를 취했을까? 이성계는 장애물이 모두 제거되자 공양왕을 몰아내고 신하의 옷을 벗어던졌다. 정몽주가 동일한 상황에 처했다면 그는 어땠을까?

사람의 본심은 말이 아닌 행동에서 드러난다. 정몽주의 진심을 파악하려면 그의 시가 아니라 행적을 추적해야 한다.

정몽주는 위화도 회군에 가담함으로써 주군인 우왕을 배신했다. 그리고 창왕을 옹립하는 데 참여했다. 그 뒤 그는 우왕과 창왕이 공민왕 혈통이 아니라는 이유로 창왕 폐위에까지 가담했다. 그러고는 이성계와 함께 공양왕을 옹립했다. 이른바 폐가입진(廢假立眞)을 한 것이다. 가짜 혈통을 폐하고 진짜 혈통을 세운다는 일을 한 것이다. 이 과정에서 정몽주는 2명(우왕·창왕)의 주군을 폐하고 2명(창왕·공양왕)의 주군을 옹립했다. 우왕·창왕의 혈통 여하를 떠나 그는 비정상적 방법으로 군주를 교체하는 데 여러 차례 가담했다.

만약 그가 오로지 한 군주만 일편단심으로 섬기는 신하였다면 과연 이렇게 할 수 있었을까? 그런 신하였다면 위화도 회군 직후에 정치에서 손을 뗐어야 하지 않을까? 그는 그렇게 하지 않았을 뿐만 아니라 이성계와 손잡고 정권 교체에 번번이 가담했다. 막판에는 이성계마저 몰아내고 권력을 독점하려다 살해당했다.

이런 사실에서 알 수 있는 것은 정몽주 역시 여느 정치인과 마찬가지로 현실적 이익을 우선시했다는 점이다. 권력 획득을 목표로 하는 정치인에게 이것은 지극히 정상적인 일이다. 이렇게 하지 않았다면 그는 좀 더 일찍 정계에서 밀려났을 것이다. 그러므로 그의 행동을 도덕적으로 비난할 필요는 없다. 그는 정치인으로서 너무나 당연한 일을 했다.

우리는 정몽주가 임금뿐 아니라 스승까지 거역했다는 사실에 주목해야 한다. 창왕 옹립 후에 스승 이색이 조민수와 손잡고 정몽주를 소외시키자 정몽주는 이성계, 정도전과 협력해 이색을 실각시켰다. 일편단심을 말할 수 있는 선비라면 군사부일체(君師父一體)를 실천해야 한다. 그런데 정몽주는 군(君)과 사(師) 모두를 공격할 수 있는 사람임을 스스로 보여주었다. 그는 군사부일체라는 유교적 가치보다 권력 획득이라는 정치적 가치를 우선시하는 사람이었다.

이 같은 행동 패턴을 보면 그가 「단심가」를 읊으며 역성혁명을 반대한 이유를 짐작할 수 있다. 그가 이성계를 반대한 것은 이성계 중심의 권력 구도를 원치 않았기 때문이다. 만약 정몽주가 위화도 회군, 우왕 폐위, 창왕 옹립 및 폐위, 이색 제거, 공양왕 옹립 등에 가담하지 않았다면 그가 진심으로 역성혁명을 반대했을 거라고 확신할 수 있다. 하지만 정몽주의 행적은 그가 지극히 현실적인 정치인이었음을 증명한다. 그러므로 그를 충절의 대명사로 추앙하는 것은 실제와 괴리된 일이라고 판단할 수밖에 없다.

만약 정몽주가 이방원의 공격을 피하고 정권을 지켰다면 그는 다음 수순에 돌입했을 것이다. 다음 수순은 둘 중 하나였을 공산이 크다. 하나는 자신이 실권을 쥔 상태에서 고려 왕조를 유지하는 것이다. 이런 상태로 원·명 교체기의 혼란을 넘겼다면 고려는 계속 생존했을 것이고, 정몽주는 진정한 의미에서 '만고의 충신'이 됐을 것이다. 다른 하나는 이성계처럼 신왕조 개창으로 나아가는 것이다. 이런 경우에 정몽주 자신이 신왕조의 주인이 됐을 가능성은 별로 없다. 정도전이 이성계의 참모가 됐던 것처럼 정몽주도 다른 누군가의 참모가 됐을 가능성이 크다.

고려 멸망 직전은 지극히 혼란스러운 시기였다. 왕조를 지탱하던 공권력이 약해져 이성계처럼 사병을 거느린 무인들에 의해 왕조가 지탱되고 있었다. 이런 상황에서는 아무리 출중한 문신이라도 단독으로 권력을 잡기가 힘들다. 군벌과 제휴하는 수밖에 없다. 군벌과 문신이 협력할 경우 무게 중심은 전자 쪽으로 쏠릴 수밖에 없다. 대표적 군벌인 이성계가 제거된 뒤라면 정몽주는 또 다른 군벌의 핵심 참모가 돼서 신왕조 개창을 추진했을 것이다.

3. 이성계가 막내아들을 세자로 세우지 않았다면?

_ 그래도 왕자의 난은 일어났을 것이다

이성계와 정도전은 신왕조의 기틀을 구축하고 후계 구도 확립에 박차를 가했다. 1392년 건국 당시 이성계가 58세였으므로 후계자 선택은 매우 시급한 문제였다. 건국 직후 이성계와 정도전이 선택한 후계자는 11세의 이방석(무안대군)이었다. 이방석은 이성계의 둘째 부인 이자 초대 왕후인 신덕왕후 강씨의 소생이다. 첫째 부인 한씨는 건국 후에 왕후로 추존되기는 했지만 건국 이전에 사망했기 때문에 초대 왕후의 영예는 강씨에게 돌아갔다. 이방석을 세자로 지명한 이성계의 조치는 첫째 부인의 소생들을 격분시켰다. 정몽주 정권을 붕괴시키는 데 결정적 공로를 세운 이방원이 누구보다도 불만스러워했다. 기회를 엿보던 이방원은 1398년에 정도전을 죽이고 아버지를 폐위했다. 세자 이방석도 살해했다. 이를 계기로 둘째 아들 이방과(정종)가 즉위하고 이방원이 실권을 장악했다. 이것이 제1차 왕자의 난이다. 이런 의문을 품어보자. 만약 이성계가 방석을 후계자로 세우지 않았다면 역사는 어떻게 전개됐을까?

이성계의 선택이 달랐다면?

어리고 힘없는 방석을 후계자로 지명한 이성계의 선택은 제1차 왕자의 난을 초래한 원인으로 지목되고 있다. 이성계가 21세 연하의 강씨에게 눈이 멀어 강씨 소생을 후계자로 삼은 게 화근이 됐다는 것이다. 이성계가 젊은 여자한테 빠지지 않고 이방원을 후계자로 삼았다면 불상사가 생기지 않았을 거라며 아쉬움을 표하는 사람들도 있다. 하지만 이방원을 후계자로 정했더라도 어차피 분란은 피할 수 없었을 것이다.

이방원은 제5왕자였다. 아무리 공이 많더라도 다섯째 아들을 후계자로 정하기는 힘들었다. 출생 순서가 아닌 공로의 많고 적음을 기준으로 형제간 서열을 따지는 것은 비상식적인 일이었다. 만약 이성계가 서열을 무시하고 방원을 후계자로 택했다면 방원의 동복형들이 가만있지 않았을 것이다. 그랬다면 이방원과 동복형제들 사이에도 어떤 형태로든 분란이 발생했을 것이다. 방원의 동복형들 중에서 후계자를 선택했더라도 마찬가지다. 이 경우에는 방원이 가만있지 않았을 것이다.

이런 의문이 생길 수 있다. 제1차 왕자의 난 때 한씨의 소생들이 단합했으니 그들끼리는 끝까지 의리를 지키지 않았겠는가? 이방원은 둘째 형인 정종을 보위에 올렸고,[7] 정종은 얼마 안 가서 방원에게 왕

---

7 제1차 왕자의 난 때 이방원이 첫째 형이 아닌 둘째 형을 추대한 것은 첫째 형 이방우가 태조 2년 12월 13일(1393. 3. 25.) 마흔 나이로 사망했기 때문이다. 그래서 제1차 왕자의 난 당시에는 이 세상 사람이 아니었다.

위를 물려주지 않았는가? 이처럼 의리가 좋은 형제들이니 이성계가 처음부터 한씨 소생을 후계자로 세웠다면 분란이 생기지 않았을 것 아닌가?

이런 의문을 해결하기 위해서는 한씨 소생들의 의리를 심층 분석해봐야 한다. 제1차 왕자의 난 이후 권력을 쥔 사람은 이방원이다. 정종은 허수아비였다. 방원이 정종을 추대한 것은 자기가 곧바로 아버지를 계승할 명분이 없었기 때문이다. 그래서 살아 있는 동복형제 중에서 가장 위인 정종을 추대했다. 그러면서도 보위에 대한 꿈은 버리지 않았다. 이 점은 그가 형 밑에서 왕세제(王世弟)가 됐다는 사실에서 확연히 드러난다. '왕위계승권을 가진 동생'이라는 의미의 왕세제에 올랐다는 것은 그가 정종을 추대한 게 정치 쇼에 지나지 않음을 보여준다. 그러므로 방원이 정종을 왕위에 앉힌 일을 근거로 그들의 의리를 과대평가해서는 안 된다. 또 방원에 대한 정종의 의리 역시 과대평가해서는 안 된다. 동생에게 왕위를 넘겨준 것은 어쩔 수 없는 선택이었다. 방원이 칼을 쥔 상태라 그런 선택밖에 할 수 없었던 것이다.

나머지 형제들과 이방원의 의리도 실은 별것 아니었다. 방원의 동복형인 방간이 1400년에 제2차 왕자의 난을 일으킨 것을 보면 이성계 아들들이 동복, 이복을 떠나 얼마나 탐욕스럽게 투쟁했는지 짐작할 수 있다. 이성계가 방석을 세자로 책봉한 것에 대해 한씨 소생들이 불만을 품은 것은 방원이 후계자가 되지 않았기 때문이 아니다. 저마다 자기 자신이 배제됐다는 사실에 불만을 품었던 것이다.

만약 장남 이방우가 후계자가 됐더라면 상황은 달라졌을 것이다. 그랬다면 그 누구도 반기를 들기가 쉽지 않았을 것이다. 하지만 그는 왕이 될 만한 그릇이 아니었다. 『태조실록』 「이방우졸기」에서 그 점을 확인할 수 있다.

> 진안군 방우는 주상(主上. 왕의 공식 명칭)의 장자다. 성질이 술을 좋아하여 날마다 통음(痛飮)으로 일을 삼다가 소주를 마시고 병이 생겨 죽었다.

이 기록을 남긴 사관(史官)은 '통음'이라는 표현을 사용했다. 아픔과 괴로움이 수반되는 '통(痛)'을 연상시킬 정도로 격렬하게 술을 마시다 죽은 것이다. 소주는 아주 귀한 술이었다. '잠을 쫓는 새로운 이야기'라는 뜻의 제목을 가진 조선 후기 민담집 『어수신화(禦睡新話)』에는 소주를 담은 술독을 지고 가던 상인이 빙판에 넘어져 술독이 깨지자 행인 둘이 얼른 달려가 바닥을 핥는 장면이 나온다. 그만큼 귀한 술이었던 것이다. 이방우는 요즘으로 치면 비싼 양주를 매일 격렬히 마시다 죽은 셈이다. 왕조가 교체되는 격변기에, 그것도 아버지와 관련된 격변기에 그렇게 술을 마셔댔으니 주변의 시선이 어땠을지 짐작할 수 있다. 동생들 앞에서 위신을 세우기도 힘들었을 것이다.

그가 술을 좋아했다는 사실이 실록에까지 남았다는 점에 주목해야 한다. 사관들은 왕실의 체면과 관련된 일이면 그것이 아주 중요하지 않은 이상 가급적 감추어주거나 은유적으로 처리했다. 그런데도 이방우의 단점을 노골적으로 기술한 것을 보면 그렇게 기술해도 별 탈이 없을 만큼 그의 음주 문제가 널리 회자됐음을 알 수 있다. 왕권보다는 병권(瓶權)을 더 좋아한 인물이었으니 후계자가 되기는 쉽지 않았을 것이다.

장남 이방우가 일찌감치 후계 구도에서 배제된 탓에 누가 후계자가 되든 잡음이 일 수밖에 없었다. 한씨 소생들은 '장남이 후계자가 될 수 없다면 나한테도 기회가 주어질 수 있는 것 아닌가' 하고 생각했을 수도 있다. 이성계가 방원을 후계자로 지명했다면 방간을 포함한 동복형들이 변란을 일으켰을 가능성이 매우 농후하다. 방간이 방원에 맞서 제2차 왕자의 난을 일으킨 사실이 이 점을 웅변한다.

이처럼 이성계가 방석을 후계자로 지명하지 않았더라도 왕실은 분란을 피하기 힘들었을 것이다. 장남이 중심을 잡지 못한 데다 형제간 의리도 좋지 않았으니 이 집안의 재앙은 처음부터 예고된 것이었다. 그럼 처음부터 방원이 후계자가 됐다면 역사는 어떻게 전개되었을까?

처음부터 방원이 후계자가 됐다면?

이성계가 방원을 후계자로 세웠다면 동복형제들도 반발했겠지만 그 누구보다 격렬히 반대했을 한 사람이 있다. 바로 정도전이다. 그가 어떤 반응을 보였을지는 그의 기록에서 간접적으로 드러난다. 조선시대 법전의 효시가 된 정도전의 『조선경국전(朝鮮經國典)』「치전(治典)」편에 담긴 군주론을 읽어보자.

> 군주의 자질에는 어리석은 자질도 있고 현명한 자질도 있고 강건한 자질도 있고 유약한 자질도 있어 한결같지 않다. 그러므로 재상은 군주의 좋은 점은 따르고 나쁜 점은 바로잡으며

옳은 것은 받들고 옳지 않은 것은 막아서 군주가 중용의 경
지에 들 수 있도록 해야 한다.

정도전 군주론의 핵심은 '군주는 재상의 지도를 받아야 한다'는
것이다. 군주의 자질이 일정치 않을 뿐만 아니라 질이 낮을 수도 있
기 때문이었다. 그럴 수밖에 없는 것이, 군주는 선출이 아닌 세습으
로 옹립되기 때문이라는 것이었다. 어떤 자질을 가진 군주가 등극
할지 모르는데 아무한테나 나라를 맡길 수 없다는 것이었다. 그래
서 나온 것이 재상 중심주의다. 지혜로운 재상이 군주의 부족한 면
을 보충하면서 국정을 운영해야 한다는 것이었다. 정도전은 특히 자
기 시대만큼은 이런 시스템이 꼭 필요하다고 역설했다. 「치전」 내용
이 이어진다.

요임금·순임금 시대에는 군주와 신하가 모두 성자였다. 그래
서 조정에서 도(都)라 유(俞)라 하면서 태평의 정치를 실현시켰
다. 우왕·탕왕·문왕·무왕 시대에는 임금과 신하가 모두 현자
였다. 그래서 함께 정치에 힘써 융숭한 치세를 이룩했다. 패
자(覇者)의 시대에는 군주가 신하보다 못했지만, 신하에게 전권
을 맡겼기에 한때나마 업적을 세울 수 있었다.

정도전은 역사를 세 시기로 나누었다. 제1기는 요임금·순임금 시
대, 제2기는 우왕·탕왕·문왕·무왕 시대, 제3기는 패자의 시대였다.
제1기에는 군주와 신하가 모두 성인이었다고 했다. 그래서 이 시기
에는 조정에서 '도'라 '유'라 하면서 태평성대를 이루었다고 했다. 도

와 유는 고대 중국 역사서인 『서경(書經)』 「요전(堯典)」 편에 나온다. 성군의 대명사 요임금이 후계 문제를 논의하는 과정에서 나온 말이다. 요임금이 후계자 추천을 요청하자 귀족 환두(驩兜)는 "도!"라고 말하며 공공(共工)을 추천했다. 주자의 제자인 채침(蔡沈)은 『서경』 해설서인 『서경집전(書經集傳)』에서 '도'는 탄미하는 말'이라고 풀이했다. 감탄사였던 것이다. 요임금은 공공이 실속 없는 인물이라며 거부했다. 그 후 대홍수가 발생하자 요임금은 후계자 추천을 재차 주문했다. 이번에는 사악(四岳)이라는 관직을 가진 제후가 곤(鯀)을 추천했다. 요임금은 이번엔 조건부로 수락했다. 일을 맡겨보기로 한 것이다. 9년간 일을 맡겨봤지만, 곤은 임무를 달성하지 못했다. 그 후 요임금이 다시 추천을 의뢰하자 신하들은 재야의 순(舜)을 추천했다. 요임금은 "유!"라고 말한 뒤 순에 대한 시험 및 관찰에 들어갔다. 채침은 "'유'는 허용의 뜻을 가진 말"이라고 해설했다. 시험을 통과한 순은 요임금의 뒤를 이어 왕위에 올랐다.

이 고사는 '도'라는 감탄사로 시작해 '유'라는 말로 끝난다. "도라 유라 하"는 것은 이 고사 전체를 압축한 표현이다. 선비들은 유교 경전을 달달 외다시피 했기 때문에 이런 압축적 표현만으로도 위의 고사를 떠올릴 수 있었다.

도라 유라 하면서 태평성대를 이루었다는 이 고사는 추천, 시험, 관찰을 통해 왕위가 요임금에서 순임금으로 평화롭게 이양되는 과정을 보여준다. 혈연관계 없는 두 사람 사이에서 왕권이 계승될 수 있었던 것은 당시 임금과 신하가 모두 성자였기 때문이라는 게 유학자들의 말이다. 공공이나 곤 같은 인물은 성자가 아니었지만, 당대를 대표하는 신하들이 일반적으로 성자였다는 의미다. 이 시대에는 정치가 잘 굴러갈 수밖에 없었고, 그래서 오늘날까지도 유학자들은 요순시대를 가장 이상적인 시대로 꼽는다.

그런데 우왕(우임금)이 즉위하면서 임금과 신하의 격이 한 단계 떨어졌다. 이때부터 제2기가 시작된다. 우임금은 하나라의 시조다. 중국인들은 하나라가 중국 최초의 왕조라고 말한다. 정도전의 말에 따르면, 이때부터는 현자급의 인격체들이 임금과 신하가 됐다. 성자에서 현자로 떨어졌으니 철학적 퇴보 또는 인격적 퇴보가 있었던 셈이다. 하나라에 뒤이은 은나라의 시조 탕왕도 그랬다. 주나라 초기의 문왕, 무왕도 그랬다. 종전보다 한 단계 떨어진 시대였지만, 이때도 정치는 잘 굴러갔다. 임금과 신하들이 "함께 정치에 힘썼기" 때문이다. 이런 합력이 있었기에 '철학적 퇴보'에도 불구하고 정치가 잘 굴러갈 수 있었다는 것이다.

하지만 그 뒤로는 그런 인물들이 출현하지 않았다. 정도전의 논리에 따르면 그렇다. 훌륭한 군주가 정말로 한 명도 출현하지 않은 것은 아니다. 정도전 본인도 진짜로 그렇게 생각했을 리는 없다. 자신의 주장을 합리화하고자 그렇게 강변했을 따름이다. 합리화를 위해서라면 억지로라도 논리를 만들어내는 것은 정도전의 특기였다.

정도전은 주나라 무왕 이후를 제3기 '패자의 시대'라고 했다. 패자의 시대란 주로 춘추전국시대를 가리킨다. 『맹자』 「공손추(公孫丑)」 편에서는 "힘으로써 인(仁)을 가장하는 것은 패(覇)"라고 했다. 겉으로는 덕치를 표방하면서도 실제로는 무력에 의존하는 통치자를 패자로 보았다. 패자가 지배하는 사회는 유교적 관점에서 볼 때 이상적 상태가 아니다. 말로만이 아니라 실제로도 덕치가 이루어지는 사회가 유교적 유토피아다.

이상한 것은 그런 패자의 시대에도 정치가 그럭저럭 굴러갔다는 점이다. 임금이 성자도 현자도 아닌데 어떻게 가능했을까? 정도전은 "패자의 시대에는 군주가 신하보다 못했지만, 신하에게 전권을 맡겼기에 한때나마 업적을 세울 수 있었다."고 했다. 그가 말하고자 했던 핵심은 바로 이것이다. 도덕적으로 불완전한 군주가 지배하는 시대에는 어진 신하가 임금을 대신해야만 정치가 잘 굴러갈 수 있다는 메시지를 전하고 싶었던 것이다.

정도전이 역사를 세 시기로 구분한 것은 자기 시대가 세 번째에 해당한다고 암시하기 위해서였다. 「치전」 편의 이어지는 부분에서 그는 "만약 임금이 중간 정도의 자질을 갖고 있을 경우, 사람(재상)을 잘 얻으면 나라가 다스려지지만, 잘못 얻으면 나라가 어지러워진다."고 했다. 이것은 정도전이 꼭 말하고 싶었던 이야기였다. "임금이 중간 정도의 자질을 갖고 있을 경우"라는 표현은 자기 시대 임금들이 그 정도밖에 안 된다는 인식을 드러낸 것이다. 지금도 여전히 패자의 시대이므로 훌륭한 재상이 국가를 경영해야 한다는 게 그의 생각이었다. 그것이 사대부 중심주의 또는 재상 중심주의였다.

그런 이상이 관철되려면 정도전의 말을 잘 들어줄 인물이 군주가 돼야 했다. 이성계만 하더라도 그의 생각을 존중하고 따라주었다. 『태조실록』「정도전졸기」에 따르면, 정도전은 이성계와의 술자리에서 "한고조(유방)가 장자방(장량)을 쓴 게 아니라 장자방이 한고조를 쓴 것"이라는 말을 자주 했다. 장자방은 한나라 건국에 공로를 세운 유방의 책사였다. 한고조가 장자방을 쓴 게 아니라 장자방이 한고조를 쓴 것이라는 말은 조선 건국의 실질적 주역이 이성계가 아니라 자기 자신임을 은근히 과시하는 말이었다. 자신이 이성계의 책사 역할을 하는 게 아니라 이성계가 자신의 수족 역할을 하고 있다는 뜻이었다. 취중진담이라고 했다. 본심이 묻어나는 말이었다. 이런 말을 듣고도 이성계는 정도전을 믿고 의지했다. 이성계의 그릇을 보여주는 것이기도 하지만, 그만큼 이성계가 정도전을 신뢰했음을 반영하는 것이다. 그래서 이성계와 정도전, 아니 정도전과 이성계 사이에서는 별다른 문제가 생기지 않았다.

이성계보다 7살 젊은 정도전은 이성계 사후에도 자신이 국정을 운영해야 한다고 생각했다. 그래서 자기 구미에 맞는 후계자를 물색했다. 그게 이방석이었다. 방석은 다루기 쉬운 상대였다. 정도전이 왕자들 중에서도 비주류인 둘째 부인의 소생, 그중에서도 막내를 택한 것은 차기 군주를 자기 사람으로 훈육하기 위한 포석이었다. 첫째 부인의 소생들은 개국 당시 이미 어른이었다. 그들을 자기 사람으로 훈육하는 것은 쉽지 않았다. 그래서 가급적이면 어린 사람을 내세워야 했다. 방석의 입장에서도 무시무시한 이복형들로부터 스스로를 보호하자면 정도전 같은 버팀목이 필요했다. 그래서 양쪽은 쉽게 결합할 수 있었다.

하지만 이방원은 달랐다. 정도전이 만만히 대할 상대가 아니었다. 이방원은 야심도 컸다. 정도전이 꿈꾸는 것을 그도 똑같이 꿈꾸었다. 그런 이방원이 정도전의 말을 고분고분 따라줄 리는 없었다.

앞서 '이성계가 처음부터 이방원을 후계자로 세웠다면 어땠을까' 하는 질문을 제기했다. 이복형제들의 반응은 이미 검토했다. 정도전의 반응도 충분히 예상할 수 있는 일이었다. 이성계가 방원을 지명하려 했다면 누구보다도 정도전이 극력 저지했을 것이다. 제1차 왕자의 난에 뒤지지 않는 '정도전의 난'이 일어났을 수도 있다. 방원이 후계자가 됐다면 사대부 중심이냐 왕권 중심이냐를 놓고 이방원과 정도전이 격렬한 투쟁을 벌였을 확률이 매우 높다.

결과적으로 보면, 처음부터 이방원이 후계자가 되는 게 정도전 입장에서는 좋았을 수도 있다. 방석이 후계자가 된 뒤로 정도전의 긴장이 풀렸기 때문이다. 제1차 왕자의 난 때 정도전이 패한 것은 이방원이 더 강했기 때문이 아니다. 실력과 명분 양쪽에서 우위를 점한 쪽은 정도전이었다. 정도전이 군사권을 쥐고 있었으므로 실력을 가진 쪽은 정도전이었다. 또 정도전이 이성계의 지지를 받고 있었고 세자 역시 정도전을 따랐으므로 명분을 가진 쪽도 정도전이었다. 게다가 정도전은 요동 정벌을 추진하는 과정에서 사병혁파운동을 전개했고, 이 과정에서 이방원을 약화하는 데 성공했다. 이래저래 정도전은 이방원보다 우위에 있었다.

그런데 정도전은 이방원이 주상의 아들이었기 때문인지 그를 좀더 강하게 압박하지 못했다. 사병혁파 압력을 받던 이방원이 무기를 없앨 때 부인인 민씨가 무기를 따로 감추는 것도 파악하지 못했다. 여기에 더해 방심까지 했다. 사병혁파 문제로 긴장감이 고조되던 태조 6년 8월 26일(1398. 10. 6.), 정도전은 동지인 남은의 첩이 사는 집에서 술을 마시다가 이방원의 기습 공격을 받았다. 이 집은 지금의 광화문광장 동쪽, 옛 한국일보 자리에 있었으며, 당시에는 송현마루로 불렸다. 긴장감이 팽팽하던 때에 정도전은 마음을 놓았다가 화를 당하고 말았다. 이방원에 대한 자신의 우위를 과신했기 때문이라고 볼 수 있다.

이방원이 권세를 잡은 뒤에 기록된 『태조실록』에서는 정도전이 선제공격을 했다고 했지만, 정도전 입장에서는 주상의 아들을 죽이는 게 쉽지 않았다. 그는 사병혁파를 통해 이방원을 약화하는 것에 만족했다. 그러고는 더 이상 압박하지 않았다. 어느 정도는 방심을 했던 것이다. 그가 방심했다는 것은 최후의 시인 「자조(自嘲)」에서도 드러난다. 『삼봉집』 제2권에 실린 시다.

두 왕조에 한결같은 맘으로 공을 세워[操存省察兩加功]
책 속 성현의 뜻을 거역하지 않았건만[不負聖賢黃卷中]
삼십 년 동안 애쓰고 힘들인 업적[三十年來勤苦業]
송현 정자에서 한 번 취하는 새에 결국 헛되이 되었구나[松亭
一醉竟成空].

30년간 쌓은 업적이 한잔 술과 함께 물거품이 됐다고 자조하는 시다. 방심이 패인 중 하나였음을 인정한 것이다. 자기한테 유리한 후계 구도를 갖춘 데 이어 사병혁파를 통해 도전 세력을 약화했다는 안도감이 방심을 초래한 원인이라고 볼 수 있다.

만약 이성계가 이방원을 후계자로 정했다면 정도전은 훨씬 분발했을 것이다. 물론 이성계가 그렇게 했을 가능성은 낮지만, 그게 현실화됐다면 정도전은 한시도 긴장의 끈을 늦추지 않았을 것이다. 이성계가 정도전에게는 '현재의 권력'을 맡기고 이방원에게는 '미래의 권력'을 맡김으로써 정도전-이방원 양강 구도가 탄생했다면 이방원을 꺾기 위한 정도전의 노력은 더욱 철저하고 세밀했을 것이다. 그랬다면 송현마루 정자에서 술을 마시다가 어이없이 당하지는 않았을 것이다.

4. 정도전이 죽지 않았다면 요동을 찾았을까?

_ 요동을 되찾았을 가능성이 상당히 높다

조선 건국의 주역들은 흔히 친명파로 인식된다. 그들이 친명(親明)을 표방한 것은 사실이다. 하지만 그것은 전략적 행위였다. 고려 말의 특권층이 친원(親元) 성향을 띠었기에 거기에 대항하고자 친명, 반원을 표방했을 뿐이다. 뼛속 깊숙이 친명을 했던 것은 아니다.

이 점은 명나라가 조선의 진의를 항시 의심한 데서도 드러난다. 명나라는 조선이 저장성(浙江省)8 지역 백성들을 매수하고 있을 뿐만 아니라 동북방 여진족을 은밀히 회유하고 있다는 첩보를 입수했다. 이렇게 조선을 의심했기 때문에 명나라는 사사건건 시비를 걸었다. 심지어는 태조 주원장의 유훈이 담긴 공식 문서에 일부러 '이인임의 아들 이성계'라는 표현을 삽입하기도 했다. 조선을 자극하기 위한 것

---

8   저장은 양쯔강(長江)과 동중국해(동지나해)가 만나는 지역으로, 오늘날의 상하이(上海) 직할시를 포함하는 곳이다. 당시 명나라 수도가 저장 서북쪽인 난징(南京)에 있었기 때문에, 현지에 간첩을 심고자 하는 외국 정부라면 저장성 지역 주민들에게 접근하는 게 편했다.

이었다. 우왕 14년 1월 우왕과 최영이 이인임을 꺾고 친위 쿠데타를 단행했을 때 이성계도 가담했다. 이처럼 이성계와 원수지간인 이인임을 두고 '이성계의 아버지' 운운한 것은 이성계를 자극하기 위한 노림수였다.

명나라는 그 후에도 이 카드를 종종 꺼내 들었다. 조선을 자극할 일이 있을 때면 그랬다. 나중에는 그 내용을 행정 법전인 『대명회전(大明會典)』에까지 수록해놓고는 "수정할 수 없다."는 입장을 천명했다. 이렇게 저급한 수단을 동원한 것은 조선 건국 주체들의 '색깔'이 의심스러웠기 때문이다.

또 주원장 생전인 1395년, 명나라는 조선에서 보낸 표전문(表箋文)에 불경한 문구가 적혀 있다며 작성자 압송을 요구했다. 표전문은 신하나 제후 또는 제후국이 황제에게 제출하는 서류였다. 그 표전문에 어떤 표현이 있었는지는 오늘날 확인할 수 없다. 실제로 불경한 문구가 있었는지도 확인할 수 없다.

사소한 문장을 빌미로 상대방을 괴롭히는 것은 주원장의 '주특기'였다. 주원장은 문신들이 쓴 글에 독(禿)이나 광(光) 같은 글자가 있으면 "나를 모욕하기 위한 것이구나."라면서 처형도 서슴지 않았다. '대머리'를 의미하는 '독'과 '빛나다'를 의미하는 '광'은 승려의 헤어스타일을 연상시킨다. 주원장은 그런 표현들이 젊은 시절 탁발승이었던 자신을 조롱하는 것이라고 우겼다. 그리고 그걸 빌미로 공안정국을 조성했다. 이것을 '문자의 옥(獄)'이라 부른다. 일종의 '필화 사건'이었다.

주원장이 표전문 사건을 일으킨 의도는 정도전 견제에 있었다. 이를 빌미로 '조선에서 가장 위험한 인물' 정도전을 제거하고자 했던 것이다. 정도전이 표전문을 직접 작성하지 않았는데도 주원장은 정도전 압송을 강요했다.

이로 인한 정치 관계 악화는 경제 관계 악화로 이어졌다. 명나라는 조선을 압박할 목적으로 무역 분쟁을 일으켰다. 조선이 1년에 3차례 조공하겠다고 하자 명나라는 3년에 1차례만 하라고 맞섰다. 조선이 더 많이 조공하겠다고 우긴 것은 그것이 이로웠기 때문이다. 황제국은 자국이 받은 것보다 훨씬 많은 회사(回賜, 반대급부)로써 답례하는 게 동아시아의 관행이었다. 유목민족이 아닌 농경민족이 중국을 지배할 때는 그랬다.

명나라가 조선의 조공 횟수를 줄이려 한 것은 조선의 흑자 폭을 감소시키기 위한 것이었다. 하지만 조선이 이를 받아들이지 않자 양국 관계는 국교 중단 사태로까지 악화됐다. 그러자 조선에서는 정도전을 중심으로 요동정벌운동이 일어났다. 이에 따른 군사 훈련은 무력시위의 성격도 띠었지만, 경우에 따라서는 실전으로 비화할 수도 있었다.

이 같은 일촉즉발 상황에서 이방원이 제1차 왕자의 난을 일으켜 정도전을 제거하고 친명 노선을 표방했다. 그러자 명나라는 조선의 요구대로 '1년에 3차례 조공무역'을 허용해주었다. 친명 정권만큼은 확실히 우대하겠다는 메시지였다. 오키나와(유구)는 2년에 1차례, 베트남·태국은 3년에 1차례, 일본은 10년에 1차례 조공을 했던 것과 비교하면 조선은 상당한 무역 특혜를 누린 셈이다. 무역 특혜를 얻는 대신 조선은 하나를 포기했다. 요동 정벌, 즉 고토 수복의 기회였다. 만약 정도전이 이방원에게 지지 않고 요동 정벌을 추진했다면 조선은 뜻을 이룰 수 있었을까?

요동 땅 수복, 가능성 있었던 이유

흔히 1368년 명나라가 건국되면서 몽골제국(원나라)이 망했다고들 말한다. 하지만 몽골제국은 그때 망하지 않았다. 중원을 잃고 외몽골로 이동했을 뿐이다. 현재의 몽골과 중국의 가운데에 고비사막이 있다. 고비사막 북쪽은 외몽골, 남쪽은 내몽골이다. 명나라에 패한 몽골제국의 영역은 외몽골로 축소됐다. 외몽골로 쫓겨난 몽골제국을 중국에서는 북원(北元)이라 부른다. 북원은 1402년까지 존속했다. 정도전이 요동 정벌을 추진하던 14세기 후반까지도 몽골제국 잔존 세력이 존재하고 있었던 것이다. 그리고 그들은 여전히 위협적이었다.

중국 국무원 산하의 중국사회과학원이 만든 『중국역사지도집』에는 명나라가 만주를 완전히 장악했던 것처럼 되어 있다. 하지만 명나라가 실제로 지배력을 행사한 지역은 만주 서부에 국한되어 있었다. 동부 지역은 여진족 군소 집단들이 지배하고 있었다. 이들은 형식상으로는 명나라를 상국(上國)으로 받들었지만, 실질적으로는 정치적 자율성을 누리고 있었다. 그러면서 이들은 조선과 명나라를 끊임없이 위협했다. 이들은 그때부터 불과 150여 년 전까지만 해도 중원을 호령했던 금나라의 후예였다. 그러니 무시할 수 없는 세력이었다.

고비사막 이북에는 몽골제국 잔존 세력이 버티고 만주 동부에는 여진족이 할거하고 있었기에 명나라가 장악한 만주 서부는 상당히 위험했다. 거기다가 건국 초기에 명나라 수도는 저 멀리 난징에 있었다. 명나라가 베이징으로 천도한 것은 1421년이다. 수도가 남중국에 있었다는 것은 주력 부대가 그쪽에 있었음을 의미한다. 어느 나라 어느 시대나 수도 부근에 최정예부대를 배치하기 마련이다. 통치자 가까운 곳에 막강한 대군이 있어야 쿠데타를 예방할 수 있다. 대군을 움직일 때 통치자가 측근에게 지휘봉을 맡기거나 직접 말에 올라타는 것은 대군이 통치자로부터 멀어지면 쿠데타 가능성이 높아지기 때문이다. 쿠데타를 예방하자면 대군을 난징 주변에 둬야 하지만 몽골족과 여진족을 방어하자면 북쪽에 배치해야 하는 게 건국 초기 명나라의 딜레마였다.

정도전이 요동 정벌을 추진할 당시의 명나라는 대군을 요동에 배치할 만한 처지가 아니었다. 황제 본인이 직접 나서는 것도 여의치 않았다. 당시 명나라는 사실상 2개의 세력으로 분열되어 있었다. 또 황제의 힘이 북쪽까지는 제대로 미치지도 않았다. 당시 북중국에 영향력을 행사한 인물은 주원장의 넷째 아들, 연왕 주체(朱棣, 1360~1424)였다.

주체는 훗날 제3대 영락제가 된다. 같은 시기의 이방원을 연상시키는 인물이다. 주체는 11세 때인 1370년 연왕에 책봉됐다. 연(燕)은 베이징을 중심으로 한 지역이었다. 주체는 이곳을 거점으로 조카인 황태손 주윤문(훗날의 혜제)에게 대항했다. 주원장의 후계자이자 주체의 형인 의문태자 주표가 1392년에 사망하자 그의 아들 주윤문이 황태손이 됐다. 연왕 주체는 이 조카와 대립했다. 이로써 명나라는 사실상 2개의 세력으로 쪼개졌다.

이런 상황이었기 때문에, 정도전이 요동을 공략할 경우 난징의 황태손이 요동을 치기가 쉽지 않았다. 요동으로 가려면 연왕 관할지를 지나야 했다. 그렇다고 연왕더러 조선을 치라고 할 수도 없었다. 자기 군대를 소모시킬 수도 있는 싸움을 위해 연왕이 얼마나 전력을 기울일지는 의문이었다. 이래저래 명나라는 조선을 치기 힘들었다.

황태손과 연왕이 단합해서 조선군을 막는다 해도 그것으로 끝나는 것이 아니었다. 몽골족과 여진족 역시 틈을 놓칠 리 없었다. 자신들과 인접한 곳에서 벌어지는 조·명 전쟁을 어떻게든 유리한 방향으로 유도하려 했을 것이다. 이렇게 되면 자칫 동아시아 대전이 벌어질 수도 있었다. 그러므로 명나라로서는 요동에서 제한적으로 움직일 수밖에 없었다. 그렇기 때문에, 정도전이 요동을 공략한다 해도 명나라가 최선을 다하기는 힘들었다. 물론 조선 역시 요동 정벌이 동아시아 대전으로 확전될 수 있다는 부담감을 가져야 했을 것이다.

이처럼 정도전이 요동 정벌을 추진할 당시 명나라는 내부적으로 분열되어 있었을 뿐만 아니라 대외적으로는 몽골족과 여진족을 상대해야 하는 부담을 안고 있었다. 그러므로 정도전이 요동 정벌에 나섰다면 명나라는 쉽지 않은 싸움을 해야 했을 것이다. 조선이 반드시 승리했으리라고 단정할 수는 없다. 하지만 명나라가 제한된 인적·물적 자원밖에 동원할 수 없었으므로 조선이 승리했을 가능성이 충분했다고 볼 수 있다. 만약 명나라가 욕심을 내서 군사력을 무리하게 동원한다면 외침이나 내전을 자초할 수도 있었다. 그러므로 정도전이 이방원을 꺾고 압록강을 건넜다면 발해 멸망 이후 상실한 민족의 고토를 되찾았을 가능성이 높았다고 볼 수 있다.

5. 양녕대군이 충녕대군에게 양보하지 않았다면?

_ 양녕대군의 삶은 더 비참해졌을 것이다

세종대왕은 한국인들이 가장 존경하는 인물 중 하나다. 그러나 잘 알려져 있다시피, 그는 정상적인 경우였다면 왕이 되기 힘들었다. 그는 셋째 아들(충녕대군)이었다. 정상적인 경우였다면 장남인 세자 이제(훗날의 양녕대군)가 태종의 뒤를 이었을 것이다.

사람들은 양녕대군이 유능한 동생을 위해 스스로 왕위를 포기했기에 세종대왕 같은 성군이 나올 수 있었다고 말한다. 그래서 양녕대군의 양보를 칭송한다. 만약 양녕대군이 충녕대군에게 왕좌를 양보하지 않았다면 어떤 일이 벌어졌을까?

아버지의 선택, 큰아들의 비극을 막다

양녕대군이 정말 양보할 마음이 있었을까? 이 점부터 검토해야 한다. 그게 순서다. 이 문제만큼은 독자나 필자의 관점이 아닌 사관의 입장에서 접근해야 한다. 양녕대군과 충녕대군의 관계를 가장 가까이에서 밀착 취재한 이들이 바로 사관들이었기 때문이다.

조선시대 사관들은 유별날 정도로 직업정신이 투철했다. 태종 이방원 때는 임금이 귀찮아하는데도 왕궁을 집중 취재하다 문제를 일으키곤 했다.

『태종실록』에 따르면, 태종 1년 4월 25일(1401. 6. 6.) 사관 하나가 주상 집무실인 편전에 접근하다가 계단에서 내시의 제지를 받았다. 태종은 "이곳은 내가 편히 쉬는 곳"이라며 사관을 내쫓았다. 하지만 4일 후 또 다른 사관이 편전에 들어가려다 제지를 받았다. 태종이 "이곳엔 들어올 필요가 없다."고 말하자 사관은 자기가 올바로 기록하지 않으면 하늘이 지켜볼 거라고 협박하고는 자리를 떠났다. 6월 22일(1401. 8. 1.)에도 사관이 연회장에 진입하려다 실패했고, 7월 28일(1401. 9. 6.)에는 문틈으로 편전을 엿보다 적발됐다. 오늘날 같으면 카메라를 빼앗길 만한 상황이고, 그때 같으면 붓과 종이를 빼앗길 만한 상황이었다. '하늘이 지켜볼 것'이라고 막말을 던진 사관 민인생(閔麟生)은 결국 유배를 떠났다.

역사가 왜곡되는 것은 사관들에 의해서가 아니다. 사관이 기록한 원고를 사초(史草)라 하는데, 임금이 죽고 다음 임금이 들어서면 사초를 취사선택해서 정권 담당자들이 실록을 편찬한다. 역사 왜곡은 이때 일어난다. 대부분의 사관들은 민인생이 말한 것처럼 하늘을 우러러 한 점 부끄러움 없이 살려고 노력했다. 그러므로 그들의 눈과 귀에 포착된 양녕대군을 살펴보는 게 가장 정확한 접근법이다. 사관들이 포착한 태종·양녕대군·충녕대군 삼부자의 모습을 살펴보자.

장면 1

어느 날, 태종의 자녀들이 아버지의 장수를 기원하는 연회를 열었다. 태종 13년 12월 30일(1414. 1. 21.) 『태종실록』에 따르면, 이 연회는 1413년 겨울부터 1414년 연초 사이에 열렸다. 세자 이제가 폐위되기 4년 전이었다. 이날 연회에서 노래와 시에 관한 담소가 오갔다. 평소 시에 조예가 깊은 충녕대군(당시 18세)이 아버지에게 질문을 하나 했다. 상당히 깊이 있는 질문이었다. 사관들은 "(그 질문이) 심오해서 임금께서 가상히 여겼다."고 기록했다.

이 순간, 사관들은 태종의 심리를 포착했다. 그들은 태종이 충녕대군의 질문에 흡족한 표정을 지으면서도 정작 충녕대군을 칭찬하지 않고 장남에게 눈길을 돌리는 장면을 놓치지 않았다. 태종은 세자에게 이렇게 말했다.

"앞으로 너를 도와 큰일을 해낼 아이다."

여느 아버지 같았으면 심오한 질문을 한 셋째 아들을 쓰다듬거나 칭찬했을 것이다. 태종도 셋째가 대견스러웠다. 하지만 그 순간 그는 속마음을 단속했다. 옆에 있는 장남을 의식한 것이다. 잘못 말했다가는 첫째가 셋째에게 질투심을 느낄 것이고, 그렇게 되면 화가 생길지 모른다고 판단한 것이다. 그래서 질문을 한 셋째를 칭찬하지 않고, 옆에 있는 첫째한테 말을 건넨 것이다. 앞으로 너를 도와 큰일을 해낼 아이라고. 질투심을 느끼지 않도록 하려는 배려였다. 태종이 아들들 간의 분쟁 가능성을 얼마나 염려했는지 보여주는 장면이다.

장면 2

그로부터 약 10개월 뒤의 일이었다. 태종 14년 10월 26일(1414. 12. 8.),

세자 이제와 대군들이 부마 이백강 집에서 밤새 연회를 즐겼다. 세자가 이 자리에서 큰누나 정순공주에게 무심코 내뱉은 말이 다음 날 태종의 귀에까지 들어갔다.

"충녕은 보통 사람이 아니에요."

'큰형이 동생을 칭찬했구나' 하고 넘길 수 있는 한마디였지만, 태종은 그냥 지나칠 수 없었다. 위험한 기운을 감지했기 때문이다. 큰아이가 셋째한테 경쟁심을 드러냈다고 판단한 것이다. 사관들도 그런 태종의 심리를 포착했다. 그래서 태종의 표정과 발언을 사료에 담아냈다.

> 임금께서 그 말을 듣고 불쾌해하면서 "세자는 동생들과 비교할 바가 아니다. 모임을 파했으면 (일찍) 돌아오는 게 옳거늘, 어째서 이렇게 방종하게 놀았느냐!"라고 말했다.

태종이 화를 낸 것은 왕자들이 밤늦게까지 술을 마셨기 때문만은 아니다. 세자가 겉으로는 동생을 칭찬하는 것 같지만 속으로는 견제하는 듯한 발언을 무심코 내뱉었기 때문이다. 태종은 그것을 취중진담으로 본 것이다. 그래서 '동생들과 너를 비교하지 말라'고 말한 것이다. 아버지는 첫째와 셋째 사이의 긴장 관계를 늘 주시하고 있었던 것이다.

장면 3

사관들에게 포착된 또 다른 장면은 세자가 교체된 1418년의 상황이다. 태종은 어떻게든 장남을 후계자로 세우려 했다. 셋째 아들이 더 유능하다는 것은 알았지만, 자기 대(代)의 불행이 아들 대에서만큼은 재현되지 않기를 원했다. 태종은 이복동생들을 죽이고, 동복형도 귀양 보냈다. 아버지도 왕위에서 쫓아냈다. 그래서 자식 대에서만큼은 혈육 간의 서열이 잘 지켜지기를 희망했다. 그가 끊임없이 첫째 아들을 격려한 것은 첫째가 혹시라도 동생들에게 열등감을 갖지 않도록 하기 위해서였다. 동생들에게 열등감을 가지는 사람이 훌륭한 왕이 될 수는 없기 때문이었다. 하지만 세자 이제는 아버지의 기대에 부응하지 못했다. 자질 부족을 드러낸 것은 물론이고 툭하면 성추문을 일으켰다. 결정적으로, 큰아버지인 상왕 정종의 애인까지 가까이했다. 아버지 태종이 자기를 더 이상 지켜줄 수 없도록 만든 것이다. 그래서 태종은 첫째를 폐하고 셋째를 세웠다.

이런 상황에서도 태종은 훗날을 염려했다. 큰아들의 체면을 세워주고, 동생들이 혹시라도 큰형을 무시하지 않도록 배려했다. 이런 심리는 그가 큰아들에게 '양보'의 뜻이 담긴 양녕대군이라는 대군호(號)를 부여한 데서 압축적으로 드러난다. 장남 이제가 세자에서 폐위된 날은 태종 18년 6월 3일(1418. 7. 6.)이고, 그가 양녕대군에 봉해진 날은 이틀 뒤인 6월 5일(1418. 7. 8.)이다. 셋째에게 양보했다는 인상을 주고자 이런 조치를 취한 것이다. 큰아들이 대범한 인물이었다면 아버지가 이렇게까지 고심할 필요는 없었을 것이다. 그렇지 못했기에 태종이 그런 이미지 연출까지 담당해야 했던 것이다.

사관들의 취재를 통해 알 수 있는 것은 태종이 첫째 아들의 그릇을 유난히 걱정했다는 점이다. 태종의 눈에 비친 세자 이제는 유능한 동생에게 자리를 양보할 만한 그릇이 아니었다. 세자 이제는 셋째를 의식하고 경계하는 형이었다. 그래서 태종이 이들의 관계를 예의 주시할 수밖에 없었던 것이다. 이런 점을 보면, 양녕대군이 충녕대군에게 왕위를 양보했다는 속설은 말 그대로 속설에 불과하다. 양녕대군은 절대로 그런 그릇이 아니었다.

'양녕대군이 양보하지 않았다면 조선은 어떻게 됐을까'라는 가정의 결론은 명확하다. 태종은 셋째를 선택할 수밖에 없었고, 충녕대군은 왕이 될 수밖에 없었다. 이런 상태에서 양녕대군이 양보하지 않았다면 그의 인생은 비참해졌을 것이다. 양녕대군의 비극을 막은 것은 태종이 전통적인 형제 관념을 고집하지 않고 서열보다는 능력을 중시했기 때문이다. 만약 태종이 끝까지 서열을 고집했다면 조선 전기의 문화적 성취는 달성되기 힘들었을 수도 있다. 태종의 현명한 판단이 성군 세종을 만들었다고 볼 수 있다.

6. 수양대군이 좋은 숙부였다면?

_ 어떤 경우에도 단종은 죽을 운명이었다

태종이 정권을 잡은 뒤에도 왕권은 여전히 불안정했다. 태종이 양녕대군과 충녕대군을 놓고 고심에 고심을 거듭한 것도 후계자를 잘못 세웠다가는 왕조가 위태로워질 수 있었기 때문이다. 평균적인 후계자를 내놓아도 왕조가 유지될 수 있을 정도로 정치가 안정됐다면 태종이 두 아들을 놓고 그렇게 저울질할 필요는 없었을 것이다. 충녕대군을 후계자로 정한 뒤에도 태종은 여전히 마음을 놓을 수 없었다. 그래서 왕위를 물려주고 상왕이 된 뒤에도 아들에게 걸림돌이 될 만한 세력을 손수 제거해주었다.

이런 노력의 결과로 세종 때는 왕권이 안정됐다. 하지만 세종이 죽은 뒤 다시 불안정해졌다. 세종 시대의 안정은 정치 시스템 덕분이 아니라 태종과 세종의 리더십 덕분이었다. 세종을 이은 문종이 어린 세자(단종)를 두고 세상을 떠나면서 정국은 왕자의 난 이전을 방불케 할 정도로 팽팽한 긴장감이 감돌았다. 아니나 다를까, 문종의 아우인 수양대군(훗날의 세조)이 조카 단종을 몰아내고 왕권을 찬탈했다. 이후 조선의 왕통은 수양대군 후손들 사이에서 계승됐다.

이 때문에 수양대군은 주공(周公)과 대조되는 인물로 비쳤고, 그래서 후세에 두고두고 욕을 먹었다. 『서경』에 등장하는 주공은 주나라를 세운 문왕의 아들이자 무왕의 동생이다. 그는 무왕의 아들이자자기 조카인 성왕을 열심히 도왔다. 성왕이 기반을 잡을 수 있도록힘껏 헌신했다. 그런 모습을 보고 주공의 형제들인 관숙, 채숙, 곽숙이 동기를 의심했다. 『서경』 「금등(金縢)」 편에 따르면, 관숙 등은 '주공이 장차 성왕에게 이롭지 못할 것'이라며 공격했다. 이 공세를 이기지 못하고 주공은 2년간 망명 생활을 했다.

하지만 성왕은 삼촌의 진심을 깨달았고, 주공은 복귀해서 조카의치세를 도왔다. 성왕이 주공의 진심을 알게 된 것은 무왕이 병들었을 때 주공이 쾌유를 빌고자 작성한 기도문이 발견됐기 때문이다. 「금등지사(金縢之詞)」라는 기도문이다. '쇠 금(金)'과 '사슬 등(縢)'이 결합한'금등'은 쇠사슬로 꽁꽁 묶은 상자를 가리킨다. 그런 상자 속에 넣어둔 기도문이라 하여 「금등지사」라 불렀다. 「금등지사」에는 '나의 몸을거두어 가고, 대신 무왕의 목숨을 살려달라'고 기원하는 대목이 있다. 자기 일신보다 왕실을 더 사랑했던 주공의 진심을 성왕은 「금등지사」를 보고서야 깨달았다. 기도문이 거짓이 아니었다는 것은 주공이 복귀 후에도 성왕에게 충성을 다한 사실에서 드러난다.

조선시대 선비들은 주공의 고사를 거론하면서 수양대군의 패륜성을 공격했다. 수양대군의 후손들이 왕권을 계승했는데도 그에 대한비판이 사그라지지 않은 걸 보면 조선시대 여론 주도층인 선비들이수양대군을 얼마나 혐오했는지 수 있다.

이 대목에서 또 하나의 추리를 개시해보자. 수양대군이 주공처럼 좋은 숙부였다면 단종은 무사히 왕권을 지킬 수 있었을까? 무시무시하고 비정한 수양대군이 아니라 주공처럼 좋은 수양대군이었다면 단종의 운명은 어떻게 바뀌었을까?

김종서에 대한 문종의 믿음, 단종을 지키다

12살짜리 아들을 두고 눈을 감는 문종 곁에는 수양대군 말고도 경험 많은 대신들이 있었다. 김종서, 황보인 등이 대표적 인물이었다. 그중에서도 김종서는 자세한 소개가 필요 없는 백전노장이었다. 문관으로 출발한 그는 1433년 여진족을 격퇴하고 군사 거점인 6진(鎭)을 세웠다. 문무를 겸비한 재상으로, 기상이 호랑이 같았다. 대호(大虎)라는 별명이 붙은 것만 봐도 알 수 있다. 그런 김종서를 철석같이 믿은 문종은 죽기 직전 그를 불렀다. 실학자 이긍익의 『연려실기술(燃藜室記述)』 제4권에 이때 상황이 묘사돼 있다.

> 문종이 승하할 때, 세자는 어리고 종실(宗室)은 강성하여 황보인, 김종서에게 '유명(遺命)'을 받아 군주를 보필할 것'을 특별히 명령했다.

문종은 강성한 왕족들로부터 세자를 보호하고자 김종서와 황보인에게 힘을 실어줬다. 임금의 유언을 받았으니 김종서가 얼마나 막강했을지 짐작할 수 있다. 이렇게 양어깨에 권위가 실린 상태에서 김종서는 단종 시대 실권자로 부상했다.

만약 김종서에게 '다른 기회'가 주어졌다면 어땠을까? 그도 수양 대군처럼 돌변했을까? 어린 군주를 위해하고 보위를 가로채려 했을까? 김종서가 그럴 가능성은 별로 없었다. 권력이 아무리 강해져도 김씨 왕조를 열 만한 상황은 아니었다. 새로운 왕조를 개창하려면 최소한의 사회적 공감대가 형성돼야 했다. 당시에는 그런 공감대가 없었다. 정변이 자주 발생하기는 했지만, 그것은 왕위 계승 시스템의 불안정에 기인한 것이었다. 왕족을 주축으로 하는 정변이 자주 발생했다는 것은 이씨 왕실 이외에는 대안이 없었음을 보여주는 것이다. 그렇기 때문에 김종서가 단종을 내세워 권력을 강화한다 해도 왕위 찬탈 단계까지 나아가기는 힘들었다. 주식이 없는 CEO가 영향력을 확대한다 해도 회사를 자기 것으로 만들 수 없는 것과 마찬가지다.

김종서 입장에서는 단종을 자기편으로 묶어두는 게 최선책이었다. 단종을 잘 보필하라는 유명까지 받았으니 단종과 좋은 관계를 유지하는 한 그의 권력은 안정될 수 있었다. 단종을 허수아비로 만들 수는 있어도, 몰아낼 수도 몰아낼 필요도 없었다. 그것은 자기 기반을 스스로 허무는 일이었다.

그렇다면 수양대군만 좋은 숙부였다면 그 누구도 단종을 위협할 가능성이 없었다는 뜻인가? 그렇지는 않다. 김종서와 같은 편이지만 입장이 달랐던 제3의 인물이 있었다. 그 인물이 단종을 위해할 가능성은 없었는지도 마저 검토해야 한다. 만약 그 인물까지도 해를 가할 가능성이 없었다는 판단이 도출되면 '수양대군만 좋은 숙부였다면 단종은 성왕처럼 훌륭한 군주가 됐을 것'이라는 결론을 내릴 수 있다.

안평대군의 야심, 단종을 위협하다

단종의 할아버지인 세종에게는 총 18명의 왕자가 있었다. 그중에서 정실부인인 소헌왕후 심씨한테서 태어난 적자는 8명이었다. 문종, 수양대군, 안평대군, 임영대군, 광평대군, 금성대군, 평원대군, 영응대군이다. 이 중에서 문종 사망 당시 정치적 영향력이 가장 강력했던 인물은 셋째 안평대군이고, 그다음이 둘째 수양대군이다. 제3의 인물은 바로 안평대군이다.

안평대군이 수양대군보다 강했다는 것은 널리 알려진 이야기다. 안평대군은 정치적으로뿐만 아니라 학문·예술 방면에서도 형제들을 앞질렀다. 시, 서예, 그림, 가야금 등에서도 두루두루 재능을 발휘했다. 서예 분야에서는 당대의 명필로 꼽힐 정도였다. 세종의 무덤인 영릉의 신도비도 그의 작품이다. 왕족인 데다 다재다능하기까지 했으니 주변에 사람들이 몰리는 것은 지당했다.

이 점은 사료뿐 아니라 문학 작품에도 반영됐다. 임진왜란 직후인 17세기 초기에 발간된 『운영전(雲英傳)』이라는 작자 미상의 소설이 있다. 수성궁에 사는 안평대군의 시녀인 운영의 사랑과 죽음을 다룬 소설이다. 운영은 비련의 주인공이다. 해서는 안 될 사랑, 이루어질 수 없는 사랑을 했다. 누구와? 안평대군과? 아니다. 외간남자였다. 궁녀와 외간남자의 사랑은 참수형에 해당하는 중범죄였다. 운영의 애인, 아니 공범은 김 진사라는 젊은 선비였다. 그는 얼굴도 잘생기고 시도 잘 지었다. 세상의 눈을 피해 위험한 사랑을 나눈 두 사람은 안평대군이 사실을 알아채자 스스로 죽음을 선택한다. 운영은 자결했고, 김 진사는 단식으로 목숨을 끊었다.

그런데 궁에 갇혀 사는 궁녀가 어떻게 선비를 만나게 됐을까? 이 글에서는 이 점이 중요하다. 안평대군이 세력 확장을 위해 유능한 선비들을 죄다 끌어모았기 때문이다. 능력 있는 선비들을 규합하다 보니 '범 새끼'까지 옆에 두게 된 것이다. 이 정도로 안평대군은 세력이 강했고, 이 점에서 수양대군을 능가했다.

안평대군은 주공과 달랐다. 그는 자기 능력을 조카를 위해 사용하려 하지 않았다. 그도 야심을 품었다. 그래서 수양대군과 다를 바 없었다. 그걸 보여주는 증거들이 『단종실록^(端宗實錄)』에 있다. 『단종실록』은 세조 수양대군이 죽은 이듬해인 예종 1년⁽¹⁴⁶⁹⁾에 편찬됐다. 그래서 승자인 수양대군의 입장을 반영할 수밖에 없었지만, 그가 사망한 뒤에 기록된 것이라 어느 정도는 객관성을 유지할 수 있었다.

안평대군은 수양대군에게 경쟁심을 갖고 있었다. 이는 단종의 즉위에 대한 명나라의 외교적 승인을 받기 위한 사신단을 자신이 직접 이끌고자 한 데서도 드러난다. 단종 즉위년 9월 10일^(1452. 9. 22.) 『단종실록』에 따르면, 이런 경우는 삼정승 중 하나가 사절단을 이끄는 것이 원칙이었다. 삼정승이 안 된다면 종친 중에서 윗사람이 하는 게 마땅했다. 안평대군은 종실의 윗사람이 아니었다. 바로 위에만 해도 수양대군이 있었다. 그런데도 김종서, 황보인 등의 지지를 등에 업고 자신이 단장이 되고자 했다. 명나라와의 친분을 두터이 하고 세력을 키우고자 했던 것이다. 하지만 이 구상은 수양대군까지 사신이 되겠다고 나서는 바람에 수포로 돌아갔다. 수양대군은 삼정승이 못 간다면 왕족이라도 대신 가야 한다면서, 이 경우에는 자신이 가야 한다고 주장했다. 이 일을 두고 안평대군은 수양대군과 신경전을 벌였다. 또 자기 쪽 대신들이 사절단에 끼지 않도록 훼방까지 놓았다. 그래서 수양대군에게 불이익을 주었다. 형을 무척이나 견제했던 것이다.

안평대군의 야심을 보여주는 증거들은 더 있다. 『단종실록』에는 안평대군이 세력을 규합하는 장면이 나온다. 한번은 그의 참모 조번이 수양대군의 책사인 한명회를 끌어들이려 한 적도 있었다. 조번은 "(안평)대군께서는 남의 밑에 있을 분이 아니다."라며 한명회를 유혹했다. 일찌감치 줄을 서라는 권고였다. 이런 사례들을 보면 안평대군 역시 수양대군과 비슷한 마음을 품었음을 알 수 있다.

그러므로 수양대군이 조선판 주공이 되어 단종을 잘 보필했더라도 그것만으로는 단종의 왕권을 안정시킬 수 없었을 것이다. 안평대군이 수양대군보다 강하고 야심도 만만찮았기 때문에 수양대군이 틈을 보였다면 안평대군이 선수를 쳤을 것이다. 설령 안평대군이 가만히 있었다고 해도 어린 임금을 불안해하는 정치 세력들이 또 다른 숙부와 손을 잡으려 했을 수도 있다. 세종에게는 18명의 아들이 있었다. 수양대군, 안평대군 말고도 많았다. 이래저래 단종의 왕권은 불안할 수밖에 없었다. 어린 아들을 두고 세상을 떠난 문종한테 책임을 묻는 수밖에 없다.

7. 신숙주가 단종의 편에 서서 죽었다면?

_ 임진왜란은 일어나지 않았을 수도 있다

단종 폐위 사건으로 욕을 많이 먹는 인물이 수양대군 말고도 또 있다. 신숙주가 그 주인공이다. 그는 수양대군보다 더한 배신자 또는 변절자의 대명사로 손꼽힌다.

변절자 신숙주를 한층 돋보이게 해주는 이들이 있다. 사육신(死六臣)과 생육신(生六臣)이다. 단종의 복위를 꾀하다 발각되어 목숨을 잃은 성삼문, 박팽년, 하위지, 이개, 유성원, 유응부 등을 후세 사람들은 사육신이라 불렀다.[9]

서울시 동작구 노량진동의 사육신묘에 들어가면, 아담한 언덕에 7개의 묘가 옹기종기 모여 있는 모습이 아주 인상적이다. 묘가 7개인 것은 김문기 때문이다. 주군을 위해 초개처럼 목숨을 내던진 이들

---

9   정확히 말하면 '사육신+1'이라 해야 한다. 공조판서 김문기도 같은 대우를 받아야 한다는 주장이 설득력을 얻음에 따라 1982년부터는 국사편찬위원회에 의해 그도 사육신과 동등한 위상을 갖고 있다.

존재로 인해 신숙주의 명예는 한층 더 추락한다.

단종이 왕위를 빼앗기자 관직을 버리고 속세를 떠난 김시습, 원호, 이맹전, 조려, 성담수, 남효온 등은 생육신이라 불렸다. 이들은 사육신처럼 목숨을 버리지는 않았지만, 귀머거리 행세도 하고 소경 행세도 하고 방성통곡도 하고 두문불출도 하면서 죽은 듯이 살았다. 세상은 이들의 충(忠) 역시 사육신에 뒤지지 않는다고 칭송했다. 사육신의 존재만으로도 신숙주의 이미지는 나빠질 대로 나빠질 만한데, 생육신마저 더하니 그 이미지는 땅바닥으로 곤두박질할 수밖에 없다.

간과해서는 안 될 게 있다. 역사를 공부하는 목적은 무엇인가? 지적 호기심이나 개인적 필요 때문일 수도 있지만, 역사를 배우는 기본 목적은 좀 더 나은 세상을 만드는 것이 돼야 한다. 그러므로 역사를 평가하는 기준은 '무엇이 역사 발전에 도움이 되는가'여야 한다. 신숙주를 평가하는 기준 역시 그래야 한다.

주군에 대한 충의? 물론 중요하다. 하지만 더 중요한 것은 수많은 동료 인간에 대한 충의다. 역사적 인물을 평가하는 태도 역시 이런 관점에 입각해야 한다. 주군 한 사람을 위해 목숨을 버린 사람보다는 세상을 위해 목숨을 버린 사람, 주군의 왕권 강화를 위해 희생한 사람보다는 세상의 권리 보장을 위해 희생한 사람에게 후한 점수를 줘야 한다. 세상은 나 몰라라 하고 주군에게만 충성을 다하는 사람만을 치켜세운다면 역사를 배울 이유는 없다. 어떤 인물이 세상 전체에 더 필요했는가를 따져봐야 한다.

이런 기준에 따르면, 신숙주는 꽤 훌륭한 업적을 남긴 인물이다. 그는 조선 전기 태평성대에 결정적으로 기여했다. 우리는 "임진왜란 이전에 조선은 태평성대를 누렸으며, 그런 분위기에 취해 있다가 임란을 예방하지 못했다."고들 말한다. 조선이 그런 태평성대를 누리는 데 결정적으로 기여한 인물이 바로 신숙주다.

신숙주, 조선의 태평성대를 이끌다

신숙주는 보기 드문 천재였다. 22살 때는 한 해 동안에 소과(小科)인 진사시험 및 생원시험에 모두 합격했고, 이듬해인 1439년에는 대과(大科)인 문과(文科)시험에 합격했다. 거기다가 31살 때 문과시험에 한 번 더 합격했다.[10] 그만큼 똑똑하고 유능했다. 수양대군이 자기편으로 만든 것도 그래서였다.

이런 탁월한 능력을 바탕으로 신숙주는 세조 정권에서 두각을 나

---

10 조선시대 과거시험은 문과, 무과, 잡과, 승과로 나뉘었다. 이 중 문과는 소과와 대과로 나뉘었다. 소과는 진사시와 생원시로 세분됐다. 진사시는 시를 짓는 능력을, 생원시는 경전에 대한 이해력을 테스트하는 시험이었다. 진사시와 생원시는 각각 2단계로 치러졌다. 제1단계 초시는 성균관, 한성부, 팔도에서 열렸다. 여기서 700명(나중에는 540명으로 축소)을 선발했다. 이들이 제2단계인 복시에 응시했다. 복시는 한양에서 열렸다. 여기서 100명을 추렸다. 초시 합격자가 복시에서 탈락하면 초시부터 다시 응시해야 했다. 다만 부모상이나 기타 사유로 복시에 응시하지 못한 경우는 예외였다. 진사시 복시에 합격한 사람은 진사로 불렸고, 생원시 복시에 합격한 사람은 생원으로 불렸다. 진사나 생원이 되면 사회적으로 선비 자격을 공인받았다. 합격하지 못해도 선비라고 불리기는 했지만, 진사나 생원 정도는 돼야 공인을 받을 수 있었다. 이들에게는 성균관에 입학하거나 하급 관료가 되거나 대과에 응시할 수 있는 기회가 주어졌다. 대과는 소과 합격자들이 응시하는 고급관료 채용시험이었다. 대과는 3단계였다. 제3차 시험에 최종 합격한 33명이 흔히 말하는 문과 합격자 또는 과거 급제자다. 대과 합격자들은 훗날 정승이 된 실업자가 되건 간에 일반적으로 '대과'로 불렸다. 이 자체가 명예로운 칭호였다. 김동인의 소설 『명문(明文)』에는 전직 재상 전성철이 지역 사회에서 '전 대과'라는 영예로운 칭호로 불리는 장면이 나온다.

타냈다. 1455~1468년에 조선의 주상은 세조였지만, 외교와 군사에서 만큼은 신숙주가 '공동 주상'이었다. 세조 6년 7월 27일(1460. 8. 13.) 『세조실록(世祖實錄)』에 따르면, 세조는 여진족 정벌을 결정하기에 앞서 신숙주를 경복궁 교태전(왕후의 침실)으로 불러들여 술을 마신 뒤, 함께 손을 잡고 걸으며 최종 결단을 내렸다. 그렇게 신숙주와 합의한 다음, 한명회 등을 경복궁 후원(後苑)의 충순당으로 불러들였다. 대외 관계에서만큼은 한명회보다 신숙주의 위상이 더 높았던 것이다. 세조와 신숙주의 협의하에 전개된 당시의 대외 관계를 보여주는 상징적 장면이다.

신숙주가 외교 전반을 책임졌다는 점은 「신숙주졸기」에서도 확인된다.

"(신숙주는) 오랫동안 예조를 관장하고 사대교린(事大交隣)을 자신의 소임으로 삼았다. 사명(詞命)이 주로 그의 손에서 나왔다."

사대교린에서 '사대(事大)'는 대(對)중국 외교, '교린(交隣)'은 기타 국가와의 외교였다. 사명은 임금의 명령 또는 외교적 언사다. 신숙주는 외교 주무 부서인 예조를 관장하면서 대외 관계를 자기 소임처럼 생각했다. "사명이 주로 그의 손에서 나왔다."고 할 정도였다. 이 같은 경험을 바탕으로 그는 일본에 관한 책자를 쓰기도 했다. 『해동제국기(海東諸國記)』는 일본의 지형, 제도, 풍속, 왕통 등을 소개한 책자다.

신숙주의 업적을 한마디로 정리하면 '맞춤형 외교'다. 이 외교는 명나라, 여진족, 대마도, 일본에 대해 제각기 다른 형태로 나타났다.

먼저, 세계 최강 명나라에 대해서는 사대주의 동맹 정책을 구사했

신숙주.

다. 사대주의라는 표현에서 알 수 있듯이 이것은 명나라의 우위를 인정하는 수직적 동맹이었다. 이 관계는 이전부터 존재했다. 신숙주는 기존 관계를 공고히 했다. 조·명 동맹이 가장 잘 구현된 분야는 여진족 공동 토벌이었다. 조선이 대중국 무역에서 오키나와, 베트남, 태국, 일본보다 많은 특혜를 받은 것은 바로 이 때문이었다. 그가 계승한 사대주의 동맹 정책이 무조건 옳았다고 볼 수는 없지만, 중국에 고개를 숙인 부분, 무역 특혜를 얻은 부분, 안보를 지킨 부분이 종합적으로 고려돼야 한다.

'동아시아의 악의 축' 여진족에 대해서는 군사적 강경책을 구사했다. 몽골족이 북쪽으로 쫓겨난 이후 동아시아에서 가장 위험한 세력은 여진족이었다. 당시에는 군소 집단들로 분열돼 있었지만 그들을 경계할 수밖에 없었던 것은 몽골제국 이전에 북중국을 지배한 장본인이 바로 그들이기 때문이었다. 한때 패권을 향유한 적이 있었기에 그들을 견제할 수밖에 없었던 것이다.

여진족에 대해 신숙주는 채찍과 당근 정책을 구사했다. '채찍'은 조선 변경을 위협하는 여진족 집단에 군사적 강공을 가하는 것이고, '당근'은 조선을 상국으로 받드는 여진족 집단에 무역 특혜를 제공하는 것이었다. 채찍과 당근 중에서 앞의 것에 더 큰 비중을 두었다. 그래서 전반적인 정책은 군사적 강경책이었다고 할 수 있다. 신숙주는 강원·함길도 도체찰사(임시 사령관)가 되어 여진족 토벌을 직접 지휘했다. 그만큼 강경책을 취했다.

이런 정책으로 조선은 여진족을 통제했다. 명나라를 상국으로 받든 184개의 여진족 집단 중에서 79개가 조선을 상국으로 받들었다. 184개 집단 중 절반 가까이가 조선과 명나라를 동급으로 인정했던 것이다. 한편, 지금의 함경남도 동부인 북청에 기반을 둔 이역리불화(李亦里不花)는 11명의 여진족 추장과 함께 명나라의 책봉을 거부하고 조선의 책봉만 받았다. 이역리불화는 이성계와 함께 조선을 세운 여진족 이지란의 아들이다.

마지막으로 왜구의 진원지인 대마도, 일본에 대해서는 경제적 회유책을 구사했다. '일본'이라 하지 않고 '대마도, 일본'이라 한 것은 1869년 이전만 해도 대마도가 독립 세력이었기 때문이다. 조선이 중국을 상국으로 대하면서도 독립성을 유지했듯이 대마도 역시 조선과 일본을 상국으로 대하면서도 독립성을 지켰다. 이렇게 두 나라를 동시에 상국으로 받드는 것을 역사학 용어로 양속(兩屬)이라 한다. 조선과 명나라를 동시에 상국으로 받든 여진족 집단들과 중국, 일본을 동시에 상국으로 받든 1879년 이전의 오키나와도 이에 해당한다. 조선은 대마도 및 일본과의 무역 횟수를 늘려주었다. 이를 통해 그들의 경제난을 해소해주고, 그들의 협조를 받아 왜구를 억제했다.

신숙주의 노력이 주효했다는 점은 그의 시대에 왜구 문제가 잠잠했다는 사실에서도 드러난다. 왜구가 골칫거리가 된 것은 그가 정치 일선에서 물러난 뒤였다. 삼포왜란(1510), 사량진왜란(1544), 을묘왜란(1555) 같은 굵직한 사태들은 신숙주 사망(1475) 이후의 일이다. 그가 외교와 군사를 관장하던 시기는 태평성대였다.

유례없는 태평성대, 임란을 자초한 원인이 되다

신숙주가 아무리 대외 관계를 관장했더라도 그것을 그의 공로로만 돌릴 수 있을까? 물론 아니다. 하지만 신숙주가 없었더라도 그런 성과가 나타났으리라고 단정하기는 쉽지 않다. 다른 사람이 그 자리에 있었다면 상황이 다른 양상으로 전개됐을 수도 있다.

사회를 이끌어가는 힘이 지도자에게만 있는 것은 아니다. 사회 전체 역량이 역사 발전의 열쇠가 된다. 그런데 그 역량을 조합하고 극대화하는 것은 지도자의 역량이다. 사회 전체적으로 아무리 많은 역량이 있더라도 그것을 제대로 조합하지 못하면 역사 발전이 이루어지지 않는다. 사회 전체의 역량과 지도자의 역량이 모두 우수해야 사회는 발전할 수 있다.

신숙주 시대의 조선은 경제적·군사적으로 안정돼 있었다. 사회 역량을 조합하고 극대화할 수 있는 유능한 인재도 있었다. 그래서 태평성대를 누릴 수 있었다. 신숙주처럼 유능한 인재가 없었다면 조선 전체의 잠재력이 아무리 풍부해도 그것을 제대로 활용하지 못했을 것이다.

그런 신숙주가 사육신이나 생육신의 뒤를 따랐다면 조선의 대외 관계가 어려워졌을 가능성이 높다. 여진족이나 왜구 쪽에서 사고가 터졌을 수도 있다. 신숙주가 사육신이나 생육신이 됐더라면 조선 전기의 태평성대가 힘들었을 수도 있다. 일반 백성 입장에서는 그가 '변절자'가 된 게 오히려 나았는지도 모른다.

공자도 동의할지 모른다. 공자가 신숙주에게 후한 점수를 주리라고 판단할 만한 근거가 『논어(論語)』 「헌문(憲問)」 편에 있다. 공자와 제자들이 제나라 재상 관중(管仲)을 놓고 격론을 벌였다. 제나라 군주 양공(襄公)에게는 규(糾)와 소백(小白)이라는 아들이 있었다. 관중은 규를 보좌했다. 하지만 나중에 소백 편으로 돌아섰다. 소백은 훗날 제나라 군주 환공(桓公)으로 알려질 인물이다. 관중은 환공을 도와 제나라를 부강한 나라로 만들었다. 공자의 제자들은 관중이 어질지 못하다고 평가했다. '첫사랑'을 배신했다는 이유에서였다. 하지만 공자는 "관중이 환공을 보필해서 제후들을 제패하고 천하를 바로잡았기 때문에 백성들이 지금까지 혜택을 입고 있다."고 말했다. 공자는 주군을 위해 일하는 사람보다는 세상을 위해 일하는 사람을 높이 평가했다. 주군을 배신했을지라도 세상에 충성한 사람을 높이 쳐주었던 것이다. 공자는 신숙주에게도 후한 점수를 줄 것이다.

신숙주에게도 물론 과오는 있었다. 여진족과 왜구가 양쪽에서 준동하는데도 대외 관계를 잘 처리해서 유례없는 태평성대를 이룩한 신숙주지만, 결과적으로 보면 그는 임진왜란을 초래하는 데도 기여했다.

　임진왜란이 발발한 최대 요인은 명나라와 일본의 무역 관계 단절이다. 대일 무역이 자국에 별 이익이 되지 않을 뿐만 아니라 골치 아픈 일만 초래한다고 판단한 명나라 정부는 1551년 일본과의 무역 관계를 단절했다. 도요토미 히데요시(豊臣秀吉)가 1592년에 정명가도(征明假道), 즉 '명나라를 침공할 길을 빌려달라'며 임란을 도발한 것은 명나라와의 무역 관계를 재개하기 위해서였다.

　이 외에 임란을 초래한 또 다른 요인으로 조선의 국방 정책을 들 수 있다. 조선이 일본의 침략에 제대로 대비하지 못한 이유는 그때까지만 해도 주적이 여진족이었기 때문이다. 여진족에 대해서는 군사적 강경책을 취하면서도 대마도, 일본에 대해서는 화평 정책을 취했기에 일본의 도발 가능성에 둔감할 수밖에 없었던 것이다. 임란 발발 직후 조선 관군이 연전연패한 이유도 여기 있다. 조선 관군은 여진족을 겨냥한 기마 전술에 중점을 뒀기 때문에 보병이 주력인 일본군은 충분히 대비하지 못했다. 임란 초기에 관군이 쉽게 무너진 것은 바로 이 때문이다. 상대방의 전술에 적응한 뒤에야 조선 관군은 정신을 차리고 맞설 수 있었다. 신숙주 시대에 대외 관계를 '너무' 잘한 탓에 오히려 국방을 소홀히 했다는 점, 여진족을 주적으로 하다 보니 일본군 대응을 소홀히 했다는 점 등이 임진왜란 발발 및 초반 연전연패를 초래한 원인이었다. 신숙주가 '너무' 잘한 탓에 훗날 조선이 곤란을 당한 측면도 있었던 것이다.

　신숙주가 주군을 배신하지 않고 사육신이 됐더라면 조선 전기에 태평성대를 누리는 것이 조금은 더 힘들었을 것이다. 그 점에서 우리는 신숙주가 사육신이 되지 않은 것을 다행스럽게 여겨야 한다.

하지만 신숙주가 대외 관계를 '너무' 잘한 탓에 도리어 임진왜란을 자초했다. 그런 점에서는 그가 사육신이 되지 않은 것을 안타깝게 여겨야 한다.

8. 조선시대에 대비의 수렴청정이 없었다면?

_ 조선 왕조는 76년 만에 망했을 것이다

독일의 철학자 헤겔은 『역사철학강의』에서 세계 주요 국가의 역사를 정리했다. 제1부 '동양 세계'에서 중국에 관해 이렇게 서술했다.

> 매카트니 경이 만난 황제는 68세 고령에도 불구하고 아침마다 어머니에게 문안을 드리고 있었다. 새해 인사도 빠뜨리지 않았다. 황제는 어머니에게 인사를 올린 뒤 궁정 고관들의 인사를 받았다. 어머니는 언제나 황제의 첫째가는 의논 상대이며, 가족에 관한 모든 포고문은 어머니의 이름으로 게시됐다.

영국인 매카트니 경은 특명전권대사 자격으로 1793년 청나라 건륭제를 알현했다. 헤겔은 당시의 건륭제가 68세라고 했지만, 실제로는 한국 나이로 83세였다. 여기서 관심을 가질 대목은 건륭제의 나이가 아니라 태후의 역할이다. 청나라 황제가 고령인데도 아침마다 태후에게 문안을 올리는 것과 왕실 포고문이 태후 명의로 발포되는 것에 헤겔은 주목했다. 황제 위에 태후가 존재했던 것이다.

중국에서는 태후라 불렀지만, 한국에서는 주로 대비라 불렀다. 대비의 정치적 중요성은 이성계 즉위 과정에서도 드러난다. 『태조실록』에 따르면, 고려 마지막 임금인 공양왕은 공민왕의 부인인 안정비(정비 안씨)에 의해 폐위됐다. 공양왕이 폐위된 뒤 이성계는 역시 안정비에 의해 감록국사에 임명됐다. 국정 총괄 책임자가 된 것이다. 그 뒤 이성계는 1392년 백관의 추대로 왕이 됐다. 이때만 해도 이성계는 고려 임금이었다. 국호가 조선으로 바뀐 것은 1393년이다. 안정비의 뜻을 무시하고 마음대로 왕위에 올랐다면 이성계는 정통성 시비에 휘말렸을 것이다. 왕실 최고 어른인 대비가 권력을 이양하는 절차가 있었기에 이성계는 안정적으로 왕위에 오를 수 있었다. 국가 운영에 관한 한 임금이 대권을 쥐고 있었지만, 왕실 및 왕권에 관한 한 대비가 대권을 쥐고 있었던 것이다.

이런 대비들이 없었다면 조선 왕조는 어떻게 됐을까? '대비들이 없었다면'이 '왕의 어머니들이 없었다면'으로 이해돼서는 안 된다. '대권을 쥐는 대비들이 없었다면'으로 이해돼야 한다. 그런 대비들이 없었다면 조선 역사는 어떻게 됐을까?

여왕들의 등장, 조선을 위기에서 구해내다

왕조 시대에 가장 이상적인 군주는 왕후의 몸에서 원자로 태어나 세자 자격으로 후계자 수업을 받고 관례식을 거쳐 성인이 된 다음, 아버지가 죽은 뒤에 왕위에 오른 신체 건강한 남자였다. 이런 요건

중 하나만 결해도 정통성 문제가 생겼다. 후궁의 몸에서 태어났거나, 원자로 태어나지 않았거나, 세자 생활을 거치지 않았거나, 살아 있는 아버지를 제치고 왕이 됐거나, 건강이 아주 나쁜 군주는 정치적 권위가 약했다.

이런 관념 때문에 조선 왕조는 건국 76년 만인 1468년에 중대 위기를 맞았다. 이해는 제7대 세조가 사망한 해다. 세조에게는 의경세자와 해양대군이라는 적자들이 있었다. 이들은 유난히도 허약했다. 의경세자는 이유도 없이 시름시름 앓다가 죽었고, 형을 대신해 세자가 된 해양대군 역시 허약했다. 사람들은 세조가 어린 조카를 죽이고 왕이 됐기 때문에 벌을 받는다고들 손가락질했다. 이런 상황에서 해양대군(예종)이 세조를 이어 제8대 주상으로 등극했다. 왕좌보다는 병상이 더 친숙한 인물이 왕이 된 것이다. 왕권이 약해질 게 불을 보듯 뻔했다. 왕실이 내놓은 해법은 대비인 정희왕후 윤씨가 통치권을 행사하는 것이었다. 정희왕후에게 수렴청정 권한을 맡긴 것이다.

정희왕후의 수렴청정은 한두 해로 끝나지 않았다. 예종이 왕이 된지 15개월 만에 사망한 데다 다음 주상이 만 13세밖에 안 된 성종이었기 때문이다. 수렴청정은 1476년까지 무려 8년간이나 계속됐다. 제9대 성종이 독자적으로 왕권을 행사하기 전까지 정희왕후가 통치권을 행사했다.

이 수렴청정이 없었다면 왕권이 세조의 아들들에게 넘어가기 힘들었을 뿐만 아니라 자칫 이씨 왕조가 끊길 수도 있었다. '왕후의 몸에서 원자로 태어나 세자 자격으로 후계자 수업을 받고 관례식을 거쳐 성인이 된 다음, 아버지가 죽은 뒤에 왕위에 오른 신체 건강한 남자가 통치권을 행사해야 한다는 원칙에 예외를 인정함으로써 조선

왕조는 왕통을 유지할 수 있었다. '남자'여야 한다는 원칙을 유연하게 적용했던 것이다. 유연성을 인정하지 않았다면 조선 왕조는 건국 76년 만에 멸망했을 것이다.

이런 식으로 수렴청정을 한 대비가 정희왕후 외에도 다섯이나 된다. 정희왕후를 포함해 6명이 8차례에 걸쳐 수렴청정을 했다. 제7대 세조의 부인 정희왕후는 제8대 예종 때 대비 자격으로 1년간, 제9대 성종 때 대왕대비 자격으로 7년간 조선을 통치했다. 제11대 중종의 부인 문정왕후 윤씨는 제13대 명종 때 대왕대비 자격으로 8년간 통치했다. 명종의 부인 인순왕후 심씨는 제14대 선조 때 대비 자격으로 1년간 통치했다. 제21대 영조의 51세 연하 부인 정순왕후 김씨는 제23대 순조 때 대왕대비 자격으로 3년간 통치했다. 순조의 부인 순원왕후 김씨는 제24대 헌종 및 제25대 철종 때 대왕대비 자격으로 각각 7년·6년간 통치했다. 추존왕 익종(순조의 아들. 효명세자)의 부인 신정왕후 조씨는 제26대 고종 때 대왕대비 자격으로 2년간 통치했다. 고종 때는 수렴청정하는 신정왕후가 흥선대원군에게 섭정 권한을 위임했으므로 수렴청정과 섭정이 동시에 작동했다.

6명의 수렴청정 기간을 합하면 총 35년이다. 조선 왕조 500년은 남자 왕들의 역사라고 하지만, 그중 35년은 그렇지 않았던 것이다. 35년은 실질적으로 '여왕'의 역사였다. 통치권은 남자가 행사해야 한다는 원칙이 곧이곧대로 지켜졌다면 조선은 일찌감치 멸망했을 것이다. 수렴청정은 단순한 권한대행이 아니었다. 수렴청정하는 대비들은 주상의 의견을 듣는 게 아니라 자기 판단으로 통치권을 행사했다. 그것은 어머니나 할머니가 막후에서 왕에게 영향력을 행사하는 것과 차원이 달랐다. 이들은 공식 절차에 따라 '자기의' 권한을 행사

표2 조선시대 대비들의 수렴청정 기간

시기	대비	기간
제8대 예종	제7대 세조의 부인 정희왕후	대비 자격으로 1년간
제9대 성종		대왕대비 자격으로 7년간
제13대 명종	제11대 중종의 부인 문정왕후 윤씨	대왕대비 자격으로 8년간
제14대 선조	제13대 명종의 부인 인순왕후 심씨	대비 자격으로 1년간
제23대 순조	제21대 영조의 부인 정순왕후 김씨	대왕대비 자격으로 3년간
제24대 헌종	제23대 순조의 부인 순원왕후 김씨	대왕대비 자격으로 7년간
제25대 철종		대왕대비 자격으로 6년간
제26대 고종	추존왕 익종의 부인 신정왕후 조씨	대왕대비 자격으로 2년간

했다. 그래서 여왕이나 마찬가지였다. 수렴청정 동안에는 이들이 공식적 최고 권력자였다. 합법적 절차에 따라 수렴청정이 끝나지 않는한 주상은 통치권을 행사할 수 없었다.

여성들이 최고 통치권을 행사했다 해도 어차피 대신들의 조언을따르는 허수아비가 아니었을까? 하지만 남자 주상들도 똑같이 신하들의 조언에 따라 행동했고, 대부분의 경우 신하들에게 주도권을 빼앗겼다. 그러므로 대비들이 조언을 받았다 해서 통치자의 권위를 상실했다고 말할 수는 없다. 수렴청정하는 대비나 친정(親政)하는 주상이나 외형상으로는 별 차이가 없었다.

조선에서 여왕의 존재가 사실상 용인될 수 있었던 데는 2가지 요인이 있다. 첫째, 조선의 국가주권이 왕실에 있었기 때문이다. 왕실이 국가의 주인이었기에 왕실의 주인인 주상이 죽으면 주인의 어머니나 아내가 최고 권력을 행사하는 게 당연시됐던 것이다. 개인 기업에서 사장이 죽거나 위독하면 사장의 어머니나 아내가 경영에 개입하는 것과 마찬가지다. 둘째, '대비들은 왕을 낳은 신성한 몸'이라는 관념이 있었기 때문이다. 모든 대비가 왕을 낳은 것은 아니지만, 왕을 생산한 여성이 대비나 대왕대비가 되는 게 원칙이었다. 그래서 대비는 신성시됐고, 그 때문에 그들의 수렴청정도 거부감 없이 수용될 수 있었다. 오늘날 대통령 후보자를 선출하는 국민경선이나 전당대회가 신성하게 여겨지는 것과 다를 바 없다.

조선은 겉보기에는 남성 중심 사회였지만, 필요할 때는 여성의 책임 또는 권한을 인정함으로써 체제 위기를 살짝 피해 갔다. 이런 유연성이 없었다면 조선 왕조는 건국 76년 만에 사라졌을 것이다.

9. 폐비 윤씨가 사약을 마시지 않았다면?

_ 그래도 연산군은 폭군이 됐을 것이다

단종을 죽인 세조의 가족은 죄책감에 시달렸다. 조선 후기 서유영이 편찬한 민담집 『금계필담(錦溪筆談)』에는 세조의 딸이 이로 인해 왕실 생활에 염증을 느껴 왕궁을 뛰쳐나갔다고 기록돼 있다. 그 딸이 지방을 전전하다 우연히 만나 살림을 차린 남자가 김종서의 손자였다고 한다. 조선 왕실의 족보인 『선원계보기략(璿源系譜紀略)』에서는 세조의 딸인 의숙공주가 정인지의 아들인 정현조에게 시집갔다고 기술했다. 그러므로 『금계필담』 내용이 사실인지는 확단할 수 없다. 하지만 세조의 자녀들이 정신적 고통을 겪은 것만큼은 사실이다. 그 점은 장남 의경세자(훗날 덕종 추존)도 마찬가지다. 죽기 전에 그는 단종의 어머니인 현덕왕후 권씨가 꿈에 자주 나타나는 바람에 정신적 고통에 시달렸다. 건강이 좋지 않아 잔병치레가 많았던 그는 정신적 고통마저 겹쳐 20세에 요절하고 말았다. 유족은 부인 한씨(훗날의 인수대비)와 두 아들이다.

의경세자를 대신해 세조를 이은 아들은 차남 이황(李晄, 예종)이다.

'단종의 저주'였는지 예종 역시 건강이 나빴고, 재위 15개월 만에 사망했다.[11] 예종마저 20세에 요절하자 왕권은 의경세자 아들들에게 넘어갔다. 왕위를 물려받은 이는 의경세자의 둘째 아들인 자을산군(성종)이었다. 형인 월산군을 제친 것은 장인이 당대의 권세가 한명회였기 때문이다.

성종은 25년간 재위하는 동안 왕조의 제도적 기초를 확립했다. 법전인 『경국대전(經國大典)』도 그 시대에 편찬됐다. 그는 가정적으로도 화려한 이력을 남겼다. 3명의 왕후와 11명의 후궁을 두었다. 총계로 하면 그의 부인은 14명이 아니라 13명이다. 폐비 윤씨가 후궁 출신 왕후라서 왕후 통계에도 포함되고 후궁 통계에도 포함되므로 '3+11=13'이다. 이렇게 많은 부인을 뒀으니 탈이 생기는 게 당연했다. 대표적 사건이 윤씨의 폐위 및 사사(賜死)였다. 부부간 불화가 이혼으로 끝나지 않고 '살인'으로까지 치달은 것이다.

콩가루가 된 왕실을 계승한 임금이 연산군이다. 사람들은 그의 폭정이 어머니 때문이라고 말한다. 그런 측면이 있는 것도 사실이지만, 그의 폭정이 어머니의 죽음 때문이라는 것은 학술적으로 규명된 결론이 아니다.

그렇다면 연산군의 폭정을 낳은 진짜 이유는 무엇일까? 어머니가 죽지 않았다면 연산군은 폭정을 하지 않고 선정을 했을까?

---

11 일부 서적에는 재위 14개월 만에 죽었다고 기록돼 있지만, 이는 오류다. 예종의 재위 기간인 예종 즉위년 9월 7일(1468. 9. 22.)부터 예종 1년 11월 28일(1469. 12. 31.) 사이에 윤2월이 있었다는 점을 고려하지 않았기 때문이다. 전년도 음력 9월에 즉위해 다음 해 음력 11월에 사망했기에 얼핏 보기에는 14개월간 재위한 것 같지만, 그 사이에 윤달이 있었으므로 재위 기간은 15개월이다.

폭정의 은밀한 이유

테베왕국의 왕자 오이디푸스가 자신의 아버지를 죽이고 어머니와 결혼했다는 비극적인 그리스 신화에서 착안해 심리학자 프로이트는 '오이디푸스 콤플렉스'라는 개념을 만들어냈다. 남자아이는 어머니에게 무의식적인 성적 애착을 품는데, 그런 경향이 3~5세 때 강해졌다가 그 뒤 억압된다는 게 그의 설명이다.

오이디푸스 콤플렉스 때문인지는 알 수 없지만, 아들이 아버지보다 어머니와 더 친밀한 것은 사실이다. 그런 어머니가 불행하게 죽었다는 사실을 알게 된다면 어느 아들이라도 평정심을 유지하기 힘들 것이다. 그런 점에서 보면 연산군의 이상 행동은 얼마든지 이해될 수 있다. 이런 관점을 유지할 경우, 폐비 윤씨가 비극적 최후를 맞이하지 않았다면 연산군도 폭군이 되지 않았을 거라고 생각하기 쉽다.

그러나 이런 분석으로는 연산군의 일면밖에 파악할 수 없다. 그가 어머니의 원수를 갚고자 사람을 살해하고 난폭한 행동을 일삼은 것은 사실이다. 하지만 이것은 연산군 폭정의 일부를 보여주는 것에 불과하다.

그의 폭정을 이해하려면 그것이 무엇을 겨냥했는지 분석해야 한다. 후세 사람들이 그를 폭군이라 부르는 것은 그가 무오사화(1498) 및 갑자사화(1504) 같은 '공안정국'을 조성했기 때문이다. 사화에서 가장 많은 피해를 입은 사람들은 누구인가? 폐비 윤씨를 죽인 사람들이었을까? 물론 그들도 포함됐다. 하지만 주로 유림, 즉 사림(士林)들이었다. '선비들의 환란'을 의미하는 사화(士禍)라는 표현이 이런 사건의 본질을 말하고 있다. 폐비 윤씨 사사에 찬동한 기득권층인 훈구파(勳舊派)도 피해를 입었지만, 사화의 본질은 사림 세력에 대한 정치 탄압이었다.

연산군이 사림을 박해한 이유는 무엇일까? 원래부터 선비들을 싫어해서였을까? 연산군 시대 선비들은 여느 시대 선비들과는 달랐다. 거기에 문제의 본질이 있었다. 앞에서 고려 말의 신진사대부를 살펴봤다. 유교적 교양을 갖춘 관료인 사대부는 어느 시대에나 존재했지만, 고려 말의 사대부들을 신진사대부로 부르는 것은 그들의 등장이 역사적 의의가 있기 때문이다. 연산군 시대의 선비들 역시 그랬다. 그들은 사림이라는 이름으로 역사에 등장했다. 그들의 등장은 새로운 엘리트의 출현을 의미했다.

조선 전기 100년 동안은 각종 정변에서 공훈을 세운 훈구파가 주도권을 장악했다. 그 100년 동안 지방에서 경제력과 정치력을 축적한 세력이 사림파다. 사림파는 그런 성장을 바탕으로 중앙 정계를 '노크'했다. 연산군의 아버지인 성종이 김종직을 비롯한 사림파를 중용한 것은 기득권층인 훈구파를 견제하기 위한 것이었지만, 그렇게 할 수밖에 없었던 것은 사림파의 역량이 그만큼 성장했기 때문이다. 성종 시대에는 사림파가 국정 비판 기구 성격을 겸한 사헌부, 사간원, 홍문관을 장악하고, 이를 바탕으로 훈구파뿐 아니라 왕권까지 견제했다. 이는 기존 정치 시스템을 교란하는 요인으로 작동했다. 사림파의 중앙 진출은 조선 사회의 시스템을 강타하는 것이었다.

정상적인 경우라면 임금은 사림파를 견제하거나 그들과 타협하는 방법으로 왕권을 지키려 했을 것이다. 그런데 연산군한테는 그렇게 하기 힘든 사정이 있었다.

사약 마신 어머니가 아니라 텅 빈 국고가 문제

당연한 말이겠지만, 돈은 잘만 쓰면 아주 긴요한 존재다. 지금만큼 화폐경제가 발달하지 않았던 조선시대에도 그랬다. 조선 후기 소설로 추정되는『춘향전』에서 옥에 간힌 성춘향이 이상한 꿈을 꾼 뒤 소경 점쟁이를 불러 해몽을 부탁했다. 조선시대 문헌들에는 점쟁이가 죄수들을 찾아다니면서 판결을 예측해주는 장면이 종종 나온다. 춘향의 꿈을 들은 점쟁이는 조만간 석방될 꿈이라고 풀이했다. 춘향이 사례비 3냥을 건네자 그는 극구 사양했다. 그러더니 "그만두어라. 아무리 돈 들이지 않고는 아무 일도 되지 않는다고 하지만, 네 사정이 이런데도 돈을 받은 걸 남이 알면 나를 무엇으로 알겠느냐?" 면서 슬그머니 돈을 집어넣었다. 돈 없이는 아무 일도 할 수 없다는 관념이 이 시대에도 존재했음을 보여주는 대목이다. 소설은 등장인물과 스토리는 허구지만 사회상을 반영한다는 점에서 사료가 될 수 있다.

돈은 먹고사는 데뿐만 아니라 인간관계에도 긴요하다. 여윳돈이 많으면 인간관계를 원활하게 풀어갈 수 있다. 물론 인덕이 있으면 돈 없이도 관계를 잘 풀어갈 수 있지만, 그만한 역량을 가진 사람은 그리 많지 않다. 대부분의 인간관계는 돈으로 굴러간다. 돈이 충분하면 열 마디 할 것도 한두 마디로 끝낼 수 있다. 남의 협력도 쉽게 끌어낼 수 있다. 반대로 돈 없이 인간관계를 풀려고 하면 무수한 난관에 직면하게 된다. 돈 안 들이고 남의 도움을 받으려면 구구한 말을 많이 하게 되고, 돈이 없으면 하다못해 외출도 마음대로 못 한다. 물론 돈이 전부는 아니지만, 유감스럽게도 돈의 '친화력'을 인정

이황 계열이 이이 계열보다 강했을 것 같지만, 실은 그렇지 않았다. 이황을 조선시대 최고 학자로 평가하고, 그가 오로지 공부만 했을 거라고 생각하는 분위기가 만들어진 것은 현대에 와서였다.

16세기는 '학자=관료=정치인'의 시대였다

이황이 공부만 했을 것이라는 이미지가 후대에 만들어진 것이라면 그가 공부 말고 다른 일도 많이 했다는 뜻인가? 그는 공부를 열심히 했다. 하나의 학파, 하나의 정파를 이룰 정도로 학문적 역량을 축적했다. 하지만 공부만 하지는 않았다. 다른 일도 열심히 했다.

오늘날에는 학자의 정치 투신을 색안경을 끼고 바라보지만, 조선시대까지만 해도 하등 이상한 일이 아니었다. 오늘날에는 주로 교수가 되기 위해 학문을 하지만, 옛날에는 과거에 급제해 관료가 되기 위해 학문을 했다. 조선시대까지만 해도 관료와 정치인이 분화되지 않았다. 그래서 관료가 되고자 학문을 한다는 것은 정치인이 되기 위해 학문을 한다는 것과 같았다. '학자=관료=정치인' 공식이 존재했다. 옛날 한국과 중국에서 엘리트 계층을 지칭하던 사대부라는 표현에서도 그런 분위기를 느낄 수 있다. 선비를 가리키는 사(士)와 관료를 가리키는 대부(大夫)를 하나로 묶어 사대부라는 용어를 만든 것은 학문을 하는 자가 나라를 다스려야 한다는 관념을 반영하는 것이다. 철학자가 정치를 해야 한다는 플라톤의 철인정치론도 동일한 맥락이다. 플라톤이 말한 철인은 동아시아 식으로 말하면 사대부였다. 사정이 이러했으므로 학자 이황이 정치도 했다는 것은 전혀 이

「계상정거도(溪上靜居圖)」. 이황이 도산서당에 은거하며 「회암서절요서(晦菴書節要序)」를 쓰는 장면을 묘사한 그림으로, 겸재 정선의 작품이다. 서안을 앞에 둔 인물이 이황이다. 현재 1,000원 지폐 뒷면 도안으로도 유명하다.

상하지 않았다.

이황이 남긴 족적을 보면 그가 학문에만 열중한 선비가 아님을 알 수 있다. 이황은 중종 23년(1528)에 28세 나이로 진사시험에 급제하고, 6년 뒤인 중종 29년(1534) 34세 나이로 문과에 급제하여 승문원(承文院) 부정자(副正字)로 첫발을 내디뎠다. 승문원은 외교 문서를 담당하는 관청이며, 부정자는 그곳의 종9품 벼슬이다. 세월이 흘러 선조 즉위 이듬해인 선조 1년(1568)에 이황은 경서 및 문서를 관리하고 임금의 자문에 응하는 홍문관 대제학(정2품)에 올랐다. 이때 나이가 67세였다. 그 뒤, 선조 3년(1570)에 세상을 떠났다. 높은 관직을 할 수 있었는데도 일부러 피하고 학문에만 열중했다는 평가가 무색하게도 그는 죽기 2년 전에도 장관급인 정2품 벼슬에 올랐다. 정치를 멀리하고 학문에만 열중했다는 평가는 그래서 맞지 않는다.

그런데 이황은 여러 차례 관직을 사양하고 낙향했다. 물러나거나 사양한 횟수가 20여 회나 된다. 하지만 그것은 을사사화가 발생한 1545년부터 공조참판을 사양한 1558년까지 13년간에 국한된 일이다. 을사사화는 명종을 옹립한 문정왕후가 정권을 잡기 위해 벌인 공안 정국이다. 이때 사림파가 화를 입었다. 그래서 사화라 부른다. 을사사화 이후 한동안 관직을 기피한 것은 사림파 박해가 대대적으로 단행됐기 때문이다. 전체적으로 보면 이황은 항상 어떤 형태로든 정계와의 끈을 놓지 않았다. 어떤 경우에는 주상의 부름을 받고 관직을 받았다가 얼마 안 있어 낙향하고, 어떤 경우에는 아예 관직을 사양하고 지방에 머물기도 했다. 나갔다 물러났다를 반복한 것이다. 재야에 있을 때는 상소를 통해 정치적 의사를 피력했다. 그래서 그런 기간에도 항상 주목을 받았다. 그렇게 했기 때문에 임금이 부르곤 했던 것이다. 깊은 산속에 들어가 정치와의 인연을 아예 끊어버렸다면 이런 일은 없었을 것이다. 관심이 없는 듯하면서도 항상 주목을 끄는 게 이황의 스타일이었다.

그래서 이황은 비판을 받았다. 그는 자신이 비판받는 이유를 알았다. 명종 13년 8월 5일(1558. 9. 16.) 『명종실록(明宗實錄)』에 수록된 상소문에서 그는 세인들이 자신을 향해 "세상을 깔보고 자기만 편하게 지낸다."느니 "거짓을 꾸미고 명예를 좇는다."느니 하고 비판한다는 점을 인정했다. 광해군 3년 3월 22일(1611. 5. 4.) 『광해군일기(光海君日記)』에 따르면, 북인당 정인홍은 "이황은 과거시험으로 출사해 완전히 나가지도 않고 완전히 물러나지도 않은 채 서성대고 세상을 비웃으며 스스로 중도라 여겼다."고 비판했다. 한 발은 정치권 안에, 다른 한 발은 정치권 밖에 두는 이황의 행보를 비판한 것이다. 이렇듯 이황은 학문에만 열중하고 정치를 멀리했다는 오늘날의 칭송을 무색케 하는 삶을 살았다. 학자이기만 했던 게 아니라 정치인이기도 했던 것이다.

이제 우리는 역설적인 사실을 접하게 된다. 이황의 그런 행보가 사회의 정치적 진보에 크게 기여했다는 사실이다. 정계를 들락거린 이황의 행보를 16세기 상황 속에서 바라봐야 한다. 학자 이황이 아니라 정치 지도자 이황에 주목해보면 더욱 쉽게 이해할 수 있다.

신중한 이황, 사림파의 승리에 기여했다

정치 지도자 이황? 이황을 학자로만 알고 있는 사람들로서는 '정치인 이황'도 받아들이기 힘들 것이고, 하물며 '정치 지도자 이황'은 더 받아들이기 힘들 것이다. 하지만 그는 정치 지도자였다. 그를 구심점으로 하는 동인당이 형성된 사실이 그 점을 웅변한다. 붕당정치 시대의 당수는 정치뿐 아니라 학문, 사상에서도 지도자였다. 이황이 세력을 거느렸다는 사실은 선조 3년 12월 1일(1570. 12. 27.) 『선조수정실록(宣祖修正實錄)』[13]에 실린 「이황졸기」에서 확인할 수 있다. 「이황졸기」는 "(이황의) 장례식에 모인 태학생(성균관 유생)과 제자들이 수백 명에 달했다."고 전한다. 선비들이 정치를 주도하는 사회에서 특정 선비를 따

---

13 『선조실록(宣祖實錄)』은 광해군 8년(1616)에 편찬됐지만, 인조반정으로 광해군이 실각한 뒤인 인조 21년(1643)부터 효종 8년(1657) 사이에 『선조수정실록』으로 거듭났다.

르는 제자들은 그의 학생인 동시에 지지자였다. 이황이 수시로 정계를 드나들었기 때문에 그의 제자들은 정치적 지지자의 성격도 띠었다. 단순히 지인 수백 명이 모인 게 아니라 성균관 유생 및 제자 수백 명이 모였으니 이황 주변에 엘리트들이 얼마나 많이 포진해 있었는지 알 수 있다. 정치 지도자 이황의 위상을 느낄 수 있다.

그런데 정치 지도자 이황은 왜 정계를 끊임없이 들락날락했을까? 정계에 쭉 머물러 있든가 아예 은퇴하는 편이 이미지 관리에 더 좋지 않았을까? 그렇지 않다. 모호한 이황의 행보는 그와 그의 지지자들에게 오히려 득이 됐다. 이는 그와 사림파가 선조 즉위와 함께 권력을 장악한 사실에서도 드러난다. 그의 행보가 아무 결실도 맺지 못했다면 선조 즉위 후에 추종자들이 동인당을 형성하는 일도 없었을 것이다. 결과적으로 볼 때, 꽤 성공적인 행보였다.

이황이 모호한 행보를 취한 이유가 있다. 우선, 성격적 특성을 들 수 있다. "(이황은) 겸양하는 뜻에서 감히 저자로 자처하지 않아 특별한 저서가 없었다."는 「이황졸기」 기록처럼 이황은 남들 앞에 자신을 노출하는 것을 좋아하지 않았다. 「이황졸기」에서는 그를 고상하고 차분한 인물로 평가했다. 이런 성격 때문에 적극적으로 행동하기 힘들었을 것이다.

선배 사림인 조광조의 참혹한 종말도 큰 영향을 주었을 것이다. 조광조는 대담하고 적극적이었다. 그래서 단기간에 개혁 성과를 이룰 수 있었지만, 그로 인해 젊은 나이에 사약을 마셔야 했다. 이황이 관직에 진출한 뒤에는 훈구파의 '최후 발악'이 한층 더 거셌다. 그래서 조심스레 행동하는 것만이 조광조의 전철을 밟지 않는 길이었다. 이황은 짧고 굵게 세상을 바꾸는 것보다는 길고 가늘게 바꾸는 편을 선호했는지도 모른다.

이황의 형 이해(李瀣)의 비극적 종말도 그를 신중한 사람으로 만들었을 것이다. 이해는 명종 초기의 권력 투쟁 와중에 귀양 가다가 객사했다.

이런 이유들 때문에 이황은 정치 생명을 잃지 않고 사림파 일부를 이끌며 구세력을 종식하는 데 성공했다. 만약 조광조처럼 대담하게 행동했다면 그와 지지자들은 훨씬 강도 높은 공격에 노출됐을 것이다. 하지만 신중한 행보 덕분에 반대파의 공격을 최소화하며 사림파 집권을 성사시킬 수 있었다. 이이와 이언적을 따르는 세력도 구시대 청산에 기여했지만, 이황과 그 추종자들의 공로도 높이 평가해야 한다. 소극적인 기회주의자라고 욕을 먹기는 했지만, 결과적으로 보면 이황의 행보가 사림파의 승리에 기여했다. 그러므로 그의 행보를 부정적으로만 볼 수는 없다.

이제 처음의 물음으로 되돌아간다. 퇴계 이황이 공붓벌레였다면 조선 역사는 어떻게 됐을까? 그가 오로지 공부에만 열중하여 정계와 담을 쌓았다면 16세기 후반 사림파는 훈구파의 최후 공세 앞에서 좀 더 힘든 싸움을 했을 것이다. 어찌 보면 소극적 기회주의자이지만 어찌 보면 신중한 승부사인 이황이 없었다면 사림파는 훈구파의 공세를 견디기 어려웠을 수도 있다. 그런 이황이 정치 현장에 없었다면 사림파의 집권이 좀 더 지연됐을 가능성도 배제할 수 없다.

12. 선조의 콤플렉스가 없었다면?

_ 임진왜란 때 명나라와 일본이 조선을 분할했을 수도 있다

    조선 제14대 주상인 선조 이연은 콤플렉스가 많기로 유명했다. 그는 전임 주상인 명종의 아들이 아니었다. 제11대 주상인 중종의 손자였다. 그것도 중종의 서자인 덕흥군의 아들이었다. 서얼의 피를 타고난 것이다.

    이상적인 군주는 왕후의 몸에서 원자로 태어나 세자 자격으로 후계자 수업을 받고 관례식을 거쳐 성인이 된 다음, 아버지가 죽은 뒤에 왕위에 오른 신체 건강한 남자였다. 선조는 '신체 건강'과 '남자'만 빼면 이 중 어디에도 해당하지 않는다. 왕후의 몸은커녕 후궁의 몸에서도 태어나지 못했다. 서자인 군(君)을 남편으로 둔 여인의 몸에서 출생했다. 왕의 장자는커녕 아들도 아니었다. 왕의 손자로 살았다. 그래서 세자가 될 수도, 후계자 수업을 받을 수도 없었다. 거기다가 죽은 아버지를 이어 왕이 된 것도 아니었다. 죽은 삼촌을 이어 왕이 됐다.

    이뿐만이 아니다. 명종의 뜻에 따라 왕이 됐다고 하지만, 명종이

실제로 그런 의사 표시를 했는지는 확실치 않다. 그를 옹립한 이준경과 인순왕후 심씨(명종의 부인) 쪽에서 그렇게 주장했을 뿐이다. 힘을 가진 쪽에서 주장했기 때문에 진실이 됐을 뿐이다. 안 그래도 정통성이 약한 데다 왕위 계승 과정마저 불투명했으니 선조가 콤플렉스를 갖는 것은 당연했다.

이런 콤플렉스를 물려주기 싫어서였는지 선조는 아들 광해군에게 깊은 상처를 남겼다. 광해군이 서자라는 이유로 왕위를 넘겨주기를 꺼렸던 것이다. 적통을 갈구하는 그의 콤플렉스는 54살에 얻은 영창대군에게 왕위를 넘겨주려는 무리한 시도로 이어졌다. 광해군 중심의 후계 구도가 사실상 확립된 상태에서 광해군을 제치고 갓난아이를 후계자로 지명하려 했던 것이다. 이것이 화근이 되어 결국 영창대군도 죽고 광해군도 실각했으니 선조의 콤플렉스가 왕실을 얼마나 위태롭게 했는지 짐작할 수 있다.

선조의 권력욕이 조선을 지켜내다

콤플렉스가 반드시 나쁜 것은 아니다. 남다른 업적을 성취한 사람들은 어딘가 콤플렉스를 가진 경우가 많다. 자기한테 아무 불만도 없는 사람은 스스로를 혹사하면서까지 자신을 단련하지 않는다. 콤플렉스도 없고 인생도 평탄한 사람은 안정적인 삶을 살 수는 있지만, 어느 단계 이상의 성취는 이루기 힘들다. 콤플렉스만큼 자기계발을 촉진하는 것도 없다. 그래서 콤플렉스도 잘만 활용하면 인생에 유익하다.

곰곰이 생각해보면 선조의 콤플렉스도 긍정적 기여를 한 측면이 있다. 그의 콤플렉스가 화근이 되어 영창대군이 죽고 광해군이 실각했지만, 다른 각도에서 보면 왕실에 유익한 작용도 했다.

선조 때 발생한 임진왜란은 동아시아의 정치 질서를 바꾸어놓았다. 전쟁을 일으킨 일본에서는 사실상 왕조 교체에 준하는 변혁이 일어났다. 도요토미 히데요시 정권이 붕괴하고 도쿠가와 이에야스(德川家康) 정권이 성립된 것이다. 도쿠가와 이에야스는 단순히 정권을 잡은 정도가 아니었다. 자신을 시조로 하는 새로운 막부를 수립하고, 막부 수장인 쇼군이 됐다. 이것이 도쿠가와 막부 또는 에도 막부다. 에도 막부라고도 부르는 것은 정권의 거점이 에도(오늘날 도쿄)에 있었기 때문이다. 1185년부터 1868년까지 유지된 '무사의 시대', 즉 '사무라이의 시대'에 일본 정부는 이원화 구조를 띠었다. 천황의 정부와 쇼군의 정부가 병존한 것이다. 두 정부가 공존하는 가운데, 천황 정부는 명분을 갖고, 쇼군 정부는 실권을 가졌다. 쇼군 정부가 실질적 정부였다는 점은 한국과 중국이 쇼군을 일본 국왕으로 인정한 사실에서도 드러난다. 1185년 이후 외교 무대에서 사라진 천황은 1868년 메이지유신 이후에야 비로소 외교 무대에 다시 등장했다. 1868년 이전만 해도 국제 사회는 천황이 아닌 쇼군을 일본 국왕으로 인정했다. 그래서 일본에서는 막부 교체가 왕조 교체나 다름없었다.

또 다른 당사자인 명나라에도 임진왜란이 크나큰 영향을 끼쳤다. 이를 계기로 지배력이 약해진 명나라는 결국 반군에게 나라를 내주었고, 반군은 다시 여진족 청나라에게 나라를 내주었다.

한편, 임란을 관망하던 여진족은 그 뒤 일취월장했다. 조선, 명나라, 일본이 뒤엉켜 싸우는 틈을 이용해 내부 통일을 달성하더니 만주에서 벗어나 중원까지 진출하는 기염을 토했다.

이처럼 임진왜란은 왕조 교체급의 바람을 일으켰다. 그런데 전쟁의 무대가 되고 가장 큰 피해를 입은 조선에서는 그런 일이 발생하지 않았다. 일본, 명나라, 여진족이 임란의 여파로 새로운 모습으로 탈바꿈했는데도 조선만큼은 기존 왕조를 유지했다.

그렇게 된 데는 여러 이유가 있지만, 선조의 지독한 콤플렉스에서 그중 하나를 찾을 수 있다. 정통성 콤플렉스에 시달렸던 선조가 권력에 과도한 집착을 보이면서 왕조의 권력이 강화된 측면이 있었던 것이다. 그가 과도하리만치 권력에 집착했다는 점은 여러 가지 사실에서 잘 드러난다.

첫째, '선조의 파천'이다. 파천은 임금이 도성을 떠나 피난하는 것이다. 임란이 발발한 선조 25년 4월 13일(1592. 5. 23.)로부터 보름 뒤인 4월 28일(1592. 6. 7.), 선조는 파천 계획을 내비쳤다. 반발이 거세지자 계획을 거두는 듯했다가 4월 30일(1592. 6. 9.) 은밀히 단행했고, 평안도 의주까지 몸을 옮겼다. 한양을 떠날 때부터 그는 '경우에 따라 명나라로라도 도피한다'는 계획을 품고 있었다. 파천 단행 다음 날인 5월 1일부터 그는 망명 계획을 드러냈다. 하지만 신하들의 거센 반발로 실현되지는 않았다.

이런 행보 때문에 선조는 오늘날까지도 무책임한 왕이라는 비난을 듣는다. 분명 무책임했다. 하지만 선조 입장에서는 나름의 이유가 있었다. 그는 권력과 왕실을 어떻게든 유지해야 한다는 집념이 강했다. 왕의 마인드를 국민국가 대통령의 마인드와 비교해서는 안 된다. 왕의 마인드는 주식회사 회장의 마인드와 비슷했다. 주식회사 회장은 경우에 따라서는 자신과 대주주들의 이익을 위해 직원들은 물론 소비자들까지도 희생시킬 수 있다. 선조의 파천도 그런 마인드의 산물이다. 어떻게든 왕권을 지켜야 한다는 집념에서만큼은 그를 따라갈 군주가 없었을 것이다.

둘째, '휴전 반대'다. 선조의 권력욕은 긍정적 측면도 낳았다. 임란 초기만 해도 명나라와 일본 사이에서 조선 팔도 분할 방안이 논의됐다. 명나라도 처음엔 조기 종전을 위해 분할 방안에 관심을 기울였다. 하지만 조선 백성들과 관료들이 찬동할 리 없었다. 선조도 예외가 아니었다. 안 그래도 권력욕이 강한 선조가 국토 절반을 일본에 떼어줄 리 없었다. 권율이 행주대첩을 통해 전세를 바꿀 수 있었던 것은 선조의 승부욕이 강했기 때문이다. 권율의 승리로 팔도 분할이 물 건너가자 명나라는 권율에게 제동을 걸었다. 그런 상황에서도 권율이 계속 활약한 것은 선조가 강력한 의지를 갖고 있었기 때문이다. 동기가 어땠든, 선조의 의지가 조선의 분할을 막고 왕조의 수명을 연장시킨 측면을 부정할 수 없다.

셋째, '잦은 양위 파동', 요즘 말로 하면 '퇴임 소동'이다. 주상을 그만두고 상왕으로 물러앉겠다는 선언으로, 선조는 임란 동안만 해도 무려 15번이나 양위 파동을 일으켰다.

양위 선언을 하는 군주들에게는 공통점이 있다. 바로 정통성 콤플렉스다. 태종, 세조, 선조, 영조가 양위 선언을 '애용'한 것도 그런 이유에서였다. 그중 양위 파동을 가장 많이 일으킨 임금은 선조다. 그만큼 콤플렉스가 컸다. 또 다른 공통점은 탁월한 정치 감각이다. 양위 선언을 잘못 했다가는 본의 아니게 진짜 양위를 해야 할 수도 있었다. 양위 선언 뒤 적과 동지를 가려내고 선언을 번복하려면 고도의 정치 감각이 필요했다. 이런 점에서 알 수 있듯이 선조는 정치 감각이 탁월했다. 그는 이런 무기를 발판으로 정통성 콤플렉스는 물론이고 전쟁책임론까지 불식시켰다.

선조의 파천이나 양위 파동은 물론 바람직하지 않다. 이는 그가 전쟁 와중에도 끊임없이 권력을 지키는 데 급급했음을 보여준다. 하지만 선조와 왕실의 입장에서 생각하면 얼마든지 다른 평가가 나올 수 있다. 임진왜란의 여파로 동아시아 전체가 격변에 처했는데도 조선만큼은 왕조를 유지할 수 있었던 데는 선조의 지나치리만치 강력한 권력 의지도 한몫했다. 물론 조선 의병과 관군의 활약이 훨씬 중요했지만, 최고 지도자의 권력욕도 한몫한 게 사실이다.

13. 콜럼버스와 마젤란의 '바닷길 개척'이 없었다면?

_ 임진왜란이 일어나지 않았을 것이다

15세기 후반과 16세기 초반, 지구촌 곳곳에서 역사적인 현상이 일어났다. 바닷길을 통해 세계가 하나로 연결된 것이다. 그때까지 지구상 곳곳은 상호 연결이 원활하지 못했다. 아메리카 대륙과 유라시아·아프리카 대륙은 단절되어 있었고, 서유럽과 동남아·동북아는 직접 교류하지 못했다. 사하라사막 이남의 아프리카와 서유럽·지중해 역시 직접 교류하지 못했다. 어느 정도의 교류가 이루어지긴 했지만, 제한적인 수준에 그쳤다. 그렇게 따로따로 작동하던 각각의 지역을 하나로 연결한 것은 서유럽인들의 공헌이었다.

서유럽인들은 아프리카를 돌아 인도양을 거쳐 동남아·동북아에 도달했고, '바다의 끝'으로 알려진 대서양 서쪽을 지나고 태평양을 가로질러 서유럽으로 되돌아왔다. 대서양 횡단 노선이나 아프리카 해안 노선이 알려지지 않았던 시절에 이런 일들은 그야말로 미친 사람들이나 할 수 있는 '짓거리'였다. 그런 '짓거리'가 세계를 긴밀하게 이어주는 데 기여한 것이다. 서유럽인들이 인류사에 기여한 최대 공로는 바닷길을 통해 세계를 하나로 묶었다는 것이다.

'미친 짓거리' 중에서 대표적인 것은 1492년에 이탈리아인 크리스 토퍼 콜럼버스가 아메리카 대륙 바하마제도에 도착한 것, 1498년에 포르투갈인 바스쿠 다 가마가 아프리카 최남단 희망봉을 돌아 인도 항로를 개척한 것, 1522년에 페르디난드 마젤란과 그를 따라나선 스 페인 탐험가들이 태평양 횡단에 성공한 것 등이다.

서유럽인들이라고 해서 '미친 짓거리'가 처음부터 좋았던 것은 아 니다. 모험은 생명과 재산의 손실을 초래할 가능성이 있었다. 그래서 모험심만으로는 덤빌 수 없었다. 낯선 음식을 주문하려다가도 혹시 라도 맛이 없을까 봐 수없이 갈등하다가 결국 친숙한 음식을 시키 는 게 인지상정이다. 낯선 음식도 꺼리는 인간의 특성상, 낯선 바다 를 찾아가는 것은 부득이한 사연 없이는 할 수 없는 일이다. 한둘도 아니고 수많은 서유럽인들이 목숨을 걸고 항로 개척에 나섰다면 그 래야만 했던 부득이함이 있었다고 봐야 한다. 그들이 그렇게 한 것 은 그렇게 하지 않고는 살아남을 수 없었기 때문이다. 단점을 극복 하고 생존하자면 그렇게 할 수밖에 없었다. 이를 이해하려면 '길'의 문제를 탐구해봐야 한다.

역사는 '길'로 통한다?

유라시아 대륙을 동서로 이어주는 길은 초원길, 비단길, 바닷길, 크게 3가지였다. 인간, 상품, 정보는 이런 길을 통해 동서로 이동했 다. 세계 권력도 그와 함께 이동했다. 구석기시대부터 활용된 초원길은 유목민족에 의해 장악됐다. 이때는 유목민족이 세계를 지배했다. 농경민족은 초원길로부터 멀리 떨어져 있었다. 그래서 유목민족과 농경민족의 격차가 컸다. 한나라 무제(재위 기원전 141~87) 이래 개막된 비단길 시대에는 농경민족이 주도권을 잡는 가운데 유목민족도 무시할 수 없는 위력을 발휘했다. 유목민족도 비단길로부터 멀지 않은 곳에 있었기 때문이다.

'길'은 자기와 먼 국가나 민족을 차별한다. 길에서 소외된 쪽은 역사의 비주류가 될 수밖에 없다. 15세기까지 서유럽과 일본이 세계사의 변방에 머물 수밖에 없었던 것은 바로 그 때문이다. 그들은 초원길과 비단길 어느 한쪽에도 제대로 접근하지 못했다. 그러다 보니 길을 통한 인간·상품·정보의 교류에서 소외되고, 세계사 비주류로 내몰릴 수밖에 없었다.

일본은 몰라도 서유럽이 변방이었다고? 믿기지 않을지 모르지만, 사실이다. 서유럽이 두각을 나타낸 것은 불과 몇백 년 전이다. 경제사 분야의 세계적 권위자인 안드레 군더 프랑크는 『리오리엔트』에서 "1492년 또는 1500년 무렵의 유럽은 아시아와 아프리카에 비해 우위에 있지도 않았고, 질적으로 판이하게 다른 생산 양식에 있지도 않았다."고 평했다. 그가 말하는 유럽은 서유럽이다. 또 "유럽은 19세기에 유럽 중심적 세계관이 발명되어 전파되기 전, 그러니까 근세까지만 하더라도 아시아에 의존했다."고 말했다. 서유럽이 세계 문명의 중심이라는 세계관은 19세기에 와서야 '발명'됐다는 것이다. 저명한 경제학자인 론도 캐머런도 비슷한 말을 했다. 『간결한 세계 경제사』에서 그는 이렇게 말했다.

"유럽, 특히 서유럽은 16세기부터 20세기까지 세계에서 가장 역동적인 성장과 변화를 경험했던 지역이다. …… 그러나 16세기 이전까지만 해도 서유럽은 다소 고립된 몇몇 지역의 하나에 불과했다."

15세기까지 서유럽이 변방일 수밖에 없었던 것은 '길'에서 소외돼 있었기 때문이다. 한무제 이래로 활성화된 비단길은 그들이 접근하기에 너무 멀었다. 그래서 유라시아를 횡단하는 인간·상품·정보의 이동으로부터 배제될 수밖에 없었다. 이 같은 한계를 극복하고 어떻게든 유라시아 동쪽과 교류해보려 했지만, 유럽과 아시아 사이에서 무역을 중개하던 이슬람·이탈리아 상인들은 자신들의 무역중개권을 빼앗기려 하지 않았다. 서유럽의 진로는 그래서 막힐 수밖에 없었다.

적어도 10세기 이후, 즉 고려시대 이후에는 유럽 왕족이나 귀족 사이에서 동방의 향신료에 대한 수요가 많았다. 인도나 실론 또는 믈라카제도(향신료제도, 인도네시아 동북쪽)에서 생산되는 향신료의 인기는 대단했다. 유럽인이 선호하는 대표적 향신료는 후추, 육두구, 생강, 클로브였다. 이 중에서도 후추의 인기가 대단했다. 후추 1그램과 은 1그램이 대등하게 교환될 정도였다. 유럽 상류층은 동방산 향신료 없이는 식사를 제대로 하지 못했다.

향신료 무역의 지배자는 이슬람과 이탈리아였다. 이슬람 상인들은 인도양을 통해 동남아로 가서 향신료를 구매했고, 이탈리아 상인들은 레반트 지역(터키·중동·이집트)에서 이슬람 상인들로부터 향신료를 구매해 유럽에 공급했다. 서유럽 상인들은 여기서 떨어지는 '떡고물'에 만족했다.

서유럽인들은 그냥 있을 수만은 없었다. 15세기 이전의 몇백 년 동안 유럽에서는 비약적 경제 성장이 일어났다. 안에서 넘치면 밖으로 흐른다. 서유럽인들은 에너지를 밖으로 쏟아내야 했다. 그 에너지를 비단길에 쏟아부을 수는 없었다. 그리로 가는 길은 막혀 있었다. 그렇다고 가만히 있다가는 도태될 수밖에 없었다. 그래서 생각해낸 방안이 새로운 길을 찾아내는 것이었다. 그들이 대서양 서쪽으로 항해하고 희망봉을 돌고 태평양을 가로지른 것은 바로 그 때문이다. 당시로서는 '미친 짓'이었던 '바닷길 개척'을 할 수밖에 없었던 것은 그렇게 하지 않고는 경쟁에서 살아남을 수 없었기 때문이다.

만약 서유럽인들이 그때 바닷길을 개척하지 않았다면 조선의 역사는 어떻게 바뀌었을까?

일본, 서유럽을 만나다

서유럽의 바닷길 개척은 크게 두 지역에 축복을 선사했다. 우선, 서유럽 자신한테 축복이 됐다. 변방에 불과했던 서유럽은 바닷길을 개척함으로써 독자적으로 동방 세계와 교류할 수 있게 됐다. 교류를 통해 경제력을 축적하고 그것을 바탕으로 과학혁명을 이룩한 서유럽은 1840년 아편전쟁을 계기로 동방 세계에 대한 우위를 확보하고 세계 지배자로 떠올랐다. 제2차 세계대전 이후 대서양 건너편 미국에 주도권을 내주기는 했지만, 지금도 서유럽은 미국과 함께 세계를 지배하는 중심축 역할을 하고 있다.

다음으로 바닷길 개척은 일본한테 축복이 됐다. 서유럽은 유라시아 대륙의 서쪽 끝에 있고, 일본은 동쪽 끝에 있다. 양자가 육로(초원길·비단길)로 교류하기는 쉽지 않다. 바닷길이 없다면 직접 만날 수 없는, 세계사의 변방이었던 두 지역이 바다를 통해 서로 만나게 됐다. 그 결과, 두 지역은 숨통을 트게 되고, 외부 문명을 손쉽게 접하게 됐다.

서유럽과의 만남은 '대륙과의 소통'이라는 측면에서 일본한테 행운이 됐다. 그때까지 일본은 한반도에 의존할 수밖에 없었다. 한반도를 통해야만 대륙과 소통하고, 대륙과 소통해야만 무역을 할 수 있었다. 그러나 한반도는 일본의 바람을 순순히 들어주지 않았다. 고려가 몽골과 연합하여 2차례나 일본을 침공한 것이나 고려·조선이 대마도와 일본을 갈라놓기 위해 애쓴 것은 일본의 성장 가능성을 제거하기 위해서였다. 조선만 일본을 견제했던 게 아니다. 중국도 마찬가지였다. 명나라는 조선과는 1년에 3차례, 베트남·태국과는 3년에 1차례, 일본보다 훨씬 작은 오키나와와는 2년에 1차례 무역을 했다. 그러면서도 일본과는 10년에 1번밖에 하지 않았다. 그나마도 1551년부터는 아예 중단했다. 한국과 중국은 일본을 견제하는 문제에서만큼은 의견 불일치가 없었다. 사정이 이랬으니 바닷길을 통한 교류가 일본한테 얼마나 큰 활력이 됐을지 짐작할 수 있을 것이다.

일본과 서유럽의 만남은 정확히 말하면 태풍이 '주선'한 결과였다. 향신료와 태풍이 일본과 포르투갈의 만남을 주선했다. 1497년, 4척의 배가 포르투갈 리스본을 출발했다. 동방 세계로 가는 탐험대였다. 리더는 바스쿠 다 가마였다. 그는 향신료 무역의 루트를 찾고자 아프리카 서해안을 돌기로 결심했다. 미친 짓이었다. 아프리카 해안을 돌아 동방 세계로 가는 길은 그때만 해도 알려지지 않았다. 서유럽에서 '바다의 끝'을 향해 서쪽으로 떠난 사람들보다는 덜하지만, 그 역시 미친 사람들 중 하나였다.

결국 미친 짓은 성공했다. 아프리카 해안을 돌아 인도로 가는 항로를 개척한 바스쿠 다 가마는 1499년 열렬한 환영을 받으며 리스본에 귀환했다. 동방 항로를 향한 70년에 걸친 국가적 숙원을 달성하는 순간이었다. 그는 탐험 과정에서 이슬람의 방해로 선박 2척과 승무원 3분의 2를 잃었지만, 서유럽인들이 갈구하던 것을 손에 넣었다. 약간의 향신료를 갖고 돌아온 것이다. 이것이 안겨준 금전적 이익은 탐험으로 인한 손실을 훨씬 상회했다. 이 행운을 목격한 포르투갈인들은 너도나도 도전에 나섰다. 그들은 얼마 안 있어 인도양에서 이슬람을 축출하고, 아프리카 남부 모잠비크에서 믈라카제도에 이르는 향신료 무역 루트를 개척했다.

포르투갈인들을 동남아까지 옮겨놓은 것은 그들의 의지였지만, 그들을 동북아까지 옮겨놓은 것은 그들이 개입할 수 없는 또 다른 요인이었다. 1543년 포르투갈 상선이 태풍을 만나 일본 규슈 남쪽 다네가섬(種子島)에 표류했는데, 이 사건은 동북아 역사를 바꾸는 계기가 됐다. 한국사, 특히 임진왜란 발발에도 지대한 영향을 주었다.

포르투갈인들은 일본인들에게 조총 2자루를 선물하고 떠났다. 이를 계기로 마카오를 거점으로 양국 간 교역이 이루어졌다. 일본인들은 은을 제공했고, 포르투갈인들은 중국산 생사(生絲)와 비단 제품을 제공했다. 포르투갈인들이 은을 받아 간 것은 중국과의 교역에 필요했기 때문이다. 명나라 정부가 종래 현물로 납부하던 조세를 은으로 납부하도록 했기 때문에 중국에서 은에 대한 수요가 급증했던 것이다. 그래서 외국 상인이 중국과 거래하려면 은을 준비해야 했다.

포르투갈인들은 중국 제품을 일본에 팔아 은을 받은 뒤, 그 돈으로 중국 제품을 사서 유럽으로 갖고 갔다. 이렇게 태풍은 일본에 포르투갈이라는 '귀인'을 소개해주었다. 태풍이 중개한 서양과의 만남을 계기로 일본은 동아시아 일변도 무역에서 벗어나 시장 다변화를 도모할 수 있게 됐다.

태풍이 일본과 서유럽을 연결해주었다는 사실을 좀 더 파고들어 가보자. 서유럽이 바닷길을 개척한 것은 동방 세계와의 무역을 위해서였다. 그들이 생각하는 동방 세계는 인도, 동남아, 중국이었다. 일본은 애초부터 구상에 없었다. 그래서 그들은 중국까지 가는 항로에만 신경을 썼다. 태풍이라는 우연적 요소가 없었다면 서유럽과 일본이 직접 만나기는 힘들었을 것이다. 서유럽이 중국까지 당도하는 데 바닷길 개척이 큰 역할을 했다면 그들이 일본까지 가는 데는 태풍이 큰 역할을 한 셈이다.

이런 점을 생각하면 한반도가 일본보다 태풍 피해를 덜 받는 게 다행스러운 일만은 아니다. 필리핀 동쪽 바다에서 생성되는 태풍 중에서 한반도를 관통하는 것은 주로 7·8월에 발생한다. 그 외의 것들은 필리핀을 지나 마카오, 홍콩, 광둥성 쪽으로 가거나, 한반도를 건드리지 않고 일본 열도를 관통하거나, 일본 열도를 스칠 듯이 또는 스치지 않고 태평양 한가운데로 방향을 튼다. 한반도가 태풍 피해로부터 상대적으로 안전한 것은 좋은 일이지만, 태풍을 매개로 새로운 문명과 접촉할 가능성이 낮은 것은 나쁜 일이었다고 볼 수 있다. 오늘날처럼 선박 제조술이 발달하지 않았던 시절에는 태풍의 이동 경로가 그대로 선박의 이동 경로가 됐다. 그래서 태풍의 이동 경로는 해양 문명의 이동 경로였다.

태풍을 매개로 서유럽을 알게 된 일본은 그들과의 문명 교류로 국력을 키워나갔다. 서유럽과 무역함으로써 경제의 숨통을 트고, 조총 도입을 통해 군사력을 증강했다. 이런 조건에서 도요토미 히데요시라는 걸출한 영웅이 출현했다. 그는 열도를 통일한 뒤, 조선과 명나라를 상대로 전쟁을 선포했다. 제발 무역 좀 하자며 애원하던 일본이 이처럼 표변할 수 있었던 것은 바닷길을 통해 새로운 힘을 충전했기 때문이다.

콜럼버스, 바스쿠 다 가마, 마젤란 등의 바닷길 개척이 없었다면 16세기 중반에 일본이 급속히 성장할 수 없었을 것이고, 그랬다면 16세기 후반에 임진왜란을 도발하기도 힘들었을 것이다. 바스쿠 다 가마 등의 활약은 임진왜란 발발에까지 인과적 작용을 미침으로써 동북아 역사에도 심대한 영향을 주었다. 서유럽의 바닷길 개척이 한반도에 불행을 안겨준 셈이다.

14. 임진왜란이 일어나지 않았다면?

_ 병자호란이 일어나지 않았을 것이다

세상은 '필연의 법칙'으로만 움직이지는 않는다. 처음부터 100퍼센트 정해져 있는 일은 거의 없다. 설사 어느 정도 예정됐더라도 예정된 결과와 실제의 결과가 완벽하게 일치하는 경우는 드물다.

이 점은 임진왜란 발발에 대한 관점에도 영향을 미쳐야 한다. 임란은 상황에 따라서는 일어나지 않을 수도 있었다. 정명가도라는 일본 측 요구에서 나타나듯이, 일본이 임란을 일으킨 핵심 동기는 명나라와의 관계 복원이었다. 임란 41년 전인 1551년 일본과 명나라의 관계가 두절되면서 일본의 대외 무역에 차질이 생겼다. 일본은 16세기부터 서유럽과 교류했지만, 그렇다고 동아시아 국가들과의 관계가 불필요해질 정도는 아니었다.

명나라가 일본과의 무역을 중단한 데는 이유가 있다. 우선, 일본 정부가 왜구를 제대로 통제하지 못했다. 명나라가 10년에 1차례씩이라도 일본과 조공무역을 한 것은 일본 정부가 왜구를 통제하도록 하기 위한 유인책이었다. 그런데 1467년 일본이 전국시대(戰國時代)의 분열에 휩싸이자 이를 틈탄 왜구 활동이 다시 기승을 부렸다. 이는 일본 정부가 통제할 수 없는 수준으로까지 발달했다. 명나라가 일본과 10년에 1차례밖에 무역을 하지 않은 것은 대일 무역의 필요성이 크지 않았기 때문이다. 이런 상태에서 왜구마저 통제해주지 못하니 명나라로서는 더 이상 일본과 거래할 이유가 없었다.

설상가상으로 명나라 푸젠성(福建省) 닝보(寧波)에서 벌어진 일본 정치 세력 간의 충돌도 대일 감정을 악화하는 데 기여했다. 일본 정치 지형을 양분하던 오우치(大內) 가문과 호소카와(細川) 가문이 1523년 닝보까지 와서 무력 충돌을 벌이자 일본에 대한 명나라의 시선은 급속히 싸늘해졌다. 여기다가 1547년에는 일본이 '10년에 1차례 조공무역' 약속을 지키지 않고 기한 도래 전에 조공선을 파견했다. 그러자 명나라에서는 '일본은 구제불능'이라는 인식을 가질 수밖에 없었다. 명나라가 1551년에 무역 관계를 일방적으로 중단한 데는 이런 요인이 작용했다.

일본으로서는 무슨 수를 동원해서라도 대명(對明) 관계를 복원해야 했다. 필요하다면 전쟁도 불사한다는 각오였다. 그러나 마음먹는다고 무조건 벌일 수 있는 일이 아니었다. 조건이 갖춰져야 할 수 있는 일이었다. 조건이 형성되지 않는다면 대륙 침공의 열망을 가슴속에서 삭힐 수밖에 없었다.

일본 입장에서는 '다행스럽게도' 그런 조건이 충족됐다. 대륙을 침공할 기회가 생긴 것이다. 조선 군대의 칼날은 기본적으로 동북방 여진족을 겨누고 있었다. 거기다가 신숙주 사후에 조선의 국방이 해이해졌다. 반대로 일본은 16세기 후반에 도요토미 히데요시의 주도 하에 사상 최강의 군사력을 갖추었다. 포르투갈인들이 선물한 조총을 기반으로 한 조총부대까지 있었다. 군사 기술 측면에서 일본은 조선과 명나라에 뒤지지 않았다. 이런 조건이 갖춰졌기에 일본 함대가 현해탄을 건널 수 있었던 것이다. 일본과 명나라의 무역 관계가 안정적이고 조선이 일본을 좀 더 경계했다면 임진왜란은 일어나지 않을 수도 있었다.

임란, 이익은 여진족이 챙겼다

임란이 발발하지 않았다면 역사는 어떻게 바뀌었을까? 임란 발발로 동아시아에 어떤 변화가 생겼는지를 탐구해보면 그 답을 알 수 있다. 임란 최대 수혜자는 조선도 일본도 명나라도 아니었다. 임란을 구경하던 여진족이 최대의 이익을 챙겼다. 이는 임란 이후 여진족이 급성장해 동아시아 패권국으로 등극한 사실에서 잘 드러난다.

여진족은 말갈족의 후예로, 오랫동안 한민족과 인연을 맺었다. 대등한 인연은 아니었다. 고구려 때는 물론이고 발해 때도 한민족 지배 아래 있었다. 이 구도는 고려 왕건의 통일에 불만을 품은 신라인 김함보에 의해 바뀌었다. 여진족 금나라 역사서인 『금사(金史)』에 따르면, 그는 말갈족으로 망명한 뒤 이를 여진족으로 재편했다. 훗날 금나라가 세워진 뒤 그는 시조 황제로 추대됐다. 김함보와 달리 경북 안동에서 왕건을 도운 아버지 김행은 그 공으로 권씨 성을 하사받았다. 안동 권씨는 이렇게 시작됐다. 김행, 아니 권행의 아들 김함보는 여진족의 시조가 되고, 남은 가족은 안동 권씨의 출발점이 됐던 것이다.

김함보의 개혁을 계기로 새로운 민족으로 거듭난 여진족은 고려 왕조에 대해 사대의 예를 갖추었다. 김함보는 고려를 거부하고 떠났지만, 후손들은 현실적 필요성 때문에라도 그럴 수 없었다. 고려는 이들 여진족을 직접 지배하거나 사대 관계(책봉 조공 관계)로 통제했다. 그런데 완안부라는 부족을 중심으로 통합운동이 전개됐다. 이를 통해 힘이 생기자 여진족은 반기를 들었다. 고려 장군 윤관이 동북 9성을 개척한 것은 여진족을 응징하기 위해서였다. 윤관은 1107년에 135개의 여진족 집단을 함락한 뒤 그곳에 동북 9성을 축조했다. 이 승리는 오래가지 못했다. 고려가 동북 9성을 지킬 힘이 없었던 것이다. 고려는 1108년 여진족에게 패배했다. 전쟁에서 진 고려는 '대대손손 조공하겠다'는 맹세를 받고 1109년 동북 9성을 반환했다.

여진족이 승리했는데도 고려가 조공을 받는다는 사실이 이상하게 느껴질 수 있다. 여진족의 승리는 고려를 굴복시킬 정도는 아니었다. 여전히 고려가 경제적·문화적으로 여진족을 압도했다. 그래서 조공 관계, 즉 무역 관계를 정상화하기로 약속하는 선에서 전쟁을 종결지을 수밖에 없었던 것이다. 대대손손 고려에 조공하겠다는 것은 고려와의 무역을 계속하겠다는 의미였다. 이 무역은 여진족이 바치고 고려가 하사하는 형식이었다.

하지만 언약은 오래가지 못했다. 더 강성해진 여진족은 1115년에 금나라를 세웠다. 그리고 1117년에는 여진족을 상국으로 하고 고려를 신하국으로 하는 새로운 사대 관계를 만들었다. 고려와 여진족이 역전된 것이다. 금나라는 북중국을 장악하고, 동아시아 패권을 행사했다.

금나라의 패권은 김부식의 『삼국사기』 편찬이라는 결과로 이어졌다. 고려의 통제하에 있던 여진족이 최강으로 부상하자 인종 정권 실력자인 묘청이 북진 정책을 위해 서경 천도를 추진했다. 하지만 실패하자 반란을 일으켰다가 김부식한테 진압됐다. 묘청의 가슴을 뜨겁게 한 것은 여진족의 성공이었다. 이에 자극받은 묘청은 고려도 대륙으로 진출할 수 있다는 자신감을 가졌다. '여진족도 하는데 우리라고 못할쏘냐!'라는 생각이었다. 하지만 김부식의 생각은 달랐다. 그는 현실에 만족했다. 그런 김부식이 승리했다. 그러자 김부식은 사대주의 역사관을 담은 『삼국사기』를 세상에 내놓았다. 그가 이 책에서 숱한 역사 왜곡을 자행할 수 있었던 것은 묘청의 난을 진압함으로써 권력을 장악했기 때문이다. 역사 왜곡을 견제할 세력이 없어진 결과였다. 신채호는 논문집 『조선사연구초(朝鮮史硏究草)』에서 묘청과 김부식의 대결을 '조선 역사상 1,000년 이래 최대 사건'으로 규정했다. 이 사건을 계기로 한민족 지배층이 자주적 패기를 상실하고 사대주의적 패배주의에 물들었다는 이유에서였다.

고려인들에게 충격을 준 여진족의 성공도 영원하지는 못했다. 여진족은 몽골족 원나라에 밀려 다시 변방으로 쫓겨났고, 고려 말과 조선 초에는 한민족과 명나라의 등쌀에 제대로 숨도 쉬지 못했다. 명나라는 무엇보다도 여진족의 부활을 경계했다. 여진족은 몽골제국 등장 이후 오랫동안 '휴식'을 취했기 때문에 언제 또다시 제2의 금나라로 변신할지 몰랐다. 그래서 여진족이 경계 대상 1호였다. 명나라가 조선을 끌어들여 툭하면 여진족 공동 토벌을 단행한 것은 그런 두려움 때문이었다.

조선과 명나라가 합작해서 압박하는 가운데, 여진족은 일단은 고개를 숙일 수밖에 없었다. 184곳의 여진족 집단이 명나라와 사대 관계를 체결했고, 그중 79개는 조선과도 사대 관계를 맺었다. 살아남기 위해 조선과 명나라 사이에서 등거리 외교 노선을 취한 여진족이 많았던 것이다. 앞서 소개한 이역리불화처럼 명나라를 거부하고 조선만 상국으로 받드는 여진족 추장도 많았다. 이들이 조선을 선호한 것은 조선 쪽의 대우가 명나라 쪽보다 후했기 때문이다. 명나라에서는 여진족 수장에게 녹봉을 지급하지 않았지만, 조선은 그렇게 했다. 그래서 많은 여진족 집단이 조선을 상국으로 받들었던 것이다.

여진족, 봄날은 왔다

고개를 숙이고 살던 여진족에게 또다시 '봄'이 찾아왔다. 여진족은 임란 발발로 조선, 명나라, 일본이 모두 바빠진 틈을 놓치지 않았다. 누르하치 주도하에 통일을 달성하고, 조선과 명나라에 칼날을 들이댔다. 정묘호란, 병자호란을 통해 조선을 제압하고 관계를 역전시켰다. 마치 고려시대에 그랬던 것처럼.

조선시대 여진족은 고려시대 여진족보다 강했다. 고려시대의 여진족은 고려와의 관계를 역전시키는 데는 성공했지만, 고려를 발밑에 두는 데는 실패했다. 고려는 금나라한테 역전당하기는 했지만, '금나라-송나라(북송·남송)-고려'의 삼각균형을 유지할 정도의 힘은 보유했다. 남송이 끊임없이 고려에 동맹을 제안한 것은 고려와 금나라 사이에 어느 정도는 힘의 균형이 있었기 때문이다. 그래서 고려시대 여진족은 고려를 발밑에 두지 못했다.

그에 비해 조선시대 여진족은 조선을 발밑에 두는 데 성공했다.

이 시대 여진족은 서양제 대포를 수입해 조선의 산성을 위협했다. 그 전까지 유목민 군대가 조선을 굴복시키지 못한 것은 조선군의 산성 방어 전략을 깨지 못했기 때문이다. 유목민 기마부대는 산성 앞에서 힘을 발휘하지 못했다. 그런데 병자호란 때의 여진족은 서양에서 직수입한 신형 대포로 산성을 위협했다. 조선군을 제압할 만한 기술적 우위를 확보한 상태에서 병자호란을 일으켰던 것이다.

조선은 병자호란을 겪은 뒤로 청나라에 맞설 생각을 품지 않았다. 북벌론이 등장한 적은 있지만, 공식적으로 논의된 적은 없었다. 19세기 후반에 김옥균이 등장하기 전까지 청나라에 대적할 마음을 품지 않았다. 병자호란의 충격이 그만큼 컸다. 고려를 능가할 때보다 조선을 능가할 때의 여진족이 훨씬 파괴적이었던 것이다.

이는 금나라가 끝내 중원을 정복하지 못한 것과 청나라가 결국 중원을 정복한 것의 차이를 설명해준다. 금나라는 고려를 어정쩡하게 누른 탓에 고려를 의식하느라 중원 정복을 마음 놓고 진행할 수 없었다. 고려가 배후에서 뒤통수를 칠 수도 있었기 때문이다. 그래서 금나라는 '금나라-송나라-고려'의 세력 균형 속에서 상대적 우위를 누리는 데 만족할 수밖에 없었다. 그에 비해 청나라는 조선이 딴마음을 품지 못할 정도로 충격을 주었다. 그래서 마음 놓고 중원을 공략할 수 있었다.

조선을 굴복시킨 청나라는 산해관(山海關, 만리장성의 동쪽 끝 관문)을 넘어 중원을 정복했다. 자신들을 압박하던 명나라를 대신해 중원의 주인이 된 것이다. 청나라가 중원을 정복한 과정을 보면 명나라 입장에서 이것이 얼마나 얄궂었겠는지 짐작할 수 있다. 여진족은 1644년 명나라 땅을 접수했다. 하지만 명나라를 직접 멸망시키지는 않았다.

임란 이후 혼란에 빠진 명나라에서는 이자성이 이끄는 농민군이 반란을 일으켰다. 이들이 명나라를 무너뜨렸다. 여진족은 이자성을 징벌한다는 명분하에 베이징을 점령했다. 이자성의 베이징 점령과 여진족의 베이징 점령 사이에는 불과 2개월의 시차밖에 없었다. 여진족은 명나라를 위한다는 명분으로 이자성을 제압했다. 그러고는 명나라 땅을 접수했다. 명나라 당국자들의 입장에서는 여진족의 중원 정복이 훨씬 기분 나빴을 것이다. 도둑을 쫓아내주겠다고 집에 들어온 행인이 아예 그 집을 차지해버렸기 때문이다.

중원을 차지한 청나라는 강희제, 옹정제, 건륭제 때 세계적 무역 대국이자 문화 대국으로 성장했다. 임란 발발이 엉뚱하게도 여진족의 활로가 됐던 것이다. 결과적으로 보면 도요토미 히데요시가 여진족을 위해 전쟁을 일으킨 셈이 됐다. 조선·명나라와 일본이 싸우는 걸 지켜보면서 내부 통일을 달성하고, 명나라 정부군과 이자성 반군이 싸우는 걸 지켜보면서 중원을 정복했으니, 여진족은 어부지리라는 사자성어가 자신들을 위해 존재하는 거라고 생각했을지 모른다.

이제 우리는 결론에 도달할 수 있다. 일본이 임란을 일으키지 않았다면 청나라가 정묘호란, 병자호란을 일으킬 수 없었을 것이고, 그랬다면 청나라가 중원 정복을 시도하는 일도 없었을 것이다. 또 여진족은 야만족 소리를 듣고 금나라의 영광이나 추억하며 위축된 삶을 살아야 했을 것이다.

15. 일본이 임진왜란에서 승리했다면?

_ 조선 땅은 둘로 분할됐을 것이다

　'일본이 임진왜란에서 승리하다'라는 개념부터 짚어보자. '전투의 승리'와 '전쟁의 승리'는 다르다. 전투의 승리는 상대방을 군사적으로 꺾는 것이다. 전쟁의 승리는 군사적이든 아니든 상대방을 꺾는 것이다. 그래서 전투에서는 패배하고 전쟁에서는 승리하는 경우도 발생한다. 19세기 후반의 병인양요와 신미양요에서 조선은 군사적으로 패배했다. 하지만 조선은 두 전쟁에서 모두 승리했다. 프랑스(병인양요)와 미국(신미양요)은 애초의 목적인 조선 시장 개방(개항·개화)을 달성하지 못했다. 프랑스와 미국은 전투에서는 승리했지만 전쟁에서는 패배했다. 조선은 전투에서는 졌지만 전쟁에서는 이겼다. 그 후 두 나라는 조선에 직접 접근하지 못하고 중국과 일본의 중재를 거쳐 접촉하려 했다. 조선을 직접 상대하는 것에 부담을 느꼈던 것이다.

　임란 역시 마찬가지다. 임란에서 피해를 가장 많이 입은 쪽은 조선이다. 그렇다고 일본이 전쟁에서 승리한 것은 아니다. 일본은 조선을 점령하지도 못했고, 명나라와의 관계를 회복하지도 못했다. 중일

관계를 회복할 목적으로 임란을 도발했지만, 중국과의 관계 개선에
실패했다. 이 관계가 회복된 것은 1871년이다. 이해에 청일수호조규
가 체결됐다. 임란을 통해 얻고자 했던 것을 얻지 못했으니 일본은
이 전쟁의 패자다. 승자는 조선과 명나라다. 조선은 가장 많은 피해
를 입었지만, 일본의 목표를 좌절시키고 나라를 지켜냈다는 점에서
최대 승자였다.

조선이 가장 큰 손실을 입었는데 어떻게 조선의 승리를 말할 수
있는지 의아한 사람도 있을 것이다. 집주인이 강도와의 격투 끝에
집을 지켰다면 누가 승자인가? 주인이 부상을 입고 가재도구가 파손
됐다고 해서 강도가 승리했다고 할 수는 없다.

만약 일본이 승리했다면 어떻게 됐을까? 일본이 조선 땅을 일부
라도 점령하거나 중국과의 관계를 회복했다면 역사는 어떻게 바뀌었
을까?

일본, 조선 분할을 꿈꾸다

일본이 승리했다면 조선 땅의 절반이나 전부가 일본으로 넘어갔
을 것이다. 좀 더 현실적인 것은 절반이 넘어가는 경우였다. 도요토
미 히데요시는 조선을 점령한 뒤 중국까지 공격하겠다며 호언장담했
었다. 서양 선교사 루이스 프로이스(Luis Frois)가 1586년 3월에 쓴 서한
에 따르면, 도요토미 히데요시가 그런 생각을 입 밖에 낸 것은 1585
년이다. 그 전부터 그런 말을 했을 가능성은 있지만, 기록상으로는
그때가 처음이다. 그는 동생에게 일본 열도를 물려주고 자신은 조

선·중국 공략에 전념하겠다고 말했다. 일본 나라(奈良)의 승려가 남긴 『다몬인닛키(多聞院日記)』라는 기록에 따르면, 그가 조선, 중국, 남만(南蠻. 동남아)까지 쳐들어갈 거라는 소문까지 나돌았다. 이제 겨우 일본을 통일할 단계에 접어든 상태에서 조선, 중국뿐만 아니라 동남아까지 진출하겠다고 호언장담했던 것이다.

도요토미 히데요시는 웅대한 포부를 품고 침공을 감행했지만, 막상 일을 저지르고 보니 자신의 계획이 얼마나 비현실적인지 깨달았다. 중국을 점령하기는커녕 조선 팔도를 점령하기도 쉽지 않았다. 임란 이듬해부터 전세가 역전되자 그의 꿈은 사실상 불가능해졌다. 그래서 그가 안출한 방안은 명나라와 타협해 전쟁을 종결하고 조선을 나눠 갖는 것이었다.

명나라와 일본이 조선을 배제하고 종전 협정에 서명할지도 모른다는 우려는 선조 25년 11월(1592. 12. 4.~1593. 1. 2.)부터 제기됐다. 명나라의 심유경이 일본의 고니시 유키나가(小西行長)와 정전 협정을 체결하고 임시 수도 의주로 돌아오자 조선 측은 그가 조만간 강화 조약을 체결할지 모른다고 우려했다. 그래서 선조는 심유경을 접견한 자리에서 "조선과 일본은 만세필보(萬歲必報)의 원수"라고 강조했다. 수많은 세월을 들여서라도 반드시 원수를 갚아야 할 대상이라고 힘주어 말한 것이다. 심유경이 혹시라도 일본에 휘둘리지 않을까 염려했던 것이다.

시간이 흐를수록 명나라는 강화 조약 쪽으로 기울었다. 명나라 군대가 벽제관(碧蹄館) 전투에서 패배한 뒤부터 그런 분위기가 굳어졌다. 벽제관은 현재의 경기도 고양시 자리에 있던 국영 숙박 시설이다. 처음에는 강화 조약에 반대했던 명나라 송응창 경략(총지휘관)과

「정왜기공도병(征倭紀功圖屛)」. 명나라 종군 화가가 왜교성 전투, 노량해전 등에 대해 그린 정왜기공도권(征倭紀功圖卷)을 저본으로 19세기에 그린 그림이다.

이여송 제독도 전의를 상실한 채 강화 조약으로 마음이 기울었다. 송응창이 준비한 강화 조약안은 선조 26년 3월 10일(1593. 4. 11.) 선조가 명나라 인사들을 접견한 자리에서 공개됐다. 푸젠성 닝보를 통해 일본이 명나라와 조공무역을 할 수 있도록 길을 열어준다는 것이었다. 그렇게 함으로써 일본군이 물러나도록 한다는 방안이었다. 조선은 일본군을 추격해 한양을 회복해야 한다고 주장했지만, 명나라는 "조선은 문학을 숭상하고 무비(武備)를 닦지 않은 나라"라며 야만국 일본을 독자적으로 상대하는 것은 무리라고 강조했다. 적당한 선에서 타협하자고 요구한 것이다.

조선은 불응했다. 전황에 자신이 있었기 때문이다. 임란 초기의 수세 국면이 서서히 걷히고 있었던 것이다. 벽제관 전투에서 이여송이 완패한 뒤 전라도순찰사 권율이 행주산성에서 일본군을 격퇴하자 조선의 자신감은 배가됐다. 이 전투는 조선, 명나라, 일본 모두에게 충격이었다. 조선군이 거둔 뜻밖의 대승이었던 것이다. 이것은 조기 강화를 추진하는 명나라에게는 탐탁지 않은 일이었다. 송응창이 조선 정부에 공문을 보내 "권율이 자중하도록 하라."고 요구한 것을 보면 알 수 있다. 조선은 그 공문을 무시했다.

명나라 입장에서는 조기 강화를 위해서는 명나라 군대의 위력을 보여주어야 했다. 협상 과정에서 우위에 서려면 그게 절실했다. 부총병인 사대수가 지휘하는 부대가 용산 일본군 보급 기지를 파괴한 것은 그 때문이다. 보급 기지를 잃은 고니시 유키나가는 승려인 게이테쓰 겐소(景轍玄蘇)를 강화 협상에 나서도록 했다. 뒤이어 열린 협상에서 일본은 조선 왕자와 신하를 돌려보내고 부산으로 철수하며, 명나라는 본국으로 철수한다는 방안이 합의됐다. 아직 정식 강화 조약은 아니었다.

철수하는 일본군 사이에 명나라 강화 사절이 포함됐다. 하지만 가짜 사신들이었다. 명나라 지휘부는 일본을 속여서라도 도요토미 히데요시의 항복 문서를 받아내고자 했다. 그래서 본국에 보고하지 않고 가짜 사신들을 파견한 것이다. 그들은 송응창의 책사들이었다. 기타지마 만지(北島万次)의 『도요토미 히데요시의 조선 침략(豊臣秀吉の朝鮮侵略)』에 따르면, 이들을 접견한 자리에서 도요토미 히데요시는 '명나라 공주를 일본의 후비로 보낼 것, 양국 간 교류를 실현할 것, 조선 팔도를 분할할 것' 등을 요구했다. 조선은 물론이고 중국, 동남아까지 정복하겠다던 도요토미 히데요시가 막상 조선을 침공한 뒤에는 조선 팔도 분할만으로도 감지덕지하는 태도를 보인 것이다. 하지만 이 희망도 이루어질 수 없었다. 가짜 사신들과 협상했기 때문이다. 천하의 도요토미 히데요시가 명나라 사람들에게 농락당한 것이다.

이렇게 일본이 임란에서 얻을 수 있었던 최대 가능치는 조선 팔도를 분할해 남부를 장악하는 것이었다. 당시 일본 입장에서는 이 정도는 돼야 승리했다고 말할 수 있었다.

임란 패배, 더 강력한 일본을 출현시키다

만약 일본이 조선 절반을 차지하고 승리를 선언했다면 1598년 임란 종전 이후의 동아시아는 어떻게 바뀌었을까? 이에 대해 자신 있게 내릴 수 있는 결론이 있다. 일본이 승리했다면 19세기 후반에 강대국으로 성장하기 힘들었을 것이라는 점이다. 다시 말해, 임란 승리는 장기적으로 일본의 국익에 배치됐을 것이다.

임란이 끝난 뒤인 17세기 이후 동아시아의 특징적 현상은 대륙 세력과 해양 세력의 세력 균형이다. 그 전에도 대륙과 일본 사이에 대립 관계가 조성된 적은 있지만, 대륙 세력과 해양 세력을 축으로 양강 구도가 등장한 것은 임란 이후가 처음이었다.

148쪽 〈표5〉에서 나타나듯이, 초원길이 유라시아 동서 교류를 지배하던 시대에는 초원길을 장악한 유목민족이 세계를 지배했다. 그래서 해양민족이 패권 구도의 한 축이 될 가능성은 없었다. 비단길 시대도 마찬가지였다. 이때는 비단길을 장악하거나 그에 인접한 세력이 패권 대결을 벌였다. 그래서 해양민족이 끼어들 여지는 별로 없었다.

제2-1기에 '중국'과 '9~12시 방향'이 투쟁했다는 것은 고대 중국의 중심인 뤄양(洛陽)을 기준으로 9~12시 방향 국가들이 중국과 패권 경쟁을 벌였다는 뜻이다. 뤄양은 북위 34도 40분, 동경 112도 26분에

표5 동아시아 패권 구도의 변천

제1기 초원길 시대	유목민족>농경민족>해양민족	
제2기 비단길 시대	농경민족≧유목민족>해양민족	제2-1기(중국과 9~12시 방향의 투쟁기)
		제2-2기(중국과 0~3시 방향의 투쟁기)
제3기 바닷길 시대	해양민족>농경민족>유목민족	제3-1기(대륙과 해양의 소강기)
		제3-2기(해양의 절대적 우세기)
		제3-3기(해양의 상대적 우세기)

있다. 위도상으로는 전라남도와 비슷하고, 경도상으로는 홍콩과 비슷하다. 중국 북쪽 및 서북쪽 유목민인 흉노족, 돌궐족, 위구르족, 티베트족 등이 왕성했던 서기 9세기까지가 이 시기에 해당한다. 고구려가 강대한 국력을 갖고도 중원을 정복하지 못한 것은 고구려 멸망(668) 당시만 해도 9~12시 방향 국가와 중국이 동아시아의 주축이었기 때문이다.

10세기가 되면서 상황이 변했다. 제2-2기가 되면서 0~3시 방향의 유목민 또는 반농반목민이 중국과 패권 대결을 펼치게 됐다. 이때부터는 몽골족, 거란족, 여진족이 중국을 위협했다. 발해 건국 이후 만주 지역 농업경제가 지속적으로 성장한 덕에 이 지역의 영향력이 강해진 것이다. 이처럼 제2-2기까지도 동아시아 대륙 세력 내부에서 패권 경쟁이 전개됐다. 일본 같은 해양 세력은 끼어들 여지가 없었다.

제3기 바닷길 시대가 되면서 해양민족이 패권 대결의 한 축으로 부상했다. 물과 친한 민족이 세계를 지배하는 바닷길 시대에 물과 친하지 않은 유목민족이 퇴보하는 것은 너무도 당연한 일이었다.

그런데 바닷길 시대가 열렸다고 해서 곧바로 해양민족의 시대가 열리지는 않는다. 새로운 환경에 맞는 새로운 역학 구도가 정착되려면 시간이 걸린다. 동아시아에서는 해양민족>농경민족>유목민족의 역학 구도가 제3-2기부터 본격적으로 출현했다. 임진왜란 이후부터 아편전쟁까지의 341년간에 해당하는 제3-1기에는 대륙 세력과 해양 세력의 대결이 현상 유지 또는 소강 국면을 보였다. 양쪽이 세력 균형을 이루었기 때문이다. 세력 균형이 형성된 이유는 임란으로 인해 조선, 명나라, 일본이 모두 지쳤기 때문이다.

임란 이후 정세를 보면 다들 현상 유지를 택할 수밖에 없었던 속사정을 이해할 수 있다. 내부 문제를 처리하기에도 벅찼던 것이다. 중국에서는 임란의 여파로 명나라가 청나라로 교체됐다. 조선에서는 왕조 교체는 이루어지지 않았지만, 전란 피해와 서민 세력 급부상으로 사회의 성격이 달라졌다. 의병 활동에 참가한 서민들의 발언권이 커지면서 양반 중심의 사회 질서가 휘청거렸다. 일본에서는 도요토미 히데요시 정권이 붕괴하고, 에도 막부가 성립됐다.

중국 쪽 사정을 좀 더 살펴보자. 청나라는 조선과 명나라를 꺾었지만, 중원 점령 후에는 소심해졌다. 적은 만주족(여진족) 인구로 넓은 중원을 지키면서 사방의 적들까지 상대하려면 가급적 평화 노선을 견지해야만 했다. 병자호란 때만 해도 조선 인조에게 굴욕을 강요했던 청나라는 막상 중국을 점령한 후에는 조선에 대해 유화적 태도를 취했다. 한족이 중국을 지배하는 것보다 소수 민족이 중국을 지배하는 것이 훨씬 힘들다. 이런 사정 때문에, 임란의 어부지리를 얻은 청나라도 막상 중원을 장악한 후에는 대외 관계를 조심스레 풀어갈 수밖에 없었다.

이처럼 삼국이 내부 문제에 매달렸기 때문에 17세기 이후 동아시아에서는 대륙과 해양 간에 현상 유지 및 세력 균형 국면이 조성됐다. 덕분에 동아시아는 300년 이상 태평성대를 구가할 수 있었다.

동아시아가 태평성대로 접어들자 삼국은 내부적 실력 양성에 돌입했다. 조선 영·정조가 르네상스를 전개할 수 있었던 것은 이 같은 국제 환경 덕분이었다. 이런 르네상스가 조선에서만 있었던 것은 아니다. 같은 시기의 청나라와 일본에서도 똑같이 있었다. 조선에 영·정조 시대가 있었다면 청나라에는 강희제·옹정제·건륭제 시대가 있었고, 일본에는 에도 막부 시대가 있었다. 이 양상은 전 세계적으로 나타났다. 같은 시기에 서유럽은 과학혁명, 산업혁명, 시민혁명을 이루어냈다. 이처럼 17세기 이후에는 전 세계적으로 실력양성운동이 확산됐다.

조선, 중국, 일본 모두가 르네상스로 국력을 신장시켰지만, 가장 좋은 성적을 거둔 쪽은 일본이다. '중국 > 조선 > 일본'의 구도는 18세기 말에 '중국 > 일본 > 조선'으로 바뀌었고, 19세기 말에 '일본 > 중국 > 조선'으로 바뀌었다. 일본이 19세기 말에 청나라를 꺾고 20세기 초에 러시아를 꺾은 것은 17세기부터 19세기 중반까지 일본이 조선, 중국에 비해 스스로를 많이 개조했음을 의미한다. 삼국 중에서 일본의 르네상스가 가장 성공적이었다. 만약 17세기 이후의 300년 동안 동아시아가 시끄러웠다면 이런 결과를 기대할 수 없었을 것이다. 동아시아가 전란에 휩싸였다면 조선, 중국은 물론 일본도 르네상스를 이룰 수 없었을 것이다. 그러므로 17세기 이후의 세력 균형이 일본의 '성공'에 결정적 공헌을 했다고 말할 수 있다.

만일 임란 때 일본이 한반도를 부분적으로라도 점령했다면 동아시아에서 세력 균형이 나타나기 힘들었을 것이다. 섬나라 일본이 한반도 전부 또는 일부를 점령하는 것은 해양 세력이 대륙 세력에 우위를 점하는 것을 의미한다. 이것은 세력 균형과는 거리가 멀다. 이렇게 됐다면 전쟁 위기가 끊임없이 조성됐을 것이다. 그랬다면 동아시아 삼국이 조용히 실력 양성에 매진할 수 없었을 것이고, 일본도 자기 발전 기회를 놓쳤을 것이다. 일본이 조선을 압박하고 조선을 강점하는 일도 생기지 않았을 것이다.

이렇게 볼 때, 일본이 임란에서 패배한 것이 장기적으로는 일본의 국익에 도움이 됐음을 알 수 있다. 일본이 임란에서 승리했다면 19세기 말의 강력한 일본이 출현하기 힘들었을 것이다.

16. 광해군이 쫓겨나지 않고 권좌를 지켰다면?

_ 청나라는 중원을 차지하지 못했을 것이다

개인적으로 임진왜란 덕을 톡톡히 본 사람은 조선에서는 광해군, 중국에서는 누르하치, 일본에서는 도쿠가와 이에야스였다. 이들은 임란이라는 사건을 거치면서 조선, 중국, 일본에서 각각 정권을 획득했다. 셋 중에서 광해군은 우여곡절이 많았다. 서자 출신 왕자였기 때문이다.

광해군의 아버지인 선조한테는 14명의 아들이 있었다. 그중에서 적자는 단 하나, 영창대군뿐이었다. 그나마 영창대군은 선조가 죽기 2년 전인 1606년 출생했다. 그래서 임진왜란(1592~1598)이 진행되는 동안에는 적자가 없었다. 이 때문에 임란 이전부터 서자 중심의 후계 구도가 논의됐고, 서자 중에서 가장 출중한 광해군이 차기 주상 후보로 거론됐다. 광해군의 형인 임해군이 있었지만, 자질 면에서 광해군의 상대가 되지 못했다.

그런데 임란 이전까지도 선조는 마음을 정하지 못했다. 그래서 후계 구도가 정해지지 않았다. 선조는 적장자에 대한 미련을 버리지 못했다. 그러다가 일본의 침공으로 안위를 장담할 수 없게 되자 부득이 광해군을 세자로 옹립할 수밖에 없었다.

광해군은 합법적인 후계자였지만, 1가지 요건이 더 필요했다. 명나라의 외교적 승인인 고명(誥命)을 받아야 했다. 주상에 대한 것이든 세자에 대한 것이든 왕후에 대한 것이든 고명은 형식적 절차에 불과했다. 고명이 없다고 세자가 될 수 없는 것은 아니었다.

이를 보여주는 사례가 있다. 『일본외교문서』 제9권과 『광서조[14] 중일교섭사료』 제1권에 나오는 심계분 청나라 총리각국사무아문(외교부 전신) 수석대신과 모리 아리노리(森有礼) 중국 주재 일본 공사의 회담이다. 1876년에 열린 이 회담에서 모리 공사가 "속국이란 무엇입니까?"라고 묻자 심계분 대신은 "속국은 우리 관할이 아닙니다."라고 말했다. 모리 공사가 "그럼 조선 국왕을 승인해주는 이유는 뭡니까?"라고 되묻자 심계분은 "우리가 선정하는 게 아니라 그 나라 요청에 따라 승인할 뿐입니다."라고 말했다. 이처럼 주상, 세자, 왕후는 조선 국내 절차에 따라 선정됐다. 중국의 승인이 없더라도 얼마든지 그 자리에 오를 수 있었다. 하지만 중국의 승인을 받지 못하면 중국을 상대로 자신의 지위를 주장할 수 없었다. 이렇게 되면 중국과 교섭하기 힘들어졌다.

조선에서 주상, 세자, 왕후에 대한 고명을 요청하면 명나라에서는 그대로 승인해주는 게 관례였다. 그래서 정상적인 경우라면 명나라는 광해군을 세자로 인정했을 것이다. 그런데 임란이 발발하고 명나라가 지원군을 파견하면서 조선에 대한 명나라의 입김이 세졌고, 이

---

14 광서조(光緒朝)는 청나라 제11대 황제인 광서제의 재위 기간(1874~1908)이다.

로 인해 세자 책봉 문제에 대한 영향력도 커졌다. 명나라가 전례를 깨고 후계자 문제에 트집을 잡은 것은 바로 그 때문이다.

아무리 조선에 대한 입김이 강해졌더라도 광해군의 등극이 자국에 불리하지 않았다면 명나라가 반대할 이유는 없었을 것이다. 명나라가 반대한 데는 내부 사정이 작용했다. 당시 명나라 황제 만력제는 셋째 아들 주상순(朱常洵)을 후계자로 생각했다. 하지만 정부에서는 장남 주상락(朱常洛)을 미는 분위기가 우세했다. 주상락을 지지하는 쪽에서는 명나라가 장남이 아닌 광해군을 승인할 경우 만력제가 그걸 명분 삼아 주상순을 후계자로 세울 수 있다고 판단했다. 그래서 광해군에 대한 고명을 반대했다. 이런 이유로 광해군은 고명을 받지 못했다. 하지만 고명은 세자 지위 자체와는 무관했기에 광해군은 합법적인 세자 자격으로 임란을 사실상 총지휘할 수 있었다.

임란 뒤에 젊은 인목왕후한테서 적자 영창대군이 출생했다. 그러자 선조의 마음이 요동치기 시작했다. 영창대군에게 보위를 물려주고 싶어진 것이다. 임란 때만 해도 광해군에 의존하던 선조였지만, 적장자가 출생하자 어떻게든 광해군을 버릴 궁리에 빠졌다. 이런 낌새를 알아채고 광해군을 흔드는 세력이 출현했다. 북인당 분파인 소북당이었다.

하지만 영창대군이 성장하기도 전에 선조가 사망했고, 광해군이 소수파인 대북당(북인당 분파)의 지지를 받아 1608년 왕위에 올랐다. 우여곡절 끝에 왕위에 올랐지만 시련은 끝나지 않았다. 정통성이 약했던 데다 소수파를 등에 업었기에 그는 항시 불안정했다. 엎친 데 덮친 격으로 자기보다 젊은 계모인 인목왕후(당시는 인목대비)를 폐위하는 패륜마저 범했다. 거기다가 조정의 반대를 무릅쓰고 명나라가 아닌 여진족을 지지했다. 결국 그는 인조반정을 자초하고 말았다.

그런데 인조반정은 승자인 인조 자신에게도 결과적으로 불행이 됐다. 인조 정권이 명나라와 손잡고 여진족에 맞서자 여진족은 정묘호란, 병자호란을 일으켜 조선을 굴복시켰다. 전쟁에서 패한 인조는 삼전도에서 치욕적인 항복의 예를 갖췄다. 조선을 상국으로 받들던 여진족에게 조선이 사대의 예를 행하게 된 것이다.

만약 광해군이 인조반정을 당하지 않았더라면 동아시아 국제 관계는 어떻게 전개됐을까?

흔들리는 실리 외교, 깊어가는 조선의 불안

형식상으로는 중립 외교를 표방했지만, 광해군은 사실상 명나라를 버리고 여진족을 지지했다. 이제껏 동맹해온 나라와 이제껏 동맹하지 않은 나라 사이에서 중립을 지킨다는 것은 사실상 후자와 손잡겠다는 뜻이었다. 그런데도 명나라를 버리겠노라고 명확히 표방하지 못한 것은 명나라와 계속 무역을 해야 할 뿐 아니라 명나라와 얽힌 국내 세력 관계도 고려해야 했기 때문이다. 그러나 여진족이 계속 팽창 중이었기 때문에 장기적으로 보면 명나라를 버리는 것이 이로웠다. 여진족이 중원을 점령하는 날, 그들과 무역을 하면 되기 때문이었다.

광해군이 쫓겨나지 않았다면 여진족이 좀 더 유리했을까? 여진족한테 우호적인 조선 임금이 권좌를 유지했다면 여진족이 중원을 점령하기가 더 수월했을까? 그렇지 않다. 만약 광해군이 더 집권했다면 국제 관계는 전혀 다른 양상으로 전개됐을 것이다.

1623년에 쿠데타를 일으킨 인조는 친명 노선을 회복했다. 그 대가로 4년 뒤인 1627년 정묘호란을 당하고, 다시 그로부터 10년 뒤인 1637년[15] 병자호란을 당했다. 조선을 굴복시킨 여진족은 명나라가 이자성의 난 등으로 내홍을 겪는 틈을 타 1644년에 중원을 차지했다. 만약 광해군이 실각하지 않고 실리 외교가 계속됐다면 두 차례의 호란은 일어나지 않았을 것이다. 광해군이 더 오래 집권했다면 조선은 평화를 누렸을 것이다. 하지만 여진족 입장에서는 인조 정권이 반기를 든 게 중원 정복에 도움이 됐다.

광해군이 실각한 이후 병자호란이 발발하기까지 14년이라는 적지 않은 시간이 흘렀다. 청나라가 14년 만에라도 조선을 굴복시킬 수 있었던 것은 인조가 친명 노선을 회복하고 청나라에 반기를 들었기 때문이다. 만약 광해군이 쿠데타를 당하지 않았다면 청나라로서는 조선을 침공할 명분이 없었을 것이다. 현재든 과거든 국제 관계에서는 명분이 없으면 외국을 침공할 수 없다. 광해군이 더 오래 집권하면서 여진족과 좋은 관계를 유지했다면 여진족으로서는 조선을 침공할 명분을 찾기 힘들었을 것이다.

이런 경우, 여진족이 중원으로 밀고 내려가는 데 지장이 생길 수

---

15 병자호란이 1637년에 발생했다는 표현에 이의를 가질 수도 있다. 주의할 게 있다. 병자년은 음력이며, 이를 양력으로 환산하면 서기 1636년 2월 7일부터 1637년 1월 25일까지다. 병자년은 1636년이 될 수도 있고, 1637년이 될 수도 있다. 병자호란은 병자년 몇 월 며칠에 발생했을까? 병자년 12월 9일이다. 이것을 양력으로 환산하면 1637년 1월 4일이다. 많은 역사책에서 '병자년은 1636년'이라는 전제하에 '병자년 12월은 1636년 12월'이라고 잘못 표기하고 있다. 양력과 음력의 차이를 간과한 결과다.

밖에 없었다. 한반도를 굴복시키지 않고는 중원을 정복할 수 없었기 때문이다. 그것이 10세기 이후 동아시아 국제 정치의 법칙이었다.

서기 9세기까지만 해도 뤄양을 축으로 9~12시 방향 국가들이 중국과 패권을 다투었다. 서기 10세기가 되면서 이 구도는 0~3시 방향 국가들이 중국과 경쟁하는 양상으로 바뀌었다. 서기 10세기 이후 거란족, 여진족, 몽골족, 만주족이 중국 한족과 패권 쟁탈을 벌인 사실이 이 점을 증명한다.

0~3시 방향 국가가 패권 대결의 한 축이 되면서 한반도의 전략적 위상도 바뀌었다. 바로 옆에 있는 한반도를 미리 제압하지 않고는 0~3시 방향 국가가 중원으로 마음 놓고 진출할 수 없게 된 것이다. 한반도를 그냥 놔둔 상태에서 중원으로 내려갈 경우, 배후에서 또는 옆에서 한반도의 공격을 받을 위험이 있었다. 요나라와 금나라가 끝내 중원 정복에 실패한 것은 사전에 한반도를 굴복시키지 못했기 때문이다. 원나라와 청나라가 중원 정복에 성공한 것은 사전에 한반도를 굴복시켰기 때문이다. 이처럼 서기 10세기 이후로는 한반도가 중원 정복을 위한 전초 기지가 됐다.

광해군의 실각, 청나라의 중원 정복을 돕다

서기 10세기 이후의 구도는 광해군 시대에도 유지됐다. 그래서 광해군이 정권을 지키고 여진족과 화평 관계를 유지했다면, 그래서 여진족이 조선을 침공할 명분이 없었다면 여진족의 중원 진출도 그만큼 더뎌졌을 것이다. 따라서 여진족 입장에서는 광해군이 제거된 게 당장에는 불리했지만 장기적으로는 유리했다. 인조 정권 같은 친명 집단이 출현해 한반도를 굴복시킬 명분을 만들어준 게 여진족한테는 오히려 다행이었다.

그렇다면 광해군이 권좌를 지켰다면 명나라에 유리했을까? 그렇지는 않다. 명나라는 이미 수명이 다한 나라였다. 가정에도 돈이 필요하듯 국가에도 돈이 필요하다. 돈이 있어야 군대와 관료제를 유지할 수 있다. 그런데 임란 당시 명나라는 재정적으로 파탄 난 나라였다. 황제 만력제는 궁궐 신축과 황태자 결혼에 나라의 1년 수입을 탕진했다. 대규모 출정도 자주 했다. 닝샤(寧夏)의 보바이 반란(1592), 조선의 임진왜란, 보저우(播州)의 양응룡(楊應龍)의 난(1597)에 군대를 파견한 것 등이 대표적이다. 몽골족이 일으킨 보바이 반란을 진압하느라 사용한 돈은 은 180만 냥, 임진왜란 때 사용한 돈은 은 780만 냥, 양응룡의 난을 진압하는 데 사용한 돈은 은 200만 냥 정도였다. 만력제의 3대 군사 원정에 명나라가 투입한 돈은 대략 은 1,160만 냥이었다. 1582년 당시 명나라의 국고 잔액은 은 400만 냥 이상이었다. 국고 잔액이 이 정도면 괜찮은 편이었다. 여유 자금이 은 400만 냥을 상회하기는 힘들었다. 이런 상태에서 3대 군사 원정으로 1,160만 냥을 날렸으니 재정 위기가 얼마나 심각했을지 짐작할 수 있다.

국고가 비더라도 세금만 거둘 수 있으면 문제는 달라진다. 그런데 만력제는 세금을 거두는 데도 실패했다. 세금을 거두기 위해 환관들을 각지에 파견했지만, 이들의 가혹한 수탈로 오히려 대규모 폭동만 초래했다. 세금을 거둘 수 없을 정도로 민심 이반이 극심해졌다.

민심 이반을 부추긴 또 다른 요인으로 지방 행정 시스템인 이갑제(里甲制)의 약화를 들 수 있다. 이갑제란 이(里)와 갑(甲)을 단위로 백성을 묶은 촌락 행정 제도였다. 11호(戶)가 1갑을 이루고, 10갑이 1리를 이루었다. 1리에는 총 110호가 포함됐다. 이갑제는 백성들을 조직하기 위한 것인 동시에 조세와 요역(노동력)을 거두기 위한 것이었다. 국가는 110호를 책임지는 이장(里長)에게 조세를 거둬 지정 장소에 운반할 의무를 부과했다. 어떤 경우에는 수도에까지 조세를 운반해야 했다. 혈액은 산소와 영양소를 체내 곳곳에 전달한다. 조세 운반에 기여한 이갑제는 명나라한테는 혈액과도 같았다.

그런데 명나라 중기에 이갑제가 와해되기 시작했다. 과중한 조세 및 요역 부담을 견디다 못한 농민들이 도주하는 일이 속출했다. 같은 이갑(里甲) 주민이 도망가면 이웃이 부담을 떠안아야 했다. 그래서 이갑제 자체가 농민들에게 고역이었다. 후기로 갈수록 명나라 재정이 피폐해진 것은 그 때문이다. 이런 상태에서 대규모 전쟁들에 국운을 걸었으니, 후기의 명나라는 혈액순환이 안 되는 상태에서 무리하게 격투를 벌인 사람과 같았다. 기진맥진할 수밖에 없었다.

이를 틈타 세력을 늘리다가 베이징을 점령한 인물이 이자성이다. 그는 대순국(大順國)을 세웠다. 이 나라가 베이징을 점령한 시점은 숭정 17년 3월(1644. 4. 7.~5. 5.)이다. 그런데 2개월 뒤 베이징은 청나라 차지가 됐다. 대순국이 베이징에 적응하기도 전에 청나라가 가로챈 것이다. 청나라군이 몇 개월만 늦게 도착했다면 대순국이 베이징에서 자리를 잡았을지도 모른다.

만약 광해군이 좀 더 오래 권력을 유지했고, 그래서 여진족이 그만큼 더 만주에 머물렀다면 대순국의 정치적 기반이 훨씬 안정되었을 것이다. 그랬다면 이자성은 반군 두목이 아니라 왕조 개창자로 기억됐을 것이다. 그러므로 광해군 실각으로 가장 큰 피해를 본 쪽은 대순국, 가장 큰 이익을 본 쪽은 청나라였다. 광해군이 실각하지 않았다면 청나라는 만주에 그대로 머물고 대순국이 중원을 차지했을 것이다.

17. 소현세자가 죽지 않고 왕위에 올랐다면?

_ 청나라가 불리했을 것이다

광해군, 사도세자와 더불어 현대 한국에서 가장 많은 동정표를 얻는 인물로 소현세자(1612~1645)를 들 수 있다. 1637년 병자호란 패전 뒤에 동생 봉림대군과 함께 청나라 수도 선양(瀋陽)에 끌려간 소현세자는 조·청 간의 현안을 처리하면서 위상을 드높였다. 1644년에 청나라가 베이징을 점령하고 중원의 패자로 떠오를 때는 베이징 현장에서 역사의 변화를 직접 목격했다. 그는 베이징에 체류하는 동안 서양 문명도 접했다. 마테오 리치(Matteo Ricci)가 세운 남천주당(南天主堂) 등에서 예수회 선교사 아담 샬(Adam Schall)과 교제했다. 이런 경험은 소현세자를 조선 사대부들을 뛰어넘는 원대한 식견의 소유자로 만들었다. 사절단에 끼거나 상인이 되지 못하면 외국 여행을 하기 힘든 시절이었다. 소현세자는 9년간이나 선양, 베이징에서 생활하며 역사의 변화도 목격했고, 새로운 문명도 접했다. 그는 상당히 세련된 지식인이었다.

그런데 그게 화근이 됐다. 인조와 집권당은 청나라에 우호적인 소현세자를 경계했다. 병자호란 이후의 지배층은 공식적으로는 청나라에 굴종의 자세를 취하면서도 비공식적으로는 울분을 토로했다. 이런 상태에서 소현세자가 청나라에 우호적이었으니 미움을 살 만도 했다.

그러나 그런 이유만으로 미움을 받은 것은 아니다. 인조 입장에서는 청나라의 지지를 받는 소현세자가 혹시라도 왕권을 위협할지 모른다는 생각을 할 수밖에 없었다. '아버지가 설마?' 할 수도 있다. 하지만 고려 충렬왕과 충선왕 부자를 보면 알 수 있듯이 권력 앞에서는 부모 자식도 없다. 몽골 황실의 부마가 된 아들 충선왕이 몽골의 지지를 받자 충렬왕은 기세에 눌려 왕위를 내놓았다. 그러다 아들이 몽골의 미움을 사서 끌려가자 충렬왕은 왕위를 되찾은 뒤 아들을 제거하려 했다. 그러나 기사회생한 아들에 밀려 왕위를 도로 내주고 말았다. 권력을 눈앞에 둔 인간의 탐욕을 잘 보여주는 사례다. 이런 사례를 알고 있었을 인조로서는 청나라의 지지를 받는 소현세자가 두려울 수밖에 없었을 것이다.

인조 23년 2월 18일(1645. 3. 15.), 소현세자는 자기를 두려워하고 싫어하는 사람들이 우글대는 한양으로 돌아왔다. 인질 생활을 청산하는 영구 귀국이었다. 하지만 2개월이 조금 지난 4월 26일(1645. 5. 21.), 34세의 젊은 나이로 갑작스레 죽음을 맞이했다. 불행은 이것으로 끝이 아니었다. 부인 강빈은 시아버지 인조의 수라상에 독을 넣었다는 혐의로 살해당했고, 제주도로 유배된 세 아들 중 둘은 의문의 죽음을 맞았다. 소현세자가 죽자 자리를 이어받은 것은 소현세자의 아들이 아니라 동생인 봉림대군(훗날의 효종)이었다.

만약 소현세자가 죽지 않고 보위에 올랐다면 역사는 어떻게 달라졌을까? 조선과 청나라의 관계는 어떻게 됐을까?

말로는 반청, 속내는 친청?

조선 선비들은 '우리는 명나라를 계승한 작은 중화'라는 소중화(小中華) 의식을 갖고 청나라를 멸시했다. 병자호란 이후의 반청(反淸) 감정은 오늘날의 반미 감정보다 강력했다. 청나라를 상국으로 받든 뒤에도 조선 왕실과 사대부들은 멸망 당시의 명나라 연호인 숭정을 비공식적으로 사용했다. 숭정 연호는 1628~1644년에만 사용됐기 때문에 숭정 1년부터 숭정 17년까지밖에 없었다. 그런데 조선에서 제작된 비석이나 민간 문서에는 '숭정 100년', '숭정 200년' 같은 표현들이 있다. 청나라 연호를 쓰지 않겠다는 의지의 표현이었다. 많은 신도비에는 '조선은 명나라에 속해 있다'는 의미의 유명조선국(有明朝鮮國)이라는 표현도 새겨져 있다. 조선은 명나라의 패권을 존중한다는 뜻이었다. 이런 현상의 본질은 멸망한 명나라에 대한 충성이 아니었다. 세상에 존재하지도 않는 명나라를 떠받듦으로써 살아 있는 청나라에 대한 증오심을 표현한 것이다.

조선 조야에서는 청나라에 대한 증오심이 대단했지만, 이런 정서가 국가 정책으로 채택된 적은 없었다. 속으로는 반청을 하면서도 겉으로는 친청(親淸)을 했던 것이다. 반청을 내세운 정치 구호가 공식 제기된 것은 1884년 갑신정변이 처음이다. 그나마 갑신정변도 3일 천하로 끝났다. 친청 정책이 공식적으로 종결된 것은 1894년 청일전쟁 때였다. 그 이전의 조선은 누가 봐도 친청의 나라였다.

조선 선비들은 사적인 자리에서만 청나라를 비판했을 뿐, 공적인 자리에서는 절대로 그런 말을 하지 않았다. 가장 격렬한 반청주의자로 알려진 송시열도 예외가 아니었다. 송시열이 북벌론자라는 증거로 제시되는 2건의 상소가 있다. 「기축봉사(己丑封事)」와 「정유봉사(丁酉封事)」다. 이 상소문들을 보면 조선 후기 반청 감정의 실체를 확인할 수 있다.

이들 상소문에는 '오랑캐를 물리치자'는 주장이 담겨 있다. 하지만 물리쳐야 할 오랑캐가 누구인지는 언급되어 있지 않다. '외적을 방어하자'는 외침 정도에 불과했다. 이들 상소의 제목에 '봉사(封事)'라는 표현이 붙은 이유에도 주목해야 한다. 봉(封)에서 알 수 있듯이, 이것들은 비밀 상소였다. 상소는 의견 표명에 불과할 뿐, 공식적 국가 정책은 아니었다. '오랑캐를 물리치자'는 상소가 들어온다 해서 조선이 당장 군사 행동에 돌입하는 것도 아니었다. 그런데도 송시열은 비밀 상소를 통해 자기 생각을 주상에게 전달했다. 은밀히 상소를 올리면서도 '청나라를 물리치자'라고 못 하고 '오랑캐를 물리치자'라고 한 걸 보면 당시 사람들이 청나라를 얼마나 두려워했는지 짐작할 수 있다. 가장 강경한 송시열이 이 정도였다면 다른 사람들은 굳이 언급할 필요도 없다. 병자호란 이후의 반청 감정은 이처럼 '뒷담화'에 불과했다.

조선이 반청의 '액션'만 취한 이유와 관련하여 이런 점도 고려해봐야 한다. 병자호란 때의 청나라가 조선을 대하는 방식과 그 이후의 청나라가 조선을 대하는 방식은 달랐다. 청나라가 산해관을 넘어 중원에 진입한 사건을 입관(入關)이라 부른다. 입관 이전의 청나라는 어떻게든 배후의 화근을 없애고 중원으로 진출해야 했다. 그래서 조선을 강압적으로라도 굴복시킬 수밖에 없었다. 하지만 입관 후에는 사정이 달라졌다. 조선뿐만 아니라 사방의 적들을 모두 상대해야 했다. 그래서 더 이상 조선을 상대로 전력(全力)을 기울일 수 없었다. 어느 한쪽에 군사력을 과도하게 쏟아부으면 다른 곳에서 문제가 터질 수 있었다. 이런 이유로 입관 이후 청나라는 조선에 유화적 태도를 취했다. 이렇게 청나라의 태도가 바뀌었기 때문에 조선은 반청을 실천에 옮길 필요가 없었던 것이다.

입관 이후 청나라가 조선을 우대한 데는 이유가 더 있다. 베이징에서 가장 가까운 외국이 조선이었기 때문에 조선과의 관계가 나빠지면 안보 환경이 악화될 수 있었다. 그래서 청나라는 입관 후로는 조선의 입장을 존중했다. 이는 1879년에 나온 광서제 명의의 유지(황명)에서도 확인된다. 대만 중앙연구원 근대사연구소가 엮은 『청계[16]중일한관계사료(淸季中日韓關係史料)』 제2권에 따르면, 유지 일부는 다음과 같다.

> 일본과 조선은 오랫동안 사이가 좋지 않았다. 앞으로 일본은 음험한 힘을 믿고 조선을 마음대로 하려 할 것이다. 서양 각국도 무리 지어 일어나 그 뒤를 따를 것이다. 서양 각국은 조선과 통상하고 싶어 한다. 만약 이를 명분으로 우호 관계를 맺고 국교를 체결하도록 돕는다면 일이 잘돼서 근심이 생기지 않을 것이다. 그러나 조선의 정치와 법률에 관해서는 (조선이) 원치 않는 바를 강요할 수 없다. 그렇기 때문에, 조정이 이런 뜻을 조선에 전달하는 것은 수월하지 않다. …… 총리각국사

---

16 청계(淸季)는 청나라 말기라는 뜻이다.

무아문의 상주문에 따르면, 이홍장과 조선 사신 이유원이 예전부터 연락하면서 외교 문제를 대략적으로 논의했다고 한다. 이 관계를 이용해 완곡하게 계도하라. 직예총독(이홍장)은 속국 사신과의 서신 왕래라 하여 결코 가벼이 해서는 안 된다. 대국(大局)과 관련된 것이니 경중을 조절하라.

이 유지는 19세기 후반 한반도 정세와 한중 관계의 실상을 보여준다. 일본이 조선을 삼키려 하고, 서양 열강도 조선 진출을 도모하고 있다고 했다. 청나라가 경계하는 것은 서양 열강이 일본의 후원하에 조선에 진출하는 것이다. 유지에는 언급되지 않았지만, 청나라가 가장 두려워한 것은 러시아의 조선 진출이었다. 러시아가 조선에 진출하거나 서양 열강이 일본 후원하에 조선에 진출하는 것을 청나라는 극도로 꺼렸다.

이에 대한 청나라의 대책은 러시아가 조선에 진출하지 못하도록 하는 동시에, 서양 열강이 청나라의 후원하에 조선에 진출하도록 돕는 것이었다. 청나라가 서양 열강의 진출을 돕는다면 일본의 영향력을 배제할 수 있고, 그렇게 되면 서양 열강의 힘으로 러시아 및 일본을 견제할 수 있다는 게 유지에 담긴 전략이다. "만약 이를 명분으로 우호 관계를 맺고 국교를 체결하도록 돕는다면 일이 잘돼서 근심이 생기지 않을 것"이라고 했다. 청나라가 서양 열강과 조선을 중재한다면 조선 정세가 청나라 뜻대로 흘러가고, 별다른 근심이 없을 거라는 의미다.

그런데 조선과 서양 열강을 중재하려면 청나라가 조선에 영향력을 갖고 있어야 한다. 이 점에서 청나라는 애로를 느꼈다. "조선의 정치와 법률에 관해서는 (조선이) 원치 않는 바를 강요할 수 없다. 그렇기 때문에, 조정이 이런 뜻을 조선에 전달하는 것은 수월하지 않다.”는 부분에서 그런 고충을 읽을 수 있다. 그래서 유지에서는 북양대신 겸 직예총독 이홍장에게 이유원과의 사적 친분을 활용해 '청나라가 서양 열강과의 수교를 중재하고 싶어 한다'는 의사를 조선에 전하도록 하고 있다. 조선에게 강요할 수 있는 상황이 아니니 '완곡하게 계도하고 경중을 조절하라'며 신중한 접근을 주문하고 있다. 조선은 형식상으로는 속국이었지만, 청나라가 내정과 외교에 간섭할 수 있는 대상이 아니었던 것이다. 중원 정복 이후 청나라는 조선의 자율성을 존중했다. 이런 상황이었으므로 병자호란 이후 조선은 굳이 드러내놓고 반청 노선을 걸을 이유가 없었다.

소현세자도 어쩌면 공민왕처럼?

인조와 집권당은 소현세자의 친청적 태도가 싫다고 했지만, 실은 그들 역시 소현세자 못지않게 친청적이었다. 청나라에 굴복한 조선에서 권력을 유지하려면 친청파가 될 수밖에 없었다. 또 청나라가 인조의 권위를 인정했으니 인조 역시 굳이 반청 노선을 걸을 이유가 없었다. 장남이 왕권을 위협하지 않을까 우려한 데서 드러나듯이, 인조는 권력욕이 매우 강했다. 그런 인조 입장에서는 청나라가 왕권만 보장해준다면 굳이 청나라를 반대할 이유가 없었다. 그러므로 인조나 집권당 인사들이 청나라를 증오하는 사회 분위기를 고려해 비공식적인 자리에서 내뱉은 언사에 지나친 비중을 둘 필요는 없다.

이렇게 볼 때, 소현세자가 죽지 않고 보위에 올랐다고 해서 조선과 청나라의 관계가 더 좋아졌으리라고 판단할 근거는 없다. 소현세자가 없어도 양국 관계는 좋아질 대로 좋아졌다. 그러므로 소현세자가 불의의 죽음을 당하지 않았더라도 역사는 크게 달라지지 않았을 것이다.

오히려 소현세자가 죽지 않고 왕위를 계승했다면 양국 관계가 나빠졌을 가능성이 있다. 고려시대 사례를 볼 때 그렇다. 몽골제국에 대해 자주적 태도를 취한 공민왕은 몽골 수도 대도(大都)[17]에 있을 때만 해도 그 누구 못지않은 친몽골파였다. 그는 20살 때 몽골 황실에 접근해 노국대장공주와 결혼했다. 고려 출신 기황후에게도 충성을 맹세했다. 그는 자신이 몽골제국을 배신할 사람이 아니라고 극구 강조했다. 살아남기 위해, 왕이 되기 위해 그랬던 것이다. 누가 보더라도 진심을 의심할 수 없었기에 몽골제국은 충정왕을 퇴위시키고 삼촌인 강릉대군 왕기(공민왕)를 왕위에 앉혔던 것이다.

이런 사례가 공민왕에게서만 발견되는 것은 아니다. 충선왕도 그랬다. 몽골제국이 충렬왕을 몰아내고 아들 충선왕을 세운 것은 충선왕이 자기편이라는 확신이 있었기 때문이다. 세자 시절 대도에 체류한 충선왕은 몽골인인 계국대장공주와 결혼하고, 몽골 황실의 강력한 지지까지 받았다. 그런 그가 고려로 돌아가 몽골을 배신하리라고 누가 생각이나 할 수 있었을까? 하지만 몽골 후원으로 왕위에 오

---

17 대도는 오늘날의 베이징 일부와 베이징 북쪽을 포괄했다. 베이징에 수도를 두지 않고 그 일부를 포함하는 약간 북쪽에 수도를 둔 이유에 대해 마르코 폴로는 『동방견문록』에서 이렇게 풀이했다. "카칸(몽골 황제)은 점쟁이들한테서 이 도시(베이징)가 국가에 반란을 일으키고 크게 반항할 거라는 말을 들었다. 그런 까닭에 그 옆에 이 도시(대도)를 건설하도록 한 것이다."

른 충선왕은 귀국하자마자 언제 그랬느냐는 듯 몽골에 반감을 드러냈다. 그는 몽골에 의해 파괴된 고려 제도를 복원하고 자주 노선을 표방했다. 결국 몽골제국은 그를 체포하고, 아버지 충렬왕을 복위시켰다.

이런 예에서 알 수 있듯이, 상국에 체류하면서 상국의 신임을 받은 왕세자라 해서 즉위 이후에 상국을 충실히 떠받들라는 법은 없었다. 오히려 상국을 배반하고 자주 노선을 표방할 수도 있었다. 상국 사람들 틈에서 차별당하고 비위를 맞추다 보면 상국에 대한 반감이 싹트기 쉽다. 소현세자도 그렇게 되지 말란 법이 없었다. 그가 친청 성향을 키운 곳은 조선이 아니라 청나라였다. 그 성향은 생존을 위한 것이었을 수도 있다. 아버지 인조가 삼전도에서 굴욕을 당할 때, 소현세자도 옆에 있었다. 이때 생긴 치욕과 울분이 쉽게 사라졌을 리 없다. 그렇기 때문에 그가 죽지 않고 즉위했다면 오히려 반청 쪽으로 기울었을 가능성도 배제할 수 없다. 물론 대담한 수준의 반청을 표방하기는 힘들었겠지만, 어느 정도는 그렇게 됐을 가능성이 있다. 그랬다면 청나라는 대(對)조선 관계에서 좀 더 난관에 봉착했을 것이다.

18. 효종이 일찍 죽지 않았다면 북벌에 성공했을까?

_ 현실적으로 북벌 가능성은 낮았다

병자호란 때 인조는 삼전도에서 청나라 태종에게 항복 의식을 거행했다. 예전 신하였던 여진족을 상국으로 받들어야 했으니, 인조와 조선인들이 얼마나 치욕스러웠을지 짐작할 수 있다. 인조 15년 1월 30일(1637. 2. 24.) 『인조실록(仁祖實錄)』과 『산성일기(山城日記)』[18]에 항복 의식이 묘사돼 있다.

때는 인조 15년 1월 30일, 병자호란 발발 52일째였다. 항복을 결심한 인조는 서문으로 남한산성을 빠져나왔다. 『산성일기』에 따르면, 이날은 우중충한 겨울 날씨였던 듯하다. 우울한 분위기를 한층 고조시키는 게 있었다. 인조의 옷차림이다. 그가 입은 옷은 곤룡포가 아니라 청의(靑衣)였다. 대한제국 선포 전까지 주상의 곤룡포는 붉은색이었다. 항복 당일의 인조는 평소와 정반대 색상의 옷을 착용했다. 당시는 천한 계층은 푸른 옷을 입는다는 이유로 청의를 천시하

---

18 『산성일기』는 병자호란 당시 상황을 담은 작자 미상의 글이다.

는 경향이 있었다. 그런 옷을 입고 삼전도로 향했으니 얼마나 처량했을지 짐작할 수 있다. 청나라 측에서 그 복장을 요구한 것은 아니었다. 그렇게 하라고 권유한 것은 최명길이었다. 인조뿐 아니라 소현세자도 청의를 입고 갔다.

삼전도에 도착하니 아홉 계단으로 된 단 위에 누런 양산이 쳐져 있고, 거기 태종이 앉아 있었다. 인조는 단 아래쪽에서 항복의 절을 했다. 그런데 바닥이 좀 문제였다. 인조가 모래 위에서 이마를 바닥에 대고 절했을 거라고 말하는 사람들도 있지만, 『산성일기』에 따르면 인조가 엎드린 곳은 진흙땅이었다. 모래에 이마를 박는 것보다 아픔은 덜했겠지만, 모양새는 훨씬 추했을 것이다. 신하들은 돗자리를 깔라고 했지만, 인조는 "황제 앞에서 어찌 감히 스스로를 높이겠느냐?"라며 사양했다. 그러고는 3번 절하고, 1번 절할 때마다 3번 머리를 조아렸다. 총 3번 절하고 9번 머리를 조아린 것이다. 삼배구고두례(三拜九叩頭禮)였다. 진흙 바닥에서 그렇게 했으니 옷과 이마가 얼마나 더러워졌을지 상상할 수 있다.

항복의 예를 받은 뒤 청 태종은 인조를 단 위로 불렀고, "이제 두 나라가 한집안이 됐다."며 다독거렸다. 태종(1592년 생)이 인조(1595년 생)보다 3살 위였으니 망정이지 인조가 나이마저 많았다면 더욱 창피했을 것이다. 인조가 한양으로 돌아갈 때 1만 명 가까운 백성들이 울부짖었다고 『인조실록』은 전한다. 장차 청나라에 끌려갈 백성들이었다. 포로가 된 백성들은 "우리 임금이시여! 우리 임금이시여! 우리를 버리고 가시나이까?"라며 절규했다.

오늘날에는 전쟁이 벌어져도 민간인에게는 가급적 위해를 가하지 않지만, 고대에는 전쟁이 영토 확보는 물론 노동력 확보를 위해서도 이루어졌다. 그래서 민간인 피해가 불가피했다. 정확히 말하면, 민간인 피해가 불가피했던 게 아니라 민간인에게 피해를 가할 목적으로 전쟁을 일으켰다. 『삼국사기』나 24사로 통칭되는 중국 역사서를 읽다 보면 상대국 농민들을 빼앗아 자국 농토에 배치할 목적으로 전쟁을 일으킨 사례를 자주 접할 수 있다. 항복 의식을 끝내고 돌아가는 인조를 향해 1만 명 가까운 백성들이 울부짖은 것은 그들이 전쟁의 직접적 피해자였기 때문이다. 그들은 이제까지 야만시하던 여진족 땅으로 끌려갈 자신들의 처지가 한스러웠던 것이다.

백성과 임금 모두 치욕을 당했으니 조선인들이 청나라를 증오하고 혐오하는 것은 당연했다. 복수심에 불타는 사람도 많았다. 조선 후기 무덤의 신도비에 청나라 연호 대신 명나라 연호가 표기된 데서 알 수 있듯이 조선 후기에는 반청 감정이 널리 확산돼 있었다.

오늘날 우리는 병자호란 이후 조선인들이 청나라를 증오했으며, 그런 분위기를 주도한 대표적 인물이 효종이었다고 생각하는 경향이 있다. 반청 감정을 대표하는 북벌론의 대명사로 효종을 떠올리는 것이다. 이런 인식을 따른다면, 효종이 급사하지만 않았다면 조선이 진짜로 북벌 전쟁에 나섰을 거라는 결론이 도출된다.

이 결론은 절반은 맞고 절반은 틀리다. 조선인들이 청나라를 증오한 것은 사실이지만, 그런 분위기를 대표한 인물이 효종은 아니었다. 효종은 북벌론을 표방한 인물이 아니었다. 효종-송시열 회담이 이를 입증한다. 이 회담은 요즘 말로 하면 대통령과 여당 대표의 영수회담이다. 송시열은 이조판서였지만 실질적으로는 집권당인 서인당 총재였다. 회담의 목적은 꼬일 대로 꼬인 정국을 푸는 것이었다. 효종과 서인당 간에는 갈등이 있었다. 효종이 정통성 문제를 해결하고자 군비 증강을 추진했고, 이것이 지배층의 조세 부담을 가중했기 때문이다. 회담의 배경이 된 정통성 문제와 군비 증강을 검토한 뒤, 효종-송시열 회담을 구체적으로 살펴보자.

조카의 자리를 빼앗은 효종, 취약한 정통성

조선시대에는 언제라도 후계자를 세울 수 있었다. 후계자가 아들이면 세자(世子), 손자면 세손(世孫), 동생이면 세제(世弟)였다. 일반적으로 예비 후계자를 거쳐 후계자가 됐다. 후계자 수업이 장기적이고 체계적이었던 것이다. 예비 후계자가 아들이면 원자(元子), 손자면 원손(元孫)이었다. 가장 이상적인 그림은 주상의 아들이 원자를 거쳐 세자가 되고, 세자의 아들이 원손을 거쳐 세손이 되는 것이었다. 세자에게 아들이 있고 그 아들이 세손이 되면 2명의 후계자가 존재하는 셈이다. 이때 세손은 예비 후계자가 아니라 2순위의 정식 후계자였다. 세자가 사망하면 세손이 아버지를 이어 1순위 후계자가 됐다. 세자의 아들이 아직 원손이라면 세손 책봉을 거쳐 정식 후계자가 됐다.

소현세자가 죽은 뒤에도 그래야 했다. 세자가 죽었으니 장남인 원손 이석철이 뒤를 이어야 했다. 이에 대해서는 조정의 의견이 거의 일치했다. 원손이 세자를 이어야 한다는 게 중론이었다. 소현세자가 관료들한테 인기가 없었던 것은 사실이지만, 그것은 원손의 처지와는 별개 문제였다. 그런데 문제는 인조였다. 인조는 이석철이 마땅치 않았다. 아들이 탐탁지 않으니 아들의 아들도 탐탁지 않았던 모양이다. 그래서 손자 대신 차남을 후계자로 만들려 했다.

인조와 조정은 이 문제로 충돌했다. 그 현장을 인조 23년 윤6월 2일(1645. 7. 24.)『인조실록』에서 확인할 수 있다. 16인의 대신과 함께한 자리에서 인조는 자기에게 만성 질환이 있고 원손이 너무 어리다고 말했다. 원손의 성장을 기다릴 수 없다고도 말했다. 다른 사람을 후계자로 세우는 게 어떻겠느냐는 메시지였다. 대부분의 신하들은 원손이 이미 있고 10세면 어리지도 않다고 맞섰다. 소현세자의 아들을 세손으로 책봉하자는 것이었다. 하지만 인조가 끝끝내 고집을 피우자 신하들은 따를 수밖에 없었다. 그날 봉림대군이 세자가 됐다. 4년 뒤인 1649년, 봉림대군이 왕위에 올랐다. 그가 효종이다. 이석철은 그보다 1년 전 제주도에서 유배 생활 중에 사망했다. 이런 과정을 거쳐 즉위했으니 효종은 정통성이 약할 수밖에 없었다. 그래서 항상 신하들의 눈치를 봐야만 했다.

군비 증강으로 돌파구를 모색하는 효종

효종은 재위 기간 내내 정통성 강화, 즉 왕권 강화에 많은 공을 들였다. 왕권 강화에 대한 집착은 효종 재위 기간 중의 최대 특징이었다. 이를 위해 효종은 군비 증강에 매진했다.

즉위 이듬해인 효종 원년(1650), 효종은 군영 개혁에 착수했다.[19] 가

---

19 조선 후기의 중앙군인 훈련도감, 총융청, 수어청, 어영청, 금위영을 오군영(五軍營)이라 부른다. 이는 한 번에 세워진 것이 아니라 순차적으로 세워졌다. 효종 즉위 때만 해도 훈련도감, 총융청, 수어청, 어영청밖에 없었다. 이때는 사군영이었던 것이다.

장 먼저 손댄 것은 수어청이었다. 효종은 수어청에 포수부대를 확충하고, 청천강 이북에서 거두는 쌀과 충주에 보관된 관곡을 지급했다. 다음으로 어영청 강화에 들어갔다. 어영대장 위에 도제조(영의정 겸임) 및 제조(병조판서 겸임)를 둠으로써 위상을 높여주었다. 또 부대원을 증원하고 재정을 독립시킴으로써 어영청을 튼튼하게 만들었다. 이뿐 아니었다. 제주에서 공물로 바치는 말인 공마(貢馬)를 좀 더 거두고, 이를 기반으로 어영청에 기마부대인 별마대를 설치했다. 포병부대인 별파진도 배속시켰다. 이 외에 훈련도감 인원도 증원했다. 또 주상 호위부대인 금군을 기병으로 전환하고, 600명에서 1,000명으로 증원했다.

군사력 증강은 지방군 차원에서도 이루어졌다. 지방의 군사적 거점인 진(鎭)에 영장(營將)이라는 지휘관을 파견하는 한편, 서해와 한양을 잇는 강화도를 보호하기 위해 초지진, 광성보 등의 기지를 건설했다. 오늘날 강화도의 명물일 뿐 아니라 신미양요, 병인양요의 격전지였던 강화도 주요 군사 기지는 이렇게 세워졌다.

대규모 군비 증강에 막대한 돈이 필요했지만 그런 큰돈이 왕실에 있을 리 없었다. 백성들로부터 거두는 수밖에 없었다. 처음에는 지주들로부터 군포를 거두려 했지만 여의치 않았다. 그래서 신공(현물세)을 내지 않은 노비들을 찾아내 돈을 거두고, 그들을 군사 기지 건설에 동원했다. 이 과정에서 노비 추적이 대대적으로 이루어졌다.

군비 증강이 요란스레 전개되자 왕권을 견제하는 신하들이 가만있을 리 없었다. 기득권 집단은 왕권 강화로 이어질 게 뻔한 군비 증강에 제동을 걸었다. 이를 위해 효종의 약점을 들고 나왔다. 그들은 왕위 계승 과정에서 사망한 소현세자의 부인 강빈을 복권해달라고 요구했다. 효종이 수용하기 힘든 요구였다. 소현세자의 가족이 죄인이 아니었다는 식으로 세상이 뒤집히면, 그들이 죄인이라는 전제하에 왕위를 차지한 효종의 처지가 어떻게 될지는 불을 보듯 뻔했다. 그래서 강빈 복권 문제는 효종에게 아킬레스건이었다. 효종은 "앞으로 이 문제를 거론하면 역적으로 다스리겠다."고 엄포를 놓았다. 하지만 경고는 먹혀들지 않았다. 효종은 도리어 역공을 당했다.

효종에 대한 압박을 주도한 것은 송시열을 비롯한 서인당이었다. 군비 증강과 증세 정책 때문에 서인당의 감정은 악화될 대로 악화돼 있었다. 이런 이유로 송시열이 중심이 돼 효종을 압박했고, 효종은 어떻게든 돌파구를 모색해야 했다. 효종과 송시열의 비밀 회담은 그래서 열렸다.

효종과 서인당의 파국

송시열과 효종은 개인적으로는 사제지간이었지만 정치적으로는 서로 으르렁댔다. 회담이 열린 것은 그런 상황을 타개하기 위해서였다. 회담 내용은 송시열의 글을 모은 『송서습유(宋書拾遺)』 제7권 「악대설화(幄對說話)」 편에 실려 있다. 단둘이 만난 회담에서 효종은 군비 증강의 목적은 북벌 추진이라며 "10년만 준비하면 청나라를 꺾을 수 있으니 협조해달라."고 요청했다. 효종이 처음으로 북벌론을 입에 담는 순간이었다.

송시열은 그 말을 진심으로 받아들이지 않은 듯하다. 군비 증강에 대한 협조를 구하고자 북벌을 핑계로 대고 있다고 생각한 것이다. 평소에도 효종이 그런 말을 했다면 모르겠지만, 정치적 위기에 몰린 상황에서 갑작스레 북벌 운운하니 진의를 의심할 수밖에 없었을 것이다. 그렇다고 임금의 발언을 무조건 반대할 수는 없었다. 청나라를 미워하는 것은 누구나 마찬가지였다. 잘못 반대했다가는 경을 칠 수도 있었다. 그래서 송시열은 신중하게 답변했다.

"전하의 뜻이 이와 같으시니 우리나라뿐 아니라 실로 천하 만대의 다행입니다."

언뜻 들으면 북벌론에 찬성하는 말 같다. 하지만 다음이 더 중요하다.

"만에 하나 차질이 생겨 국가가 망하게 되면 어찌하시렵니까?"

총론엔 찬성, 각론엔 반대였던 것이다. 송시열의 발언은 북벌을 반대한 것이었다. "통일, 좋지요! 하지만 시기상조예요."라고 말하는 사람을 과연 통일 지지자로 볼 수 있을까? 송시열의 답변도 "북벌, 좋지요! 하지만 위험하죠."와 같았다.

효종은 집요하게 자기주장을 개진했다.

"하늘이 내게 10년을 허용해준다면 성패와 관계없이 한번 거사해볼 계획이니 경이 은밀히 동지들과 의논해보도록 하오."

효종의 말은 송시열을 감동시키지 못했다.

"신은 절대로 그런 능력이 없습니다. 그렇게 보셨다면 전하께서 신을 너무 모르시는 겁니다."

처음에는 북벌을 원칙적으로나마 찬성했던 송시열은 효종이 좀 더 구체적으로 언급하자 '저를 그런 사람으로 보셨느냐?'며 발을 뺐다. 송시열이 이런 반응을 보인 것은 북벌이 현실적으로 불가능하거니와, 효종의 북벌론이 군비 증강과 왕권 강화를 위한 구실에 불과

효종의 북벌론에 회의적이었던 송시열. 조선 지배층은 사석에서는 청나라에 대한 복수를 운운했지만, 공식 석상에서는 절대로 그런 말을 하지 않았다. 송시열 역시 효종이 북벌을 거론하자 '큰일 날 소리'라는 식의 태도를 보였다.

하다고 판단했기 때문이다. 지금 당장 치겠다는 것도 아니고 10년 뒤에 해볼 테니 그동안 잠자코 협조해달라는 식으로 말했으니 진의를 의심할 수밖에 없었을 것이다. 송시열은 효종의 스승이었으므로 누구보다도 그 마음을 잘 읽었을 것이다.

효종은 화제를 바꾸었다.

"(그렇다면) 내가 지금 해야 할 일 중에서 무엇이 가장 급한 일인지 말해주시오."

송시열은 격물(格物), 치지(致知), 성의(誠意), 정심(正心)을 통한 마음공부가 급선무라고 대답했다. 격물, 치지, 성의, 정심은 『대학(大學)』에 나오는 것으로, 수신제가 치국평천하의 전 단계다. 주자의 해설에 따르면, '격물'은 사물의 이치를 탐구하는 것, '치지'는 지식을 무궁하게 확장하는 것, '성의'는 마음을 성실히 하는 것, '정심'은 마음을 바르

게 하는 것이다. 송시열의 말은 치국평천하에 앞서 격물, 치지, 성의, 정심부터 하라는 뜻이었다. 군비 증강을 주장하는 임금 앞에서 마음공부나 하라고 말한 것이다. 군주를 조롱한 것이다.

한 방 얻어맞은 효종은 더 이상 북벌론을 내세우지 않았다. 이때부터는 아주 솔직하게 요청했다.

"내가 밤낮 애써 생각하는 것은 오직 병력을 기르는 일뿐이오."

효종이 솔직하게 나오자 송시열도 솔직하게 대응했다.

"먼저 기강을 세운 뒤라야 이 법(군비 증강 법률)을 시행할 수 있는데, 기강을 세우는 길은 전하께서 사심을 없애는 것입니다."

군비 증강을 말하기 전에 사심부터 없애라는 말이었다. 당신이 군비 증강을 추진하는 진짜 목적은 북벌이 아니라 왕권 강화가 아니냐는 뜻이었다.

이 말에 효종은 기분이 상했다. 더 이상 설득할 수 없겠다는 판단이 들었다. 그래서 될 대로 되라는 식으로 툭 내뱉었다.

"경은 말끝마다 주자를 거론하는데, 대체 몇 년이나 주자의 글을 읽었기에 이처럼 잘 아는 것이오?"

사적으로는 효종이 제자였는데, 제자가 스승한테 몇 년이나 글을 읽었냐고 질문한 것이다. 효종도 제자답지 못했지만, 송시열도 스승답지 못했다. 송시열은 "어려서부터 읽었습니다."라고 답변했다.

두 사람의 비공개 회담은 싸늘한 분위기로 마무리됐다. 서로 입장 차이만 확인하는 데 그쳤다. 거기다가 감정까지 상했다. 꼬인 정국을 풀기 위해 만든 자리가 도리어 정국을 더 꼬이게 만들어버렸다. 이 회담은 효종이 최초로 북벌론을 제기했다는 점에서 중요하다. '효종이 북벌 정책을 추진했다'는 평가가 나온 것은 이 때문이다.

그런데 간과하지 말아야 할 게 있다. 이 회담 이후 효종과 서인당의 긴장이 한층 고조되고, 서인당의 압박을 받는 상황에서 효종이 급사했다는 사실이다. 효종이 죽은 날은 효종 10년 5월 4일(1659. 6. 23.)이다. 회담이 열린 날이 같은 해 3월 11일(1659. 4. 2.)이었으니 북벌론을 제기하고 3개월도 안 돼서 급사한 것이다. 회담에서 북벌론을 꺼냈다가 퇴짜를 맞은 탓에 효종은 그 후 3개월 동안 북벌을 추진하지도 못했다. 그래서 공식적으로 북벌을 추진한 적은 없었다. 효종-송시열 회담을 근거로 '효종이 북벌 정책을 추진했다'는 결론을 이끌어내는 것은 매우 성급한 일이다.

효종은 정통성 문제로 시련을 겪은 임금이다. 그래서 그에게는 왕권 강화가 급선무였다. 송시열이 회담 중간중간에 효종의 진의를 의심한 것은 송시열이 보기에도 효종은 북벌이 아니라 왕권 강화를 추구했기 때문이다. 북벌이 실제로는 추진되지 않았을 뿐 아니라 효종의 진짜 관심도 북벌에 있지 않았던 것이다. 이를 볼 때, 효종이 일찍 죽지 않고 오래 재위했더라도 실제로 북벌을 추진했을 가능성은 매우 낮다고 할 수 있다.

우리는 효종이 남긴 객관적 행적에도 주목해야 한다. 그것이 온통 친청 노선뿐이라는 사실을 눈여겨봐야 한다. 그는 2차례에 걸쳐 청나라에 파병했다. 청나라의 나선 정벌(러시아 정벌)을 돕고자 했던 것이다. 객관적으로 볼 때, 그는 북벌과 거리가 멀었다.

만약 효종이 북벌을 추진했더라도 송시열의 태도가 증명하듯이 지배층의 동의를 얻기는 힘들었다. 조선 지배층은 사석에서는 청나라에 대한 복수를 운운했지만, 공식 석상에서는 절대로 그런 말을 하지 않았다. 평소에는 오랑캐에 대한 복수를 운운하던 송시열도 막상 효종이 북벌을 운운하자 '큰일 날 소리'라는 식의 태도를 보였다. 그러므로 효종이 젊은 나이에 죽지 않고 좀 더 집권했더라도 북벌을 추진했을 가능성은 매우 낮으며, 설령 추진했더라도 금세 저항에 직면했을 것이다.

19. 장희빈이 최숙빈과 손을 잡았다면?

_ 노론의 일당 독재가 쉽지 않았을 것이다

4년간 중전을 지냈지만 후궁으로 격하된 탓에 가장 급이 낮은 '묘'에 잠들어 있는 여인이 있다.[20] 주인공은 장희빈(희빈 장씨)이다.

장희빈의 무덤이 '능'이 아니라 '묘'인 것은 여인천하 대결에서 패했기 때문이다. 흔히들 이 대결을 장희빈 대 인현왕후 구도로 이해하지만, 이는 오해다. 이런 오해가 생긴 데는 김만중의 소설 『사씨남정기(謝氏南征記)』 영향이 컸다. 당시 왕실을 풍자한 『사씨남정기』는 사씨대 교씨의 1 대 1 구도에 입각해 있다. 하지만 실제 벌어진 건 1 대 1이 아니라 2 대 1이었다. 인현왕후와 최숙빈이 한편이 되어 장희빈을 상대하는 구도였다.

---

20 경기도 고양시 용두동에 서오릉이 있다. 다섯 왕릉(창릉, 홍릉, 경릉, 익릉, 명릉)이 한양 서쪽에 있다 해서 붙은 이름이다. 왕족의 무덤은 세 종류다. 왕과 왕후가 묻힌 곳은 능(陵), 세자·세자빈 및 왕의 생부모가 묻힌 곳은 원(園), 대군·군·공주·옹주·후궁이 묻힌 곳은 묘(墓)다. 서오릉이라는 이름만 들으면 이곳에 능만 있을 것 같지만 그렇지 않다. 수경원, 순창원도 있고, 대빈묘도 있다. 세 종류 무덤이 모두 있다. 이 중에서 가장 초라한 게 대빈묘로 장희빈의 무덤이다.

인현왕후는 장희빈을 미워하기는 했지만 싸움판에는 어울리지 않았다. 싸움판에서는 장희빈의 적수가 되지 못했다. 그가 장희빈에게 자리를 내주고 쫓겨난 데는 그런 기질적 요인도 상당 부분 작용했다. 후궁이 세자를 낳았다고 중전이 자리를 내줘야 하는 것은 아니다. 중전이 아들을 낳지 못하면 후궁의 아들을 중전의 아들로 입양했다. 그게 법도였다. 그러므로 장희빈이 아들을 낳았다고 인현왕후가 자리를 내줄 이유는 없었다. 인현왕후가 자리를 지키지 못한 것은 왕자를 낳지 못했기 때문이 아니라 장희빈의 적수가 못 됐기 때문이다.

대결의 균형을 이룬 것은 최숙빈이었다. 최숙빈이 역사에 등장하는 시점은 인현왕후가 쫓겨나고 장희빈이 중전일 때였다. 공노비 출신인 최숙빈은 어려서 고아가 되고 7살에 궁녀가 됐다. 인현왕후와 달리 험한 삶을 경험했다. 이런 인물이 인현왕후 쪽에 가세하면서 장희빈이 역공을 당하게 됐다.

최숙빈, 인현왕후의 승리를 이끌다

침방나인(바느질 담당) 출신으로 인현왕후의 지밀나인(시녀) 생활을 한 최숙빈은 인현왕후가 쫓겨난 뒤 숙종의 눈에 띄어 일약 후궁 반열에 올랐다. 그가 후궁이 돼서 인현왕후를 지원하면서부터 장희빈은 2연타를 맞았다. 최숙빈은 장희빈의 비위를 숙종에게 보고해 장희빈을 중전 자리에서 내쫓은 데 이어, 7년 뒤에도 장희빈의 비위를 재차 보고해 장희빈을 저세상으로 보냈다. 최숙빈이 보고한 비위 사실은 장희빈이 자기를 죽이려 했고 인현왕후의 죽음을 기원했다는 것이다. 숙종은 물증이 확보되지 않은 상태에서 이 보고를 근거로 장희빈에 대한 조치를 집행했다. 이렇게 승리를 위해서라면 무슨 일이든 할 수 있는 여인이 인현왕후 편에 가세한 덕분에 인현왕후가 장희빈과의 대결에서 승리할 수 있었던 것이다.

최숙빈이 인현왕후의 시녀를 지냈다는 사실만으로는 최숙빈이 장희빈을 모질게 대한 이유를 온전히 해명할 수 없다. 출신만 놓고 보면 최숙빈은 인현왕후보다는 장희빈에 가까웠다. 인현왕후는 양반 가문 출신이지만, 최숙빈과 장희빈은 똑같이 공노비에다 하급 궁녀 출신이었다. 그래서 최숙빈 입장에서는 장희빈에게 동질감을 품을 만도 했다. 최숙빈이 모질게 행동한 것은 거의 전적으로 장희빈 때문이었다. 장희빈이 최숙빈을 적으로 만들었기 때문에 최숙빈이 철천지한을 품게 된 것이다. 조선 후기에 이문정이 지은 정치 비화록인 『수문록(隨聞錄)』에서 이들의 악연을 엿볼 수 있다.

장희빈이 중전이었을 때다. 숙종이 밤중에 궁궐을 산책하다가 우연히 궁녀 최씨를 만났다. 그날부터 숙종은 최씨에게 빠졌다. 숙종과의 만남이 거듭되면서 최숙빈의 몸에 변화가 생겼다. 이 사실이 중전 장희빈에게 보고됐다. 몸이 이상해진 궁녀가 있다는 보고였다. 중전은 최씨를 불러 형벌을 가했다. 중전 앞에 끌려간 최씨는 최악의 경우 죽음을 각오해야 했다.

최씨가 중전에게 끌려간 그 시각, 숙종은 낮잠을 자고 있었다. 꿈에서 땅속에 갇힌 용이 "전하, 속히 저를 살려주십시오!"라고 외치는 소리가 들렸다. 깜짝 놀라 잠에서 깬 숙종은 누군가 자기 아이를 임신했을 것이라고 직감했다. 그러고는 곧바로 장희빈 처소로 달려갔다. 최씨가 임신했을 거라곤 생각도 하지 못했던 것이다.

숙종이 갑작스레 들이닥치자 중전 장씨는 항아리로 최씨를 얼른 덮었다. 최씨 몸에 형벌을 가하고 있었기 때문이다. 숙종은 처음에는 낌새를 알아채지 못했다. 중전과 궁녀들이 마당에 모여 있는 것이 좀 이상했을 뿐이었다. 그러던 중, 담장 밑 항아리가 엎어져 있는 것이 눈에 들어왔다. "저 항아리는 어째서 거꾸로 세워두었소?" 하고 숙종이 묻자 중전 장씨는 "빈 항아리는 본래 거꾸로 세워둡니다."라고 답했다. 숙종은 왠지 미심쩍었다. 그래서 내시에게 항아리를 똑바로 세워보라고 지시했다. 내시가 항아리를 세우자 벌을 받아 두려움에 떨고 있는 궁녀 최씨가 나왔다. 하마터면 최씨는 물론 뱃속 아이까지 잃을 뻔했다.

이때 뱃속에 있던 아이는 영조의 형인 이영수였다. 만약 최씨와 이영수가 그때 죽었다면 영조도 태어나지 못했을 것이고, 사도세자와 정조 역시 태어나지 못했을 것이다. 이렇게 장희빈 때문에 자신은 물론 자식의 목숨까지 잃을 뻔했기 때문에 최씨는 후궁이 된 뒤 인현왕후 편에 서서 장희빈을 처절하게 공격할 수밖에 없었다. 장희빈이 불행을 자초했던 것이다.

장희빈과 최숙빈이 손을 잡았다면?

만약 장희빈이 모질게 행동하지 않았다면 역사는 달라졌을까? 그랬을 것이다. 여인천하 양상은 크게 달라졌을 것이다. 인현왕후의 복위는 그만큼 더뎠거나 불가능했을 것이며, 장희빈도 죽지 않았을 것이다. 장희빈이 최숙빈을 아군으로 끌어들이기까지 했다면 인현왕후는 더욱 불리했을 것이다. 그랬다면 장희빈도 '묘'가 아니라 '능'에 묻혔을지 모른다.

장희빈이 모질게 행동하지 않았다면 발생했을 결과는 이뿐만이 아니다. 장희빈과 최숙빈의 관계는 궁중의 여인천하뿐 아니라 조선 후기 정치 판도에까지 영향을 미칠 수 있었다.

선조의 집권과 함께 권력을 장악한 뒤에 사림파는 분열됐다. 훈구파라는 공동의 적을 물리쳤으므로 내부적으로 분열되는 것은 당연했다. 이런 현상은 조선 후기 당쟁사에서 종종 있는 일이었다. 사림파는 권력을 잡은 뒤 동인당과 서인당으로 갈라졌다. 1582년에는 동인당, 1589년에는 서인당, 1591년에는 다시 동인당이 정권을 잡았다. 정권을 잡은 동인당은 남인당과 북인당으로 분열됐고, 이 중에서 남인당이 주도권을 가졌다. 1598년에는 북인당이 정권을 획득했다. 광해군이 왕이 된 1608년에는 북인당 분파인 대북당이 권력을 장악했고, 인조반정이 일어난 1623년에는 서인당이 정권을 쟁취했다. 서인당이 집권한 상태가 51년간 지속되다가 숙종이 즉위한 1674년, 남인당이 권력을 탈환했다.

숙종이 즉위하기 전만 해도 정국 운영의 주도권은 당파들한테 있었다. 여야 당파가 균형을 이루며 정국을 운영했다. 그래서 임금의 입지가 좁을 수밖에 없었다. 그런데 숙종이 즉위하면서 이런 판도가 바뀌었다.

숙종 하면 왕실 가정사만 떠올리는 경향이 있지만, 이런 이미지는 역사적 사실과 무관하다. 숙종의 실제 이미지는 숙종이 죽은 뒤에 2품(장차관) 이상 대신들이 보여준 분위기에서 감지할 수 있다. 『숙종실록(肅宗實錄)』과 『경종실록(景宗實錄)』에 따르면, 대신들이 숙종이라는 시호를 지은 것은 숙종이 강덕극취(剛德克就)했다는 인식 때문이다. '강덕극취'는 강직하고 후덕하며 유능하고 진취적인 것이다. 시호는 당사자를 미화하는 경향이 있기는 하지만, 신하들이 합의한 숙종의 이미지는 처첩의 치마폭에 휘둘리는 유약한 군주와는 거리가 멀었다.

강덕극취가 단순한 미사여구가 아니었다는 점은 숙종이 잦은 환국(換局)을 통해 정국 주도권을 유지한 사실에서도 드러난다. 환국은 급격한 정계 개편이다. 거의 정변에 가까운 정치 변동이다. 이런 것이 숙종 시대에는 몇 년에 한 번씩 빈발했다. 1680년 경신환국, 1689년 기사환국, 1694년 갑술환국(갑술옥사), 1710년 경인환국, 1716년 병신환국(병신처분) 등등. 이런 때마다 정권 교체가 일어났고, 그때마다 키를 쥔 것은 숙종이었다. 당파 간 우열에 따라 승자가 결정된 게 아니라 숙종의 복심에 따라 결정됐던 것이다. 숙종은 이런 환국을 잘 활용했다. 특정 당파가 정권을 잡은 지 몇 년 지나면 또다시 환국을 일으켜 집권당을 교체했다. 이런 방식으로 특정 당파의 권력 독점을 견제하고 자기 입지를 넓힌 것이다. 처첩의 치마폭에 휘둘린 무능한 군주였다면 결코 이럴 수 없었을 것이다.

숙종에게 권력이 집중되다 보니 부수적으로 발생한 현상이 있다. 조정의 당쟁과 궁중의 여인천하가 맞물려 작동한 것이다. 맞물려 작동했다는 것은 여당이 된 당파가 중전 자리도 차지했다는 의미다. 당파들이 임금을 자기편으로 만들고자 자파 여성을 중전에 앉히려고 경쟁하다 보니 이런 현상이 생긴 것이다. 숙종 시대의 환국과 중전 교체를 살펴보면 이것이 사실이었음을 알 수 있다.

1674년에 남인당에 정권을 빼앗긴 서인당은 1680년 경신환국 때 권력을 되찾았다. 이해에 서인당 출신 인경왕후가 사망했다. 인경왕후는 숙종의 첫째 부인이었다. 그 뒤를 이은 것이 서인당 출신 인현왕후다. 그가 중전이 된 때는 1681년이다. 1689년 기사환국 때 권력이 남인당에게 돌아가면서 같은 해에 인현왕후가 폐위되고, 이듬해에 장희빈이 중전이 됐다. 그러나 1694년 갑술환국 때 서인당이 승리하면서 장희빈이 내려가고 인현왕후가 복위했다. 이를 계기로 서인당은 남인당을 제도권에서 축출했다. 이후 정권을 잡은 것은 서인당의 분파들이다. 서인당의 권력이 공고해진 뒤인 1701년, 장희빈은 사약을 마시고 세상을 떠났다.

숙종이 정권 교체의 키를 쥐고 있던 이 시절, 숙종에게 정치적 명분을 제공한 인물이 바로 최숙빈이다. 최숙빈은 숙종이 집권당인 남인당에 싫증을 느끼고 있을 때 장희빈의 비위 사실을 고발했다. 이렇게 함으로써 남인당 몰락과 장희빈 폐위의 단초를 제공했다. 물증도 없는 최숙빈의 보고를 근거로 숙종이 행동에 나선 것은 숙종 역시 남인당을 공격할 빌미를 찾고 있었음을 보여준다. 숙종이 결단을 내릴 수 있도록 최숙빈이 명분을 제공한 것이다. 장희빈 때문에 자신과 자식의 목숨을 잃을 뻔했던 아찔한 경험이 최숙빈을 그런 방향으로 이끌었다.

만약 장희빈이 최숙빈을 죽이려 하지 않고 자기편으로 삼았다면, 그래서 최숙빈이 남인당 사람이 됐다면 서인당의 승리는 그만큼 더뎌졌거나 불가능해졌을 수도 있다. 그랬다면 서인당과 그 후예인 노론당이 권력 기반을 굳히는 것도 그만큼 힘들었을 것이다. 최숙빈 같은 만만찮은 존재를 적으로 돌린 게 장희빈과 남인당에게는 결정적 화근이 됐다.

20. 장희빈이 끝까지 중전 자리를 지켰다면?
— 정약용 가문의 멸문지화와 엄청난 고난도 없었을 것이다

『대학』에서는 '수신제가 치국평천하'를 말한다. '제가(齊家)'를 잘해야 '치국(治國)'도 잘할 수 있다고 한다. 하지만 반드시 그렇지는 않다. 왕들의 경우에도 반드시 제가를 잘해야 치국을 잘할 수 있는 것은 아니다. 각각 조선 전기와 후기에 왕권을 안정시킨 성종과 숙종을 보면 잘 알 수 있다. 조선시대에 왕실이 집안 문제로 가장 골치를 앓은 시기는 바로 이 두 임금 시대다. 성종 때는 폐비 윤씨가 낙오자가 되고, 숙종 때는 장희빈이 똑같은 운명에 처했다. 두 여인 모두 사약을 마시고 세상을 떠났다.

숙종 때의 낙오자가 장희빈이 아니었다면 역사는 어떻게 흘러갔을까? 장희빈이 중전 자리를 지켰다면 역사는 어떻게 바뀌었을까?

숙종 시대 여인천하의 특징은 왕실 문제에 그치지 않고 조정 문제와도 연계됐다는 점이다. 궁정의 여인천하가 조정의 당쟁과 연동됐던 것이다. 당파를 대표하는 여인들이 왕후나 후궁이 되어 치열하게 대결했고, 당쟁의 추이에 따라 여인천하의 판도도 바뀌었다.

남인당의 기획 작품, 장희빈

숙종은 세자 시절인 1671년 김만기의 딸과 혼인했다. 이때 세자빈이 된 여인이 인경왕후 김씨다. 김만기는 송시열의 문인으로, 서인당이었다. 서인당은 1623년 인조반정 이후로 장기 집권 중이었으니 집권당 인사의 딸과 혼인했던 것이다. 숙종이 즉위한 1674년, 제2차 예송 논쟁으로 남인당이 정권 교체를 이룩했다. 남인당이 정권을 잡았지만, 곧바로 중전 자리를 빼앗을 명분은 없었다. 그래서 숙종이 즉위한 해(1674)부터 인경왕후가 사망한 해(1680)까지는 집권당과 중전의 당파가 달랐다. 숙종 재위 기간(1674~1720) 중 집권당과 중전의 당파가 상이했던 때는 이 6년간뿐이다.

집권당과 중전의 당파가 같아지는 현상은 인경왕후가 사망한 뒤부터 나타났다. 이때부터는 집권당이 권력을 이용해 중전 자리까지 쟁취했다. 인경왕후가 사망한 1680년, 서인당이 남인당을 몰아내고 정권을 탈환했다. 이것이 경신환국이다. 정권을 되찾은 서인당은 공석이던 중전 자리에 인현왕후 민씨를 앉혔다. 민씨는 서인당 인사의 딸이었다.

9년 뒤인 1689년, 또다시 정권 교체가 발생했다. 이번에는 남인당이 정권을 잡았다. 이것이 기사환국이다. 그해에 인현왕후가 폐위됐고, 다음 해인 1690년 남인당의 지원을 등에 업은 장희빈이 공석이던 중전 자리에 올랐다.

1694년 서인당이 정권을 되찾자 여인들의 운명도 바뀌었다. 중전 장씨는 정1품 후궁인 희빈으로 강등됐고, 폐위됐던 인현왕후는 복귀했다. 이것이 갑술환국이다. 이후로는 남인당이 집권당과 중전 자리에서 완전히 축출되고 서인당의 세상이 지속됐다.

이런 시기에 여인천하의 최종 패자가 된 주인공이 장희빈이다. 장희빈은 역관의 딸로, 아버지를 일찍 여의고 친척의 도움으로 성장했다. 장희빈의 출세를 도운 사람은 오촌 당숙인 장현이다. 장현은 유명한 역관으로, 손꼽히는 부자였다.

역관이 되면 돈을 많이 벌 수 있었다. 원칙상 사신단 구성원에게만 무역의 기회가 부여됐다. 사신단 구성원 중에서 외국 상인들과 접할 수 있는 사람은 사실상 역관뿐이었다. 그래서 역관은 돈을 많이 벌 수 있었다. 박지원의 『열하일기(熱河日記)』 「도강록(渡江錄)」에 따르면, 사신단 중에서 당상관(정3품 이상)은 은 3,000냥, 당하관은 은 2,000냥을 갖고 연경(베이징)에 가서 중국제 물건을 사 올 수 있었다. 이것을 국내 시장에서 비싸게 판매하는 방법으로 역관들은 재산을 축적했다. 장현 역시 이런 식으로 치부했다. 이런 경제력이 뒷받침됐기에 장희빈이 궁궐에서 승승장구했던 것이다.

장희빈은 실록에서도 미인으로 손꼽힌다. 『숙종실록』에서 그는 미인으로 언급됐다. 장희빈처럼 예쁜 궁녀가 임금에게 접근하는 것은 쉽지 않았다. 그건 목숨을 거는 일이었다. 중전과 후궁들의 견제가 만만찮았기 때문이다. 고종 시대 궁녀들의 인터뷰가 수록된 김용숙의 『조선조 궁중풍속 연구』에 따르면, 고종의 눈에 띈 궁녀들 중에는 어느 날 갑자기 실종되는 이들이 많았다. 명성황후와 후궁 엄귀인(엄귀비)의 감시망이 그만큼 촘촘했던 것이다. 그래서 궁녀의 미모는 임금에게 다가가는 데 악조건이었다. 장희빈이 악조건에도 불구하고 숙종에게 접근할 수 있었던 것은 상당 부분은 돈의 힘이었다. 돈으로 궁궐 사람들을 자기편으로 만들 수 있었기에 가능한 일이었다.

남인당의 지원도 도움이 됐다. 장희빈은 남인당과 인연이 깊었다. 남인당의 지지를 받는 왕족인 복창군, 복선군과 남인당 영수인 허적이 청나라를 방문했을 때 장현이 역관 자격으로 그들을 수행했다. 남인당 조사석 역시 도움을 주었다. 장희빈의 모친과 내연 관계였다고 알려진 조사석은 장희빈이 후궁이 되기 6년 전인 1680년 예조판서에 올랐다. 그는 장희빈을 궁녀로 만든 뒤 숙종과 접촉할 수 있도록 힘을 썼다. 남인당이 이렇게 장희빈을 지원한 것은 그녀를 왕비나 후궁으로 만들어 숙종을 손에 넣기 위해서였다. 장희빈은 남인당의 기획 작품이었다.

궁녀가 되고 후궁이 되고 중전이 됐지만, 장희빈은 남인당의 몰락과 함께 다시 후궁으로 내려갔다. 이때가 1694년이다. 추락은 이것으로 끝나지 않았다. 세자의 어머니이기에 후궁 자리라도 유지할 수 있었지만, 7년 뒤인 1701년에는 후궁 자리는커녕 목숨마저 유지하기 힘들었다. 인현왕후의 죽음을 기원했다는 혐의를 받은 장희빈은 사약과 함께 일생을 마쳤다.

장희빈의 죽음, 정약용을 몰락시키다

장희빈 몰락 이후, 남인당 여성은 두 번 다시 중전이 되지 못했다. 그 자리는 서인당의 독점물이 됐다. 남인당 역시 두 번 다시 정권을 잡지 못했다. 정권은 서인당의 전유물이 됐다. 당쟁의 출발점은 동인당과 서인당의 대결이다. 그런데 장희빈 시대에 남인당이 몰락하면서 당쟁은 서인당의 내부 대결로 전환됐다. 서인당의 영구 독재 시대

정약용.

가 열린 것이다. 정권을 잡은 서인당은 노론당과 소론당으로 분열됐다. 이 대결에서 승리한 게 노론당이다. 노론당은 당쟁 혁파를 내세운 영·정조 탕평정치 시대에도 끝끝내 살아남았다. 이들은 조선 멸망 때까지 권세를 지켰다.

이처럼 장희빈의 몰락은 그 개인의 몰락만이 아니라 남인당의 몰락이었다. 장희빈과 동반 몰락한 남인당은 그 후로는 재야 세력이나 마찬가지였다. 주류 정치권에서 밀려난 이들은 체제 비판 세력으로 성장했다. 실학자들이 남인당에서 많이 나온 것도 그 때문이다.

남인당은 한때 부활의 기미를 보였다. 정조가 탕평 차원에서 채제공을 비롯한 남인당 인사들도 중용했기 때문이다. 정약용도 거기에 동참했다. 그런데 정약용의 경우에는 정권 참여가 개인적으로 크나

큰 불행이 됐다. 정약용이 겪은 고난은 이만저만이 아니었다.

정조는 정약용 같은 젊은 문신들을 친위 세력으로 키우고자 했다. 하지만 그들이 중추 세력으로 성장하기 전인 1800년, 49세 나이로 갑작스레 세상을 떠났다. 이 때문에 측근들이 말 못 할 고초를 겪었다. 정약용이 특히 그랬다.

주군이 땅에 묻히고 얼마 뒤, 정약용은 '서학쟁이'라는 이유로 체포됐다. 이미 오래전에 천주교를 떠났지만, 그런 점은 고려되지 않았다. 정약용만 체포된 것이 아니다. 매형 이승훈, 둘째 형 정약전과 셋째 형 정약종도 마찬가지였다. 전 남인당 영수 이가환을 비롯해 많은 사람이 뒤를 이었다. 권력을 잡은 정순왕후와 심환지는 천주교를 믿는다는 이유로 이들을 체포했지만, 진짜 목적은 남인당을 비롯한 정조 지지 세력을 제거하는 것이었다. 이미 천주교를 버린 정약용, 정약전, 이가환까지 천주교인으로 몰아간 것은 이것이 정치 탄압이었음을 보여준다.

정약용 가문은 사실상 멸문지화를 당했다. 둘째 형 정약전은 흑산도로 유배를 떠났고, 셋째 형 정약종은 참수형을 당했다. 매형 이승훈도 사형을 당했다. 정약용 본인은 경상도 장기현(지금의 울산광역시)으로 유배됐다가 전라도 강진으로 유배지를 옮겼다.

정약용은 많은 슬픔을 겪었다. 낙엽처럼 우수수 떨어진 형제들처럼 그의 자녀들도 일찍 세상을 떠났다. 3녀 6남을 낳았지만, 2녀 4남이 부모보다 먼저 갔다. 주군도 잃고 형제도 잃고 자녀도 잃고, 정약용은 소중한 사람들을 하나하나 잃어갔다. 설상가상으로 유배지에서도 받아주는 이가 없었다. 장기현에서는 송시열 사당을 참배하러 갔다가 문 앞에서 쫓겨났다. 강진에서는 주막 주인 할머니의 도움으로 간신히 숙소 문제를 해결했다. 귀양 가면 본인이 숙소를 해결해야 했다. 방을 내주는 이가 없어 고생하다가 주막 주인 할머니의 도움을 받았던 것이다. 서럽고도 고통스러운 나날의 연속이었다. 웬만한 사람 같으면 혀 깨물고 고통을 잊으려 했을 것이다. 그런 유배 생활을 18년간이나 계속했다.

정약용이 고난을 당한 것은 단순히 주군을 잃었기 때문만은 아니다. 보다 본질적인 원인은 보호해줄 정치 세력이 취약했다는 점이다. 주군을 잃었어도 기반만 튼튼했다면 얼마든지 일어날 수 있었다. 장희빈의 몰락과 함께 쇠약해진 남인당은 정조 시대에 살아나는가 싶더니 정조의 죽음과 더불어 또 한 번 몰락했다. 정약용이 18년간 시련을 겪은 것도 그 때문이다.

이런 인과 관계를 보면 1694년의 장희빈과 남인당의 몰락이 1801년 이후 정약용의 시련을 초래한 요인 중 하나였다는 결론에 도달하게 된다. 장희빈과 남인당이 그렇게 허무하게 몰락하지 않고 최소한의 기반만이라도 보존했다면 설사 정조가 급사했더라도 정약용이 그렇게 처참한 시련을 겪지는 않았을 것이다.

21. 영조가 없었다면 탕평책도 없었을까?
_ 경종이 탕평책의 주인공이 됐을 것이다

효종이 사망한 뒤에 현종과 숙종이 뒤를 이어 왕위에 올랐다. 현종 때는 2차례의 예송 논쟁을 거치면서 서인당과 남인당의 갈등이 심화됐고, 숙종 때는 몇 차례의 환국을 거치면서 양당의 공존 기반이 와해됐다. 숙종 때는 조정의 붕당정치가 궁중의 여인천하와 맞물리면서 당쟁에서 승리한 쪽이 중전 자리까지 차지했다. 인현왕후와 장희빈의 중전 쟁탈전, 인현왕후·최숙빈 대 장희빈의 주도권 싸움이 이를 잘 반영한다. 붕당정치와 여인천하의 완벽한 연동은 이때가 처음이자 마지막이었을 것이다. 그 결과, 남인당은 정계에서 사실상 축출되고, 장희빈도 세상을 떠났다.

숙종 시대의 정치적 산물은 숙종의 아들들에게 상속됐다. 장희빈의 아들인 경종과 최숙빈의 아들인 연잉군도 본의 아니게 경쟁했다. 이들의 경쟁도 붕당정치와 맞물려 전개됐다. 경종은 서인당 분파인 소론당의 지지를 받았고, 연잉군은 또 다른 서인당 분파인 노론당의 지지를 받았다. 특정 당파가 정권을 잡고 상대 당을 정계에서 축출하면 당파 내부에 분파가 생기는 게 붕당정치의 법칙이었다. 적당한 승리를 거두고 반대파와 공존할 경우에는 내부 단결력을 유지할 수 있지만, 완벽한 승리를 거두고 반대파를 축출할 경우에는 내부 단결력이 오히려 깨졌다.

숙종 사후에 경종과 연잉군은 차례대로 왕권을 차지했다. 숙종 사망 뒤, 먼저 경종이 4년간 재위했다. 병석에 누워 있던 경종은 연잉군이 보내준 게장을 먹고 후식으로 생감을 먹은 데 이어 어의가 처방한 약과 상극인 연잉군의 인삼탕을 먹은 뒤로 눈을 감고 말았다. 뒤이어 연잉군이 왕위에 올랐다. 그가 바로 영조다. 정조와 더불어 탕평정치의 대명사로 통하는 영조는 이렇게 즉위했다.

만약 경종이 갑자기 죽지 않고 장수했다면, 말하자면 영조가 없었다면 탕평정치도 없었을까?

붕당정치의 균형을 잡다

일제 강점기 이후 한동안은 조선시대 붕당정치에 대해 부정적인 인식이 지배적이었다. 탁상공론만 일삼는 선비들이 당파 싸움을 벌이다 나라를 잃었다는 관점이 주류를 이루었다. 하지만 어느 나라 어느 시대나 당쟁이 없었던 적은 없다.

당쟁 때문에 망한 사례로 한나라 침공 당시의 위만조선을 들 수 있다. 국사 교과서에서는 위만조선이 단군조선의 정통성을 계승한 것처럼 서술하지만, 『조선상고사』에 따르면 위만조선은 고조선 전체 영역의 3분의 1에 불과했다. 만주 서부, 만주 동부, 한반도 북부에 있었던 3개의 고조선 중 하나일 뿐이었다. 그러므로 위만조선 멸망을 고조선 멸망과 같은 것으로 봐서는 안 된다.

한나라 역사서인 『한서』「조선열전」에 따르면, 위만조선이 멸망한 것은 한나라의 군사력 때문이 아니었다. 이주민 세력인 친왕파(親王派)와 토착민 세력인 재상파(宰相派)가 내분을 일으킨 것이 패인이었다. 일종의 자살골 때문이었던 것이다. 한나라 황제 한무제도 그 점을 알고 있었다. 그래서 한나라군 사령관인 순체 장군을 참수하고, 또 다른 사령관인 양복 장군은 사형을 선고한 뒤 사면하고 평민으로 전락시켰다. 대신, 항복한 재상파 주역들에게는 제후 작위를 부여했다. 위만조선의 멸망이 내분 때문이었음을 시사하는 대목이다.

이런 사례에서도 나타나듯이, 정쟁 또는 당쟁은 모든 왕조에 공통적이었다. 그리고 내분은 왕조의 멸망에도 영향을 주었다. 정쟁이나 당쟁이 없다면 이 세상에 망할 나라는 거의 없을 것이다. 아무리 작은 나라도 똘똘 뭉치기만 하면 웬만해서는 망하지 않는다. 지금껏 출현한 모든 나라가 결국 다 망했다는 것은 그 모든 나라가 정쟁이나 당쟁을 겪었음을 의미한다. 유독 조선에 대해서만 당쟁의 혐의를 씌우는 것은 불공평하다.

특히 조선을 두고 당쟁 폐해를 운운하는 것은 이 시대의 붕당정치가 다른 어느 시대보다 골격을 갖췄기 때문이다. 다른 시대의 정쟁을 다룰 때는 지도자 ○○○의 이름을 따서 '○○○파' 식으로 정파를 구분한다. 하지만 조선시대의 당쟁을 다룰 때는 사상적·정치적 입장을 기준으로 동인, 서인이니 남인, 북인, 소론, 노론이니 하는 식으로 정파를 구분한다. 이렇게 하는 것은 조선시대 당쟁이 여타 시대보다 체계적이고 과학적이었기 때문이다. 그러다 보니 조선시대 당쟁이 유독 눈에 잘 띄었던 것이다.

당쟁이 있었다 해서 당쟁을 멸망의 최대 요인으로 단정해도 안 된다. 붕당정치의 주역인 사림파가 정권을 잡은 것은 선조 즉위(1567) 이후이고, 조선이 멸망한 것은 1910년이다. 343년이라는 시간 간격이 있다. 그러므로 1567년 이후의 붕당정치를 1910년 국권 상실의 직접적인 원인으로 보는 것은 무리다. 그 사이 어떤 변화가 있었는지 고려하지 않고 두 사건을 직접 연결해 '조선 멸망은 당파 싸움 때문'이라고 단정하는 것은 비과학적이다.

붕당정치에서는 군자당과 소인당이라는 개념이 존재했다. 이것은 여당과 야당의 구분과는 다르다. 각 당파는 자기편을 군자당으로 높이고, 상대편을 소인당으로 낮추었다. 군자는 유교에서 말하는 이상적인 인간상이고, 소인은 정반대 인간상이다.

그래서 언뜻 생각하면 붕당시대 정치인들이 상대와의 공존을 거부했을 것으로 느껴지기 쉽다. 군자당과 소인당의 공존이 불가능했을 것이라 생각할 수도 있다. 하지만 유교에서는 군자와 소인이 공생할 수 있다고 인식했다. 『서경』에서 이를 확인할 수 있다. 『서경』 「다방(多方)」 편에서 주나라 성왕은 "성인도 생각하지 않으면 광인이 되고, 광인도 힘써 생각하면 성인이 된다[惟聖罔念作狂. 惟狂克念作聖]."고 했다. 여기서 말하는 광인은 미친 사람이 아니라 소인과 비슷한 의미다. 노력 여하에 따라 성인도 광인이 되고 광인도 성인이 될 수 있다는 것이다.

이런 사고방식은 군자당도 소인당이 될 수 있고 소인당도 군자당이 될 수 있다는 인식으로 이어졌다. 이는 급진적 개혁 정치가인 조광조한테서도 나타난다. 『중종실록』에 따르면, 중종 12년 1월 23일

(1517. 2. 13.) 열린 석강(저녁 세미나)에서 조광조는 소인도 군자가 될 수 있다고 언급했다. 이렇듯, 상대편을 멸절시키는 게 아니라 교화해 군자, 즉 자기편으로 만드는 게 붕당정치의 목표였다. 이렇게 상대방을 군자나 성인의 경지로 끌어올리기 위해 투쟁하고 경쟁하는 가운데서 붕당정치는 균형 있게 발전할 수 있었다.

붕당정치의 이상이 가장 잘 실현된 시기는 인조반정 이후다. 인조·효종 시대에 서인당과 남인당은 공존과 균형을 추구했다. 쿠데타로 북인당을 축출하고 권력을 잡은 서인당은 1674년 제2차 예송 논쟁 때까지 50여 년간 정권을 잡았다. 서인당은 남인당을 인정하고 공존을 추구했다. 엄밀히 말하면, 서인당이 공존을 인정한 게 아니라 그렇게 할 수밖에 없었다. 남인당 역시 무시 못할 기반을 갖고 있었기에 공존이 가능했던 것이다.

상복을 둘러싼 논쟁, 산으로 가다

그런데 예송 논쟁이 터지면서 붕당정치가 이상 조짐을 보이기 시작했다. 제1차 예송은 1659년에 효종이 죽고 현종이 왕이 되면서 촉발됐다. 인조의 부인이자 효종의 계모인 자의대비가 어떤 상복을 입을 것인가를 놓고 당파들이 대립했다. 어머니는 자식이 적장자면 3년간, 차남 이하면 1년간 상복을 입어야 했다.

예송은 효종의 위상과 관련된 것이었다. 효종을 인조의 장남으로 볼 것인가 차남으로 볼 것인가의 문제였다. 효종과 갈등을 빚었던 서인당은 효종은 인조의 차남에 불과하다고 주장했다. 남인당은 효종이 차남이기는 하지만 인조의 후계자로 왕위에 올랐으므로 장남으로 대우해야 한다고 주장했다. 왕실 족보인 『선원계보기략』을 보면 답이 명확해진다. 『선원계보기략』에서는 출생의 선후에 관계없이 후계자를 최우선 자리에 둔다. 장남보다 후계자를 앞에 두는 것이다. 이 책 「인조」 편에서는 효종이 소현세자보다 앞자리에 있다. 이를 보면 서인당이 억지를 부렸던 것이다. 힘이 있었기에 억지 주장도 펼 수 있었던 것이다. 제1차 예송에서 승리한 서인당은 '효종은 차남'이라는 논리하에 자의대비가 1년만 상복을 입도록 했다.

15년 뒤인 1674년에는 효종의 부인인 인선왕후가 사망했다. 이때도 자의대비가 며느리를 위해 몇 년간 상복을 입어야 할지를 놓고 논쟁이 벌어졌다. 이것이 제2차 예송이다. 효종을 적장자로 인정하면 1년, 차남 이하로 인정하면 9개월 동안 상복을 입어야 했다. 15년 전과 달리 이때는 남인당이 승리했다. 현종이 남인당의 손을 들어준 것이다. 이로써 효종은 적장자, 인선왕후는 적장자의 부인으로 인정됐다. 이에 따라 자의대비는 1년간 상복을 입었다. 전처 자식 효종보다 5살 젊은 자의대비는 그 뒤 14년을 더 살았다.

제2차 예송을 거치면서 당쟁은 과열 양상을 띠었다. 승리한 남인당은 서인당 영수인 송시열을 사형에 처하려 했다. 그들은 송시열의 압박을 받다가 효종이 죽었다는 점을 부각했다. 효종과 송시열의 회담 내용이 송시열에 의해 공개된 것도 이때였다. 그때까지 15년간 회담 내용은 비밀이었다. 송시열이 이를 공개한 것은 자기가 효종과 뜻을 같이했다는 것을 보여주기 위해서였다. 자기도 북벌론에 찬성했다면서 자신을 효종을 도운 충신으로 규정했다. 물론 그것은 과장 또는 거짓이었다. 송시열은 북벌에 대해 총론에서는 찬성했지만 각론에서는 반대했다. 결국 회담록을 공개한 송시열은 살아남았다. 그가 죽을 뻔한 이 사건은 당쟁이 한층 격화될 것을 예고하는 전조(前兆)였다.

숙종 즉위 이후 당쟁은 더욱 격화됐다. 이 시대에는 정변도 빈발했다. 환국으로 불리는 정권 교체가 잦았다. 환국은 피의 숙청을 수반했다. 정권이 남인당에서 서인당으로 넘어간 경신환국(1680), 남인당으로 도로 넘어간 기사환국(1689), 서인당이 되찾은 갑술환국(1694) 등이 모두 숙종 시대에 발생했다. 숙종 시대 당쟁의 특징은 격렬함이다. 다른 시대 당쟁도 다 격렬했지만, 이 시대에는 유난히 심했다. 당파들이 단순한 정쟁을 벌이는 것이 아니라 상대방의 파멸을 목표로 했다. 패배한 쪽은 죽음을 각오해야 했다. '모 아니면 도'인 시대였다.

이 시절의 당쟁이 상대방의 파멸을 추구했다는 점은 남인당 영수 허적의 허무한 죽음에서도 드러난다. 효종 재위기에 호조·형조판서를 역임한 그는 제1차 예송 때 패했다. 하지만 15년 후의 제2차 예송에서는 서인당을 물리치고 집권에 성공했다. 그 뒤 송시열 처벌 문제로 남인당 내부에 논란이 생기자 그는 온건론을 표방했다. 그를 따르는 세력을 탁남(濁南)이라 부른다. 집권당 영수로서 정국을 주도하던 그는 경신환국 때 허무하게 목숨을 잃었다. 자기 집에서 열릴 잔치를 위해 궁궐에서 임의로 천막을 가져갔다가 역모 혐의를 받았다. 안 그래도 허적이 정변을 일으킬 거라는 풍문이 나돌고 있었다. 그런 상황에서 '방자한' 행동을 했던 것이다. 그렇지 않아도 숙종은 잔치가 열릴 거라는 이야기를 듣고 천막을 보내주라고 했다. 그런데 이미 허적이 마음대로 갖고 간 것을 알고 화가 났다. 허적이 자기를

집권당 영수로서 정국을 주도하다가 경신환국 때 허무하게 목숨을 잃은 정승 허적. 자기 집에서 열릴 잔치를 위해 궁궐에서 임의로 천막을 가져갔다가 역모 혐의를 받았다.

업신여기고 있다고 생각했다. 허적의 행동은 숙종이 서인당의 손을 들게 했다. 허적은 결국 사약을 마셨고, 남인당은 울분을 토해내야 했다.

숙종 시대 당쟁은 승자에게 '모'를 안겨주었다. 패자에게는 당연히 '도'였다. 이것은 승자 독식 풍조를 만들었다. 하지만 승자에게도 결코 이롭지 않았다. 승자가 패자로 바뀌고 패자가 승자로 바뀌는 때가 오면 이전의 승자는 비참해지고 이전의 패자는 지독해졌다. 살벌한 정치 보복이 되풀이된 것이다. 이로 인해 붕당 간 균형이 무너질 수밖에 없었다. 붕당정치는 군자당과 소인당을 전제로 하는 것이었다. 그런데 숙종 시대에는 상대방을 아예 없애버리려 했고, 그 때문에 붕당정치의 기초가 위협받았다. 그래서 승자에게도 패자에게도 무시무시한 것이었다. 외형상으로는 승자가 다 차지한 것 같지만, 승자도 두려움을 품을 수밖에 없는 정치 풍토였다.

붕당정치의 동요는 정치판의 변형을 초래했다. 이것은 임금 입장에서는 꽤 환영할 만했다. 붕당정치가 흔들린다는 것은 신하 권력이 흔들린다는 것이고, 신하 권력이 흔들린다는 것은 왕권을 키울 기회가 왔다는 의미였다. 영조가 탕평정치라는 구호를 내걸 수 있었던 것은 이런 환경 변화 때문이었다.

황제권이 강했던 중국에서는 탕평정치 논의가 크게 부각되지 않았다. 『서경』「홍범(洪範)」편에는 "편벽되지 않고 무리 짓지 않으면 왕도가 탕탕하고, 무리 짓지 않고 편벽되지 않으면 왕도가 평평하다[無偏無黨王道蕩蕩, 無黨無偏王道平平]."는 구절이 있다. 여기 나오는 탕탕(蕩蕩)과 평평(平平)이 탕평의 어원이다. 당파성의 배제를 촉구하는 「홍범」편은 군주권을 강화하는 데 목적이 있었다. 중국인들은 『서경』을 즐겨 읽어도 이 구절을 강조할 필요가 없었다. 탕평론의 근거가 된 이 구절을 강조하지 않더라도 어차피 황제권이 강했기 때문이다.

하지만 조선은 왕권이 약하고 신권(臣權)이 강했다. 신하 권력이 군주 권력을 능가했다. 이를 상징적으로 보여주는 사극 장면이 있다. 거의 모든 사극에서 이 장면을 볼 수 있다. 임금이 무엇을 하자고 하면 신하들이 "아니 되옵니다!"를 외친다. 『조선왕조실록(朝鮮王朝實錄)』에서도 자주 볼 수 있는 장면이다. 하지만 중국 사료에서는 찾아보기 힘들다. 그만큼 조선에서는 왕권이 약하고 신권이 강했다.

신권이 강하면 군주 독재를 견제할 수 있다. 하지만 기득권 관료 집단이나 귀족 세력의 이해관계에 따라 국가가 운영될 위험이 있다.

왕권이 신권을 압도하면 사회 집단들의 이해관계가 '탕탕'해지고 '평평'해진다. 그렇기 때문에 왕권이 강해지면 나라가 기득권층의 의지대로 흘러가는 것을 막을 수 있다. 30년 군부 독재를 경험한 한국에서는 군주권의 부정적 측면이 지나치게 강조되는 경향이 있지만, 실제로는 군주 독재보다 신권 독재가 더 위험했다. 신권 독재하에서는 전체 백성을 위한 보편적 가치보다 기득권을 위한 편향적 가치가 국가 전체를 주도할 위험이 컸다.

그래서 조선시대 지식인들은 탕평론을 주장했다. 왕들도 탕평을 희망했다. 하지만 기득권층이 강하거나 붕당이 강력한 탓에 왕이 탕평을 표방하기 힘들었다. 영조 시대에 그게 가능했던 것은 숙종 시대에 붕당정치가 동요했기 때문이다. 격렬한 정치 투쟁으로 붕당의 기초가 약해졌고, 이를 발판으로 왕권이 고개를 치켜들 수 있었던 것이다.

아쉽게 끝나버린 탕평정치의 꿈

이를 이해하려면 숙종과 영조의 중간에 있는 경종에 대한 인식 전환이 필요하다. 이미 숙종 시대부터 붕당정치가 동요했다. 이런 상황이었기에 숙종 사망 4년 뒤에 즉위한 영조가 탕평을 표방할 수 있었다. 숙종을 계승한 경종 역시 탕평의 필요성을 인식하고 있었다. 그랬으므로 시간이 좀 더 주어졌다면, 또 건강이 허락했다면 그 역시 탕평정치를 추구했을 것이다. 그런 기회가 주어졌다면 그가 훨씬 탕평을 잘했을 것이라고 판단할 만한 근거가 있다.

언뜻 생각하면 경종은 입지가 좁았을 것 같다. 장희빈의 아들이기 때문이다. 그의 어머니를 미워하는 세력이 그도 미워했을 것 같다. 하지만 실록을 보면 그렇지 않았다. 어머니 장희빈은 최악의 평가를 받았지만, 아들 경종은 최상의 평가를 받았다. 모자가 이렇게 정반대 평가를 받는 경우도 흔하지 않을 것이다.

경종은 어머니의 참혹한 죽음에도 불구하고 1717년부터 3년간 세자 자격으로 대리청정을 했다. 4년간 임금으로 재위한 기간까지 합치면 7년간 국정을 운영한 셈이다. 그 7년 동안 그는 최고 책임자로서 온 백성의 존경을 받았다. 장희빈의 아들인데도 그런 대접을 받은 것이다.

경종이 존경받은 것은 재위 기간은 짧았지만 복지 정책에 역점을 뒀기 때문이다. 『경종실록』에 수록된 「경종대왕행장(景宗大王行狀)」에 따르면, 그는 조세를 대폭 경감하는 한편, 서민에 대한 지원을 크게 늘렸다. 자연재해로 다치거나 집을 잃은 사람들에게 세금을 감면해 주고 살 곳을 마련해줬다. 유가족에게도 지원을 베풀었다. 불에 타 죽은 사람, 물에 빠져 죽은 사람, 깔려 죽은 사람, 호랑이에 물려 죽은 사람의 유가족도 지원을 받을 수 있도록 배려했다.

경종은 훈훈한 인간미로 온 나라를 감동시켰다. 「경종대왕행장」은 라이벌 영조가 집권한 뒤에 기록됐다. 그런데도 이 책에는 경종의 따스한 마음이 세세히 기록됐다. 그와 경쟁한 세력도 인정할 수밖에 없을 정도로 인간미가 넘쳤던 것이다. 그의 마음은 죄수에 대한 태도에서 가장 극명하게 표출됐다. 한여름이나 한겨울에는 측근들을 감옥에 파견해 죄수들을 살피도록 했다. 혹심한 날씨에 죄수들이 고생하지 않을까 염려됐던 것이다. 이렇게 백성들을 염려하는 군주가 몇이나 됐을까?

그의 인간관계는 인현왕후와의 관계에서도 증명된다. 인현왕후는 어머니의 원수였다. 그런 인현왕후에게도 그는 지극한 효성을 다했다. 그래서 인현왕후는 장희빈은 미워하면서도 경종만큼은 미워하지 못했다. 위인전과 소설의 요소를 모두 갖춘 『인현왕후전(仁顯王后傳)』에는 왕후가 죽기 직전에 열린 생일 연회 장면이 나온다. 이때 경종은 세자 신분이었다. 중병에 걸려 죽음이 임박한 인현왕후에게 공주와 후궁들이 선물을 바쳤다. 후궁으로 전락한 장희빈도 옷을 선사했다. 하지만 인현왕후는 그 선물만큼은 거절했다. 죽음을 앞둔 상태에서도 장희빈에 대한 앙금을 풀지 못했던 것이다. 하지만 경종이 옷을 다시 갖다 주자 왕후는 거절하지 못했다. "세자의 간절한 효성과 얼굴을 보아" 부득이 받을 수밖에 없었다. 인현왕후의 눈에 장희빈과 경종은 전혀 다른 존재였다. 경종을 미워할 수 없었던 것은 인현왕후의 친정 식구들도 마찬가지였다. 오빠 민진후가 목격한 장면이 「경종대왕행장」에 기록되어 있다.

왕후께서 영결하자 민진후는 엎드려 눈물을 흘렸다. 하지만 세자(경종)께서는 유독 슬픈 기색을 드러내지 않으셨다. 그러다가 문 밖에 나가 민진후의 손을 덥석 잡더니 크게 울며 슬픔을 억제하지 못하셨다.

시신 앞에서는 슬픔을 억제하던 경종이 밖에 나가서야 비로소 대성통곡했다는 이 일화는 경종이 인현왕후에게 진정성을 갖고 있었다는 증거로 해석됐다. 경종이 위선적이라고 비쳤다면 민진후가 이 일화를 세상에 공개하지 않았을 것이다. 이렇게 경종은 일반 백성은 물론이고 어머니의 원수였던 사람들로부터도 사랑을 받았다. 그래서 반대파에서는 쿠데타는 생각도 못 하고, 그저 빨리 죽기만을 바랄 뿐이었다.

경종의 입지는 확실히 영조보다 유리했다. 영조는 다수파인 노론당의 지지를 받기는 했지만, 경종보다 정통성이 약해서 정치적으로 불리했다. 그러므로 경종이 좀 더 살았다면 그도 탕평을 했을 것이고, 그랬다면 영조보다 훨씬 유리한 환경에서 탕평정치를 전개할 수 있었을 것이다. 경종 역시 붕당정치의 와해를 목격하고 그 속에서 탕평의 가능성을 보았을 것이므로 그 역시 의욕적으로 추진했을 것이다. 숙종 시대에 이미 붕당정치에 금이 갔기 때문에 누가 숙종의 뒤를 잇든 탕평에 욕심을 낼 만한 상황이었다. 집권 4년 만에 죽지 않았다면 영조 대신에 경종이 오히려 탕평정치의 대명사로 기억됐을지도 모른다.

22. 사도세자가 뒤주에서 구출됐다면?
_ 조선 왕조는 크게 흔들렸을 것이다

경기도 수원시에 팔달산이 있다. 경복궁이 북악산을 등지고 있듯, 팔달산을 등지는 궁이 화성행궁이다. 행궁에 들어가면 사도세자가 죽은 뒤주를 본뜬 복원물이 있다. 성인은 들어가기 힘든 비좁은 뒤주 안에 어떻게 8일간이나 갇혀 있었을까? 혈기 왕성한 28세 청년이 그곳에 갇혔으니 무척 고통스러웠을 것이다.

사도세자는 갑갑함이나 굶주림 못지않게 무더위에 고생했을 것이다. 뒤주에 갇힌 날은 영조 38년 윤5월 13일(1762. 7. 4.)이고, 숨이 끊어진 날은 윤5월 21일(1762. 7. 12.)이다. 오늘날의 대통령 비서실에 해당하는 승정원의 업무일지 『승정원일기(承政院日記)』에 따르면, 이 기간은 대체로 무더웠다. 양력 7월이었으니 그랬을 것이다. 윤5월 16일(1762. 7. 7.) 약간 선선했고, 윤5월 20일(1762. 7. 11.) 비가 좀 내렸을 뿐이다. 부인인 혜경궁 홍씨의 회고록 『한중록(閑中錄)』에 따르면, '다행히' 윤5월 20일 오후 3시에서 5시 사이에 폭우가 잠시 내렸다. 가장 무더운 시간에 잠시나마 빗줄기가 떨어졌으니 그나마 숨통이 트였을 것이다. 양력 7월 날씨에 비좁은 뒤주에서 갑갑함과 굶주림과 무더위에 시달렸으니 빨리 죽느니만 못하다고 생각했을지도 모른다.

아버지의 명령으로 비참하게 죽어간 사도세자는 오늘날 대중문화의 단골 소재가 되고 있다. 그만큼 그 삶이 드라마틱했다. 정신이상 증세를 보여서 죽을 수밖에 없었다는 시각도 있고, 반대파의 모함으로 억울하게 죽었다는 시각도 있다.

어쩌면 영조는 누군가 아들을 살려주기를 바랐는지 모른다. 그는 세자를 곧바로 죽이지 않고 8일간이나 가둬뒀다. 아들을 가둔 자신의 처사도 후회스러웠겠지만, 뒷짐 지고 지켜보기만 하는 대신들도 미웠을지 모른다. 사도세자가 뒤주에서 벗어나기를 누구보다도 희망한 사람은 어쩌면 세자 본인이 아니라 아버지 영조였는지도 알 수 없다. 만약 사도세자가 뒤주에서 풀려나서 왕이 됐다면 역사는 어떻게 됐을까? 그가 어좌에 올랐다면 조선의 정치 지형은 어떻게 바뀌었을까?

점점 틀을 갖춰가는 사도세자의 탕평책

이에 관해서는 비교적 명확하게 추론을 전개할 수 있다. 생전의 사도세자가 정치적 색깔을 명확히 보여주었기 때문이다. 사도세자의 정치 행보를 보면 그가 집권했다면 아버지 영조나 아들 정조보다 훨씬 강도 높게 탕평을 했으리라고 추론할 만한 근거가 있다. 사도세자와 탕평을 연결하는 고리들을 찾아보자.

첫째, 사도세자는 76년의 탕평 시대 중에서 13년을 담당했다. 영조가 즉위한 해는 1724년, 정조가 사망한 해는 1800년으로, 탕평 시대는 총 76년간이다. 영조가 1776년에 사망했기 때문에 76년 중 52년이 영조의 몫인 것처럼 보이지만 그렇지 않다. 1749~1762년에는 사도세자가 영조를 대신해 대리청정을 했다. 이 13년간은 사도세자가 탕평의 실제 주역이었다. 탕평정치 하면 영·정조만 연상하지만, 실은 사도세자도 한몫했다.

둘째, 사도세자의 대리청정 기간에 탕평책이 구체화됐다. 대표적인 것이 균역법이다. 균역법은 군포 납부 부담을 줄이기 위해 만든 납세 제도다. 요즘 말로 하면 방위세 경감 조치다. 임진왜란 이후 1인당 군포 2필을 받던 것을 군포 1필만 받기로 개정한 것이다. 이로 인해 부족해진 재원은 어전세, 염세, 선세 등으로 보충했다.

균역법은 조세 부담을 덜어주기 위한 것이었지만, 그 바탕에는 탕평의 제도적 기초를 마련한다는 목표가 있었다. 『서경』「홍범」편에 따르면, 탕평의 본질은 3가지다. 하나는 특정 당파에 치우치지 않고 군주가 정치의 표준을 확립하는 것이고, 다른 하나는 당파성을 배제하고 유능한 인재를 기용하는 것이며, 마지막 하나는 백성들에 대한 귀족의 영향력을 배제하고 군주가 백성의 부모가 되는 것이다.

주목할 부분은 마지막이다. 군주가 국가의 중심이 되려면 귀족이 군주보다 강해서는 안 된다. 사람이건 물질이건 귀족 주변에 많이 모여들지 않아야 한다. 그런데 서민들은 살기 힘들어지면 조세나 병역을 기피하고자 귀족의 노비가 되곤 했다. 그런다고 삶이 나아지는 건 아니었지만, 당장에 조세나 병역을 회피하자면 그 길밖에 없었다. 이렇게 되면 귀족의 영향력은 강해지고 군주의 영향력은 약해질 수밖에 없다. 균역법은 백성들의 경제적 여건을 향상시킴으로써 그들이 귀족의 백성이 아닌 군주의 백성이 되도록 하기 위한 포석이었다. 이는 탕평의 이념에 부합했다. 균역법 같은 제도가 사도세자의 대리청정 기간에 실시됐다는 것은 그가 탕평의 주관자였음을 보여준다.

셋째, 사도세자는 다수파 노론당에 정면 대항했다. 숙종 때 남인당을 축출하고 권력을 잡은 서인당은 숙종 후반기에 노론당과 소론당으로 분열됐다. 경종 때는 소론당이 정권을 잡았지만, 영조 때는 노론당이 권력을 차지했다. 영조가 탕평을 표방한 탓에 공개적으로 붕당을 내세울 수는 없었지만, 노론당이 여전히 집권당이라는 것은 공공연한 비밀이었다. 그랬으니 탕평이 제대로 실현될 리 없었다. 그런 현실에 맞서 사도세자는 10살 때부터 노론당을 비판했다. 아버지가 노론당 덕분에 정권을 잡았는데도 그렇게 했다. 노론당의 핵심인 외척에 대해서도 비판을 서슴지 않았다. 아버지의 친위 세력에 대해서도 마찬가지였다. 이런 행보를 볼 때, 그가 죽지 않고 집권했다면 탕평정치가 훨씬 강도 높게 전개됐을 가능성이 있다.

사도세자도 영·정조 못지않게 탕평에 애착이 강했다. 정확히 표현하면, 훨씬 더한 열정이었다. 영·정조는 다소 타협적이었다. 형식적으로는 붕당을 부정했지만, 실제로는 묵인했다. 하지만 사도세자는 원칙적이고 강경했다. 또 영·정조는 왕권 강화라는 상위 목표를 위해 탕평을 표방했지만, 사도세자는 그런 이해관계로부터 자유로웠다. 그래서 사도세자의 탕평이 영·정조보다 순수하고 원칙적이었다.

물론 사도세자가 왕이 안 됐기 때문에 순수한 행적만 남겼을 수도 있다. 보위에 올랐다면 아버지나 아들과 같은 궤적을 밟았을 수도 있다. 하지만 중요한 것은 죽기까지 신념을 굽히지 않았다는 사실이다. 아직 20대인 그를 두려워했던 집권 세력은 그를 뒤주에 가

두었다. 이것은 그의 탕평이 비타협적이고 교과서 같았음을 보여준다. 그들은 사도세자가 즉위 후에도 탕평을 강도 높게 할 것이라 생각했을 것이고, 그래서 그를 죽일 수밖에 없었을 것이다.

탕평, 미완의 꿈은 날아가고

아니, 정신병 증세를 보인 사람이 무슨 탕평정치? 그런 이의를 제기할 수도 있다. 사도세자가 그런 증세를 보인 것은 사실이다. 사도세자는 아버지를 극도로 무서워했다. 궁에서 칼을 휘두르고 함부로 궁녀를 죽였다. 몰래 왕궁을 빠져나가 평양에 갔다 오는 일도 있었다. 정상적인 행보는 아니었다.

하지만 그건 전체의 일부였다. 그는 유별나게 똑똑한 왕자였다. 왕궁에서는 원자나 세자의 성장 과정과 지적 능력을 세밀히 기록했다. 혜경궁 홍씨는 그런 문서를 『한중록』에 소개했다. 이에 따르면, 사도세자는 생후 4개월부터 걸었고, 6개월 만에 아버지의 부름에 응했으며, 7개월 만에 동서남북을 가리켰다. 2살 때 글을 배워 60개 정도의 한자를 썼고, 3살 때 남이 과자를 주면 '목숨 수(壽)'나 '복 복(福)' 자가 쓰인 것만 골라 집었다. 그 정도였기에 10살 때 노론당을 비판할 수 있었을 것이다. 탕평을 추진하는 데 필요한 지적·정신적 역량이 있었다는 점을 의심할 필요가 없다. 뒤주에 갇혀 죽지 않았다면 영·정조보다 훨씬 강력하게 탕평을 추구했을 가능성이 있다.

하지만 사도세자의 탕평이 반드시 성공했으리라 장담할 수는 없다. 영·정조가 타협적 노선을 걸은 것은 그렇게 하고 싶어서가 아니라 그렇게 할 수밖에 없었기 때문이다. 왕권도 넘을 수 없는 벽이 있었던 것이다. 그렇기 때문에 사도세자가 강도 높은 탕평을 추진했다면 그 역시 영·정조처럼 벽에 부딪혔을 것이다. 광해군처럼 재위 중에 쫓겨났을 수도 있다.

그러나 그런 일이 발생할 경우 손해 보는 쪽은 사도세자만이 아니다. 탕평파와 반대파 사이에 대규모 충돌이 발생하면 양쪽 다 피해를 입을 수밖에 없었다. 강력한 탕평을 추진했다면 사도세자의 안전도 보장할 수 없었겠지만, 반대파 역시 유혈을 감내해야 했을 것이다. 그랬더라면 조선 후기의 사회 질서가 좀 더 일찍 약화됐을 것이고, 왕조를 살리기 위한 노력도 좀 더 일찍 개시됐을 것이다. 사도세자가 뒤주에 갇혀 죽지 않았거나 뒤주에 갇혔더라도 풀려나 임금이 됐다면 탕평정치를 훨씬 강력하게 추진했을 것이며, 설령 실패했더라도 사회 질서에 상당한 타격을 주었을 것이다.

23. 정조가 4년만 더 살았다면?

_ 사도세자가 복권됐을 것이다

『영조실록(英祖實錄)』이나 『승정원일기』에 따르면, 정조의 할아버지인 영조는 죽기 여러 해 전부터 거의 방 안에서 누워 지냈다. 시력도 좋지 않아서 바로 앞에 있는 사람도 분간하지 못했다. 영조 48년 9월 21일(1772. 10. 17.) 과거 급제자들을 면담한 자리에서도 그랬다. 훗날 정조의 최측근이 될 홍국영도 이날 영조를 알현했다. 영조는 홍국영의 얼굴을 알아보지 못했다. 옆에 있는 승지에게 "홍국영이 어떻게 생겼느냐?"고 물어볼 정도였다. 승지는 "미남입니다."라고 대답했다.

영조는 육체 건강만 나쁜 게 아니었다. 정신에도 문제가 있었다. 정신이 혼미한 때가 많았다. 이 틈을 타서 좌의정 홍인한이 자파 인사를 우의정에 천거하려고 시도한 적도 있다. 영조가 정신이 오락가락하는 틈을 악용했던 것이다. 이 시도는 실패했다. 『영조실록』「영조대왕행장(英祖大王行狀)」에 따르면, 죽기 얼마 전에 영조는 세손 이산(훗날의 정조)에게 "앞으로는 나의 잠꼬대 같은 말이 선포되지 않도록 네가 잘 막아달라."고 당부했다. 본인도 걱정할 정도로 정신 문제가 심각했던 것이다.

정신적·육체적으로 쇠약해졌는데도 영조가 83세까지 집권한 것은 대를 이으려는 집념 때문이었다. 아들이 20대 나이에 저세상으로 가고 세손만 남아 있었던지라, 세손이 성장해 보위를 이을 때까지는 어떻게든 버텨야 한다고 생각했던 것이다. 세손이 하루빨리 커주기를 바라는 영조의 마음은 세계 최장기 복역으로 기네스북에까지 올랐던 비전향 장기수 김선명을 기다리는 노모의 마음과 같았을지 모른다.[21]

절반은 타의에 의한 것이지만, 어쨌든 영조는 자기 손으로 아들을 죽였다. 그 심정이 어땠을지는 굳이 설명할 필요가 없을 것이다. 자신으로 인해 왕통이 끊길 수도 있게 됐으니 어린 손자가 하루빨리 성장하기를 학수고대하는 수밖에 없었다. 83세까지 집권할 수 있었던 것은 가슴속에 한이 많았기 때문이라고 볼 수 있다.

영조에 비하면, 정조의 갑작스러운 죽음은 좀 이해할 수 없다. 정조는 1800년 49세 나이로 사망했다. 정조 역시 아버지를 잃은 일로 가슴에 한을 품었다. 자식 잃은 영조의 한에 비할 수는 없었겠지만, 정조 역시 큰 한을 품었다. 그는 아버지의 명예를 회복하겠다는 일념이 대단했다. 더불어, 새로운 세상을 건설하겠다는 의지 역시 상당했다. 이런 유형은 어떻게든 악착같이 살아남을 확률이 높다. 살아남아 무언가를 하겠다는 의지만큼 수명을 연장시키는 것은 없다.

---

21 경기도 양평 출신인 김선명은 한국전쟁 중인 1951년 10월 15일 조선인민군 정찰대 소속으로 강원도 철원에서 정찰 활동을 하다가 체포돼 45년간 복역했다. 어머니는 90대가 되도록 아들을 기다리며 버텼다. 1995년, 어머니는 석방된 아들과 재회한 뒤 일주일 만에 눈을 감았다. 아들을 만나기 전에는 절대로 눈을 감을 수 없었던 것이다.

그런데도 49세에 세상을 떠났다. 가정사로 보나 정치적 야심으로 보나 남보다 오래 살 수 있는 사람이었다. 그래서 그의 갑작스러운 죽음은 이해할 수 없는 일이다.

허망한 죽음으로 끝난 사도세자 복권 프로젝트

정조가 4년만 더 살았더라면 조선 정치 지형에 중대 변화가 왔을 것이라고 추론할 만한 합리적 근거가 있다. 『한중록』에 따르면, 정조는 53세가 되는 갑자년에 '대형 사고'를 칠 계획을 갖고 있었다. 음력인 갑자년을 양력으로 환산하면 1804년 2월 11일부터 1805년 1월 30일까지다. 그런데 왜 하필이면 갑자년이었을까?

현대 한국인들은 100년 또는 1,000년을 단위로 시간을 계산한다. 하지만 음력을 사용하는 사회에서는 100년이나 1,000년에 대한 관념이 강하지 않았다. 물론 100년을 단위로 한 숫자 관념이 전혀 없었던 것은 아니다. 예컨대, 『맹자』「공손추」 편에는 "오백 년에 반드시 왕자(王者)가 흥하나니, 그 사이에 반드시 세상에 이름을 날리는 자가 있다〔五百年必有王者興. 其間必有名世者〕."라는 문장이 있다. 하지만 500년이니 100년이니 하는 표현은 구체적 시간보다는 막연한 장시간을 지칭하는 데 주로 사용됐다. 음력을 사용하는 사회에서 보다 현실적인 것은 갑자년에서 시작해 계해년으로 종결되는 60주년 관념이었다.

갑자년이 새로운 출발점이라는 점 외에 정조가 그해를 고대한 또 다른 이유가 있다. 을묘년에 태어나 임오년에 죽은 사도세자가 갑자년에 칠순이 된다는 사실이었다. 갑자년 1월 21일(1804. 3. 2.)은 사도세자 탄생 70주년이다. 그래서 정조에게는 갑자년이 더욱더 의미가 있었다. 정조가 '대형 사고'를 계획한 시점은 아버지의 생일이 있는 1804년 3월을 전후한 때였을 것이다.

갑자년에 구체적으로 무슨 일을 하려 했을까? 『한중록』에 따르면, 정조는 갑자년에 아들 순조에게 왕위를 물려주고 상왕이 되어 화성으로 내려갈 계획을 품고 있었다. 동시에 2가지를 더 하고자 했다.

하나는 아버지를 죽인 원수들을 사면하는 것이었다. 사도세자를 죽음으로 내몬 외가를 포함한 기득권 세력을 용서해줄 계획이었다. 『한중록』에 따르면, 정조는 어머니에게 "모년(某年)의 죄들은 갑자년에 다 풀어주겠습니다."라는 말을 자주 했다. '모년'은 사도세자가 뒤주에 갇혀 죽은 임오년이다. 당시 사람들은 '임오년' 대신 가급적 '모년'을 사용했다. 임오년이 풍기는 참혹한 이미지를 떠올리지 않기 위해서였다. 임오년 원수들에 대한 완전한 사면을 통해 정조는 아버지를 죽인 기득권 세력과 화해하고자 했다. 보복의 정치가 아닌 대화합의 정치를 꿈꾼 것이다. 그렇게 모든 것을 깨끗이 한 상태에서 상왕인 자신의 지원하에 아들 순조가 새로운 시대를 열어나가기를 희망했던 것이다.

다른 하나는 사도세자의 정치적 복권을 완성하는 것이었다. 『한중록』에 따르면, 정조는 어머니에게 이렇게 말했다.

> 4년 뒤에 갑자년이 되면 원자(순조)가 열다섯 살이 되니 왕위를 전하기에 충분합니다. 처음 마음먹은 대로 마마(어머니)를 모시고 화성으로 가서 경모궁(景慕宮. 사도세자)께 자식으로 행하지 못한 평생의 한을 이루겠습니다.

사도세자가 경모궁으로 불린 것은 그곳이 사도세자의 사당이었기 때문이다. 처음에 수은묘(垂恩廟)라 불리던 사도세자의 사당은 정조 즉위 후에 경모궁으로 개칭됐다. 옛날 사람들은 조상의 무덤보다 사당을 더 중시했다. 그래서 사당의 명칭으로 아버지를 지칭한 것이다.

정조는 자식으로서 다하지 못한 평생의 한을 갑자년에 풀고자 했다. 그것은 아버지의 정치적 복권을 완성하는 것이었다. 아버지를 주상으로 추존하는 것 등이 이에 포함된다. 복권이 완성되면 사도세자로 인한 정조의 정치적 부담도 해소되어 개혁의 최종 완성을 향해 달려갈 수 있었다. 그래서 사도세자 복권은 '갑자년 프로젝트'라 할 만했다.

즉위 후에 수은'묘'를 한 단계 높은 경모'궁'으로 격상시킨 사실에서 드러나듯이, 정조는 재위 중에 아버지의 명예를 회복하고자 부단히 노력했다. 하지만 아버지를 죽인 사람들이 권력을 차지하고 있었으니 한계가 있을 수밖에 없었다. 이 한계는 정조가 벌이는 모든 일에 걸림돌로 작용했다. '사도세자의 아들, 죄인의 아들'이라는 꼬리표가 항상 발목을 잡았다. 그래서 그에게는 아버지의 복권을 완성하는 게 무엇보다도 중요했다. 사후에나마 아버지가 왕으로 추존되면 그는 '왕의 손자'가 아닌 '왕의 아들'로 한 단계 격상될 수 있었다. 정통성이 견고해질 수 있었던 것이다. 그렇게 되면 한층 제고된 권위를 바탕으로 개혁에 박차를 가할 수 있었다. 그래서 갑자년에 세상을 바꿀 최종 승부수를 계획했던 것이다. '대형 사고'라는 수식어를 붙이기에 조금도 부족함이 없었다.

갑자년 프로젝트는 아버지의 원수들을 용서하고 아버지의 복권을 완성하는 것, 모든 한을 다 풀고 새로운 60주년으로 진입하는 것이었다. 정조는 주상 자리에 있는 동안에는 아버지의 복권을 완성하기 힘들다고 판단했다. 누가 보더라도 객관성이 떨어졌다. 그래서 자신이 상왕으로 물러난 뒤에 추진하는 게 유리하다고 판단했다. 상왕으로 물러나더라도 실권까지는 내놓지 않을 생각이었을 것이다. 그러면 갑자년 프로젝트를 완성하기 힘들어지기 때문이다.

곰곰이 생각해보면 갑자년 프로젝트에 비수가 숨어 있다는 느낌을 감출 수 없다. 사도세자가 왕으로 추존되고 복권이 완성되면 정조가 의도했건 안 했건 사도세자의 적들이 정치적 기반을 상실하게 된다. 정조가 그들을 용서해도 사도세자가 복권되는 순간 그들은 죄인이 될 수밖에 없다. 법적으로는 용서를 받고, 정치적으로는 매장되는 것이다. 이런 조치는 대대적인 정계 개편으로 연결되고, 기득권층은 정계에서 도태될 수밖에 없다. 외형상으로는 대화합을 표방하는 것이지만, 실제로는 광폭의 정계 개편을 염두에 둔 것이라 볼 수 있다. '갑'자년이 아니라 '갚'자년이 될 수도 있는 일이었다.

그렇기 때문에, 정조가 4년만 더 살았다면 조선 정치 질서가 새로운 단계로 진입했을 가능성이 있다. 정조의 승리를 확단할 수는 없지만, 정조가 패배했더라도 적들 역시 적잖은 피해를 입게 될 것이고, 그랬다면 조선 사회가 좀 더 빨리 정치적 충격을 받고 좀 더 일찍 자신의 문제점을 발견했을 것이다. 그랬다면 조선 왕조는 19세기 말의 위기에 좀 더 효과적으로 대처할 수 있었을 것이다.

하지만 정조는 갑자년 전에 갑자기 사망했고, 갑자년에 하고자 했던 일들은 모두 물거품이 됐다. 정조가 죽은 뒤 7살 연상의 새 할머니 정순왕후가 순조를 대신해 수렴청정을 했고, 심환지로 대표되는 구세력과 손잡고 정조의 개혁을 원점으로 되돌려놓았다. 정조 사망

99년 뒤인 1899년, 고종이 사도세자를 장조(莊祖)로 추존했다. 정조의 한을 조금이나마 풀어주는 조치였다. 하지만 때는 이미 늦었다. 1899년이면 조선이 일본의 수중에 사실상 넘어간 뒤였다.

24. '괴물 여왕' 정순왕후가 권력욕이 없었다면?

_ 조선은 청나라를 따라잡았을 수도 있었다

정조의 7살 연상 새 할머니, 영조의 51세 연하 부인. 영조의 두 번째 부인 정순왕후 김씨를 가리키는 말이다. 정순왕후와 정조의 관계는 겉으로는 할머니와 손자 사이였지만, 속으로는 긴장감이 팽팽하게 흐르는 관계였다.

그럴 수밖에 없는 것이, 정조 입장에서 정순왕후는 할머니가 아니라 원수였다. 정순왕후는 친정아버지 김한구의 사주를 받아 사도세자를 압박했을 뿐만 아니라 사도세자를 뒤주에 가두는 데도 중요한 역할을 했다. 정조가 등극한 후에는 정조를 끊임없이 견제했고, 정조가 죽은 후에는 정조의 개혁을 송두리째 뿌리 뽑았다. 정약용을 비롯해 정조가 길러낸 인재들을 모조리 숙청했다. 3년간 수렴청정하는 동안, 다시 말해 3년간 여왕으로 군림하는 동안 정순왕후는 정조가 뿌린 씨앗들을 거둬내고 조선이라는 토양을 짓밟았다. 정조의 죽음과 함께 정조 지지 세력이 약해지는 것은 당연했지만, 정순왕후의 '활약' 덕분에 정조 세력은 와해되는 수준에까지 이르렀다.

만약 정순왕후가 권력을 잡지 못했다면 어땠을까? 그랬다면 조선이 청나라를 따라잡았을 수도 있었다.

정순왕후의 과욕이 조선에 재앙을 가져오다

19세기에 서양 열강은 동남아는 물론이고 동북아까지 물밀듯 밀려왔다. 이 흐름은 동아시아에 충격을 주었다. 그런데 조선이 받은 충격은 여타 국가가 받은 충격에 비하면 가벼운 편이었다. 서양의 압력은 주로 청나라와 일본에 집중됐다. 이양선들이 조선 근해에서 통상을 요구하는 일이 있었지만, 청나라와 일본에 비하면 조선은 압력을 덜 받은 편이었다.

서양 열강이 조선에 관심을 덜 가진 데는 이유가 있었다. 조선이 청나라보다 작았다는 것도 하나의 이유였고, 바다를 통해 다가오는 쪽의 입장에서는 일본이 대양 쪽에 더 가까웠으므로 조선보다는 일본에 관심을 기울이는 게 당연했다.

조선과 청나라의 모호한 관계 때문에 조선에 쉽게 접근하지 못한 측면도 있다. 제1차 아편전쟁 발발로부터 30년이나 지난 1870년대까지도 서양 열강은 조선과 청나라의 사대 관계를 제대로 이해하지 못했다. 어떻게 보면 조선이 청나라에 속해 있는 것 같기도 하고, 어떻게 보면 양국이 무관한 것 같기도 했다. 그래서 서양 열강은 두 나라가 대체 무슨 사이냐고 청나라에 수없이 문의했다. 그때마다 청나라는 '조선은 속국이지만, 내정과 외교는 자주적으로 처리한다'고 밝혔다. 속국이지만 자주국이라고 한 것이다. 조선이 형식상으로는 청나라 황제의 권위를 인정하지만, 실제로는 독립적으로 국권을 행사한다는 뜻이었다.

서양 열강이 조선에 쉽게 접근하지 못한 또 다른 이유는 조선의 강력한 대결 의지 때문이었다. 청나라와 일본은 근해에서 함포 사격만 받고도 쉽사리 문호를 개방했다. 그에 비해, 조선은 프랑스와 미국의 침공을 받고도 끄떡도 하지 않았다. 이런 경험은 서양 열강이 조선과 직접 소통하는 데 부담을 느끼도록 만들었다. 그때부터 미국은 중국의 중재를 통해 조선과의 관계를 처리하려 했다.

조선이 서양의 압박을 덜 받았다는 사실은 그만큼 발전의 기회가 있었음을 의미하는 것이다. 19세기 전기와 중기에 청나라와 일본은 서양의 압박에 시달렸다. 그 기간에 조선은 국력을 배양할 수도 있고, 청나라를 추격할 수도 있었다. 그런데 그런 일을 할 수 있는 세력이 정순왕후에 의해 와해됐다. 그래서 조선은 19세기 전기와 중기를 허송세월하고 말았다. 외국 문물에 대해 상대적으로 개방적이었던 정조 세력이 살아남아 국정에 참여했다면 조선은 청나라와 일본에서 벌어지는 일들을 보며 좀 더 많은 것을 배울 수 있었을 것이다. 신속하게 내부 개혁에 나설 수도 있었을 것이다. 하지만 그렇게 하지 못했다.

청나라보다는 서양의 압력을 덜 받은 일본은 1868년 메이지유신을 통해 개혁에 착수하고, 곧이어 서양 열강에 편승해 청나라를 압박하는 데 가담했다. 서양 열강 흉내를 낸 것이다. 중국을 빙 둘러싼 주변 지역에 대한 서양의 압박이 강화되던 1870년대에 일본은 대만, 오키나와, 조선에 대한 공세를 개시했다. 서양 열강이 점찍어둔 지역들에 먼저 손을 뻗친 것이다.

일본이 얼마나 눈치가 빨랐는지는 오키나와 합병 과정에서도 드러난다. 본래 오키나와는 청나라와 일본을 동시에 상국으로 떠받들었다. 양속 상태였던 것이다. 이런 상태에서 일본은 1874년 중국령 대만을 침공해 승리를 거둔 뒤, 그 대가로 청나라와 오키나와의 사대 관계를 단절시켰다. 그렇게 해서 자국만의 속국이 된 오키나와를 1879년에 서둘러 합병한 것은 1876년 런던에서 발행된 잡지 기사 때문이었다. 영국이 동아시아에서 군사적 지위를 강화하려면 오키나와를 점령해야 한다는 기사였다. 1877년에 영국 런던을 방문한 일본 외교관이 이 기사를 보고 이 잡지를 법무장관에게 전달했고, 일본 정부는 영국에 선수를 빼앗기지 않으려고 오키나와 합병을 서둘렀다. 이렇게 일본은 서양보다 한발 먼저 식민지 개척에 나서는 신속성을 보여주었다. 1886년부터는 청나라를 능가할 목적으로 해군력 증강 사업에도 돌입했다. 1894년 청일전쟁 때는 청나라를 확실히 제압했다.

조선은 청나라는 물론이고 일본보다도 시간이 많았다. 18세기 후반에 조선과 일본의 경제력이 역전되기는 했지만, 19세기 초반만 해도 그 차이는 그리 크지 않았다. 그렇기 때문에 정조 시대 개혁 세력이 19세기 초반에 살아남았다면 조선도 일본 못지않게 개혁을 수행했을 것이고, 그랬다면 청나라까지 능가했을지도 모른다. 적어도 청나라를 따라잡는 수준까지는 갈 수 있었을 것이다.

하지만 정조의 죽음과 함께 권력 정상에 오른 '괴물 여왕' 정순왕후의 파괴적 활동으로 새 시대에 필요한 개혁 세력이 사실상 와해됐고, 이 때문에 조선은 19세기 격동기에 역사의 파도에 휩쓸려 다니는 수동적인 나라가 되고 말았다.

25. 조대비가 안동 김씨를 미워하지 않았다면?

_ 조선은 망국에 이르지 않았을 것이다

조선 전기는 훈구파의 시대였다. 전기의 끝 무렵인 선조 때부터 조선은 사림파 시대로 접어들었다. 정권을 잡은 사림파는 사색당파로 분열돼 붕당정치를 전개했다. 붕당정치는 숙종 시대 들어 파괴되기 시작했고, 그 틈을 타 영·정조가 탕평정치를 표방했다. 정조가 죽은 뒤인 순조, 헌종, 철종 때는 왕권이 약해지면서 세도(勢道)정치 시대가 됐다. 외척 가문이 세도, 즉 힘에 의한 정치를 펼치는 시대가 된 것이다. 이 시대에는 경주 김씨, 안동 김씨, 풍양 조씨가 돌아가며 영향력을 발휘했다. 순조 시대 초기에 정순왕후가 수렴청정할 때는 정순왕후 집안인 경주 김씨가 권력을 잡았고, 순조가 친정에 들어간 후에는 안동 김씨가 주도권을 잡는 가운데 안동 김씨와 풍양 조씨가 경쟁을 벌였다. 이 때문에 순조·헌종·철종 시대는 조선 왕조 500년 역사 중에서 왕권이 가장 취약한 시기였다.

세 임금 시대는 경우에 따라 전혀 다른 방향으로 흐를 수도 있었다. 순조의 아들인 효명세자(1809~1830)도 역사 전개에 영향을 미칠 수 있는 변수였다. 그가 요절하지 않고 왕이 됐다면 상황이 어떻게 바뀌었을지 알 수 없다.

효명세자는 왕권 강화와 정치 개혁에 관심을 표시했다. 그에 필요한 역량도 있었다. 젊은 천재 박규수가 그의 총애를 받았다. 효명세자는 박규수의 집을 친히 방문할 정도로 유능한 인재를 규합하는 데 열의를 보였다. 아버지를 대신해 4년간 대리청정을 수행한 그는 세도정치를 타파하고 왕권을 강화하려 했다. 하지만 22세의 젊은 나이에 요절했고, 그의 죽음과 함께 세도정치를 타파할 기회마저 사라지고 말았다.

효명세자는 젊은 나이에 갔지만, 부인 조씨는 그렇지 않았다. 세자빈 조씨는 훨씬 오랫동안 삶을 향유하며 자신의 꿈을 유지했다. 그런데 효명세자의 꿈과 조씨의 꿈은 달랐다. 조씨의 꿈은 무엇이었을까?

조대비, '괴물 군주' 고종을 만들다

훗날 신정왕후 또는 조대비로 불리게 될 조씨는 풍양 조씨 조만영의 딸이다. 조씨가 세자빈이 된 것은 안동 김씨를 견제하려는 순조의 작품이었다. 정순왕후가 수렴청정할 때, 권력은 경주 김씨에게 있었다. 순조가 친정한 후에는 처가인 안동 김씨가 권력을 장악했다. 순조는 그런 처가를 견제하고자 효명세자와 조씨를 결혼시켰다. 풍양 조씨를 내세워 안동 김씨를 견제하려 한 것이다. 이 구상은 효명세자가 대리청정하는 동안에는 효과를 보았다. 풍양 조씨가 효명

철종 생가.

세자를 앞세워 권력 장악에 성공했기 때문이다. 하지만 효명세자가 요절하면서 풍양 조씨도 타격을 입었다.

독자인 효명세자가 아버지보다 먼저 죽었기 때문에 순조를 이을 아들이 하나도 없었다. 그래서 효명세자의 아들인 어린 헌종이 왕위를 이었다. 효명세자의 아들이 왕위를 이었으니 풍양 조씨에게 유리했을 것 같지만, 그렇지도 않았다. 순조의 부인인 순원왕후 김씨가 어린 헌종을 대신해 수렴청정했기 때문에 김씨 친정인 안동 김씨에게 권력이 돌아갔다. 헌종이 직접 왕권을 행사한 뒤로는 풍양 조씨가 다시 우세해졌지만, 헌종도 아버지처럼 23세에 요절했고, 풍양 조씨는 다시 위기를 맞았다.

헌종의 뒤를 이은 것은 강화 도령으로 불리는 이원범(철종)이다. 다른 왕족들과 달리 강화도에서 농사지으며 살던 이원범은 원칙상으로는 헌종의 후계자가 될 수 없었다. 헌종의 7촌 숙부였기 때문이다. 후임 주상은 선임 주상의 제사를 지내야 했다. 숙부가 조카뻘의 제사를 지낼 수는 없었다. 그런데도 철종이 왕이 된 것은 안동 김씨의 기획 작품이었다. 만만한 사람을 내세워 권력을 잡고자 했던 것이다. 철종이 왕이 되자 순원왕후 김씨가 제2차 수렴청정에 나섰다. 권력은 다시 안동 김씨에게 돌아갔다.

조대비는 숙명적으로 안동 김씨와 대립할 수밖에 없었다. 세자빈이 된 이유에서도 나타나듯이, 그는 풍양 조씨를 살려 안동 김씨를 견제해야 할 '역사적 사명'을 갖고 궁에 들어갔다. 그가 홍선대원군과 공모해 '포스트 철종'을 준비한 것은 풍양 조씨 세상을 열어야 한다는 집념에서였다. 힘없는 홍선대원군이 자기 아들을 왕으로 만들 수 있었던 것은 이 덕분이다.

조대비는 풍양 조씨 세상을 열 목적으로 고종을 왕으로 만들었지만, 이것은 결과적으로 조선 왕조 전체를 파국으로 몰아갔다. 고종은 흔히 하는 말처럼 부인 치마폭에서 놀아난 유약한 군주가 아니었다. 주변 사람들을 앞세워 자기 의지를 실현할 줄 알았을 뿐만 아니라 세계정세를 이해할 정도로 지적 능력도 출중했다. 거기다 대담하기까지 했다. 동아시아로 밀고 들어오는 서양 열강을 죄다 끌어들여 경쟁시키는 방법으로 조선의 독립을 유지하겠다는 발상을 품고 실행에 옮기기까지 했다. 영국, 청나라, 일본 등의 견제를 뚫고 러시아를 한반도에 끌어들인 사실에서도 대담무쌍함을 엿볼 수 있다. 아버지 홍선대원군은 외세를 막는 데만 치중했지, 외세를 안방에 데려다놓고 마음대로 조종하겠다는 발상까지는 하지 못했다. 하지만 고종은 그런 발상을 실행에 옮겼다. 홍선대원군보다 훨씬 대담했다.

결과적으로 보면 그런 외교 전략 때문에 조선은 망했다. 자기보다 강한 외세들을 마음대로 조종한다는 것은 처음부터 무리였다.

홍선대원군과 고종은 상반되는 지도자였다. 서양 열강에 대한 전략에서 두 사람은 정반대였다. 어느 쪽이 표준적인가를 따지자면 홍선대원군이 훨씬 표준적이었다. 홍선대원군은 헌종과 철종의 대외 전략을 그대로 답습했을 뿐이다. '서양 선박이 조선 근해에서 곤란을 당하면 인도적 구호를 제공할 수는 있어도 서양과 국교를 체결하지는 않겠다'는 홍선대원군의 입장은 헌종·철종 때의 전략을 그대로 따른 것이었다. 서양 열강이 이를 무시하고 군사 행동을 취한 것이 홍선대원군 시대였기 때문에 홍선대원군만 이런 전략을 구사한 것처럼 보일 뿐이다. 홍선대원군의 전략은 결코 특이하지 않았다. 특이한 쪽은 고종이었다. 이런 특이한 군주가 결국에는 조선 왕조를 망치고 말았다.

조대비가 왕으로 세울 당시, 고종은 10대 초반이었다. 그래서 조대비는 고종의 특성을 완전히 파악할 수 없었다. 그 점을 감안하더라도, 고종이라는 '괴물'을 왕으로 만든 것은 상당 부분은 조대비의 책임이었다. 어린 고종의 위험성을 세밀히 파악하지 못한 것은 안동 김씨에 대한 지나친 견제 심리 때문이었다. 안동 김씨를 견제하려면 누구를 세워야 할까만 고민했을 뿐, 고종이 어떤 특성을 가졌는지는 심도 있게 고민하지 못했다. 안동 김씨에 대한 조대비의 경쟁의식이 조선 왕조를 파국으로 몰아가는 데 일조했던 것이다.

26. 고종이 문호 개방을 서두르지 않았다면?

__ 조선은 일제의 식민지가 되지 않았을 것이다

정조가 사망한 1800년부터 조선 왕조는 내리막길을 걸었다. 제22대 정조 사후에 순조, 헌종, 철종처럼 허약한 왕들이 등극하면서 세도가로 대표되는 특권 가문의 전횡을 견제할 힘이 없어졌다. 1812년[22] 홍경래의 난을 필두로 19세기 내내 민란이 빈발했다는 사실은 왕조가 내리막길로 치닫고 있었음을 보여준다. 고종 즉위 1년 전인 1862년에는 전국 70여 군·현에서 민란이 동시 다발적으로 일어났다. 19세기 조선의 위기가 어떠했는지 짐작할 수 있다.

위기는 안에서만 온 게 아니었다. 서양으로부터도 오고 있었다. 청나라는 1840년 아편전쟁의 종전 협정인 1842년 난징조약을 통해 시장을 개방했고, 일본은 1853년에 미국 페리 제독의 압박을 받은 뒤 1854년 미일화친조약을 통해 문호를 개방했다. 청나라와 일본이

---

22 홍경래의 난이 1811년에 발생했다고 쓰인 백과사전이 많다. 하지만 아니다. 『순조실록(純祖實錄)』에 따르면, 음력으로 순조 11년 12월 18일, 양력으로 1812년 1월 31일 발생한 사건이다.

개방 공세에 시달리는 가운데, 중간에 있는 조선이 예외일 수는 없었다. 조선도 아편전쟁 전부터 '러브콜'을 받았다. 『순조실록』에 따르면, 순조 32년 6월 26일(1832. 7. 23.) 영국 선박이 충청도 해안에 출현해 수교 및 통상을 요구했다.

조선이 안팎으로 흔들릴 때 등장한 '구원투수'가 고종이다. 정확히 말하면 흥선대원군이다. 고종을 대신해 섭정이 된 대원군은 대내적으로는 내정을 개혁하고 양반 지배 질서를 손보는 동시에, 대외적으로는 서양 열강에 대해 종전의 전략을 이어나갔다. 서양 선박이 조선 근해에서 조난을 당하면 인도적 구호를 제공할 수는 있어도 서양과 국교를 체결하지는 않겠다는 입장을 계승한 것이다. 대동강에 침투한 미국 상선을 격침한 제너럴셔먼호 사건(1866), 강화도를 침공한 프랑스군을 퇴각시킨 병인양요(1866), 역시 강화도를 침공한 미군을 격퇴한 신미양요(1871)는 고종 이전부터 있었던 이양선 대책에 근거한 것이었다. 다만 고종 전에는 대규모 충돌이 발생하지 않았을 뿐이다.

흥선대원군의 정책은 절반은 찬성표를 받고 절반은 반대표를 받았다. 서양 열강에 대한 강경 전략은 대체로 지지를 받았다. 하지만 기득권층의 조세 부담을 늘린 호포제나 이들의 세력 기반을 정리하기 위한 서원 철폐 등은 반대에 부딪혔다. 결국 대원군은 후자 때문에 실각했다. 빈자리는 아들 고종에 의해 채워졌다. 고종은 친정을 선포하고, 동요하는 조선을 되살리고자 했다. 침몰하는 조선호(號)를 구하기 위해 아버지에 이어 아들이 투입된 것이다.

고종의 정책은 아버지와 정반대였다. 대원군은 서양 열강이 조선에 한 발도 들여놓지 못하게 하는 방법으로 외환을 타개하려 한 데 비해, 고종은 서양 열강을 대거 끌어들인 뒤 그들을 이용해 국난을

병인양요 당시 종군 화가로 강화도에 왔던 앙리 주베르가 그린 스케치.

타개하려 했다. 대원군도 용감했지만, 고종은 더 용감했다. 고종은 19세기 세계 정치의 유행인 세력균형론을 활용해, 서양 열강을 끌어들여 그들끼리 경쟁시키는 방법으로 독립을 유지하겠다는 전략을 구사했다. 동기가 어땠든 간에 그 계획은 결국 실패했다. 그는 조선을 살리지 못했다.

만약 고종이 좀 더 늦게 개방했다면 조선은 어떻게 됐을까? 그랬다면 망하지 않을 수도 있었을까? 아니면 더 빨리 망했을까?

서양 열강을 끌어들여 세력 균형을 도모하라

제너럴셔먼호 사건, 병인양요, 신미양요를 거치면서 서양 열강이 느낀 것은 '조선은 청나라, 일본과 다르다'였다. 청나라와 일본은 함포 외교 앞에서 백기를 들었지만, 조선은 끝내 저항했기 때문이다.

청나라와 일본도 서양 열강과 전면전을 벌이지 않았다. 그들도 끝까지 저항했다면 어떻게 됐을지 알 수 없다. 청나라와 일본이 소수의 서양 군함에 쉽게 굴복했다는 인식은 다분히 서양 중심 역사관의 표현이다. 청나라와 일본 사람들의 눈에 서양 군함이 위력적으로 보인 것은 사실이다. 하지만 그 규모가 크지 않았기 때문에 조선처럼 끝까지 저항했다면 상황이 바뀔 수도 있었다. 서양 열강이 파견할 수 있는 군대의 숫자는 한정되어 있었다. 또 그들의 요구는 나라를 내놓으라는 게 아니라 통상을 하자는 것이었다. 그렇기 때문에 그들의 요구를 들어준다고 곧바로 나라를 잃는 것은 아니었다.

서양 중심 역사관에서 벗어나 19세기 역사를 있는 그대로 보면 서양의 힘이 그리 막강하지 않았다는 사실을 알 수 있다. 이 점은 서세동점(西勢東漸)을 상징하는 영국제 섬유 제품이 동아시아 시장을 제대로 점유하지 못한 사실에서도 잘 드러난다. 영국이 동아시아 시장에 판매하고자 했던 상품은 아편보다는 섬유류였다.

서양 열강은 영국제 면 제품을 중국 시장에 팔기 위해 최선을 다했다. 중국 학자 쉬신우(徐新吾)의 『강남토포사(江南土布史)』에 따르면, 영국제 면포의 중국 시장 점유율은 1840년 0.5퍼센트, 1860년 3.2퍼센트, 1894년 13.4퍼센트, 1913년 32.7퍼센트, 1920년 24.2퍼센트, 1936년 1.8퍼센트였다. 1913년에는 32.7퍼센트까지 올랐지만, 이때는 중국에 대한 서양의 영향력이 약해진 뒤였다. 1911년에 신해혁명이 발생하고 이듬해에 중화민국이 세워졌기 때문에 당시 중국은 아편전쟁 때의 중국과는 달랐다.

조선 시장의 상황도 다르지 않았다. 『한국근대경제사연구』에 실린

가지무라 히데키(梶村秀樹)의 논문 「이조 말기 면업(綿業)의 유통 및 생산 구조」에 따르면, 1876년 개항부터 1894년 청일전쟁까지 서양 면포의 조선 시장 점유율은 4분의 1 수준이었다. 4분의 1도 적은 비중은 아니지만, 중요한 것은 조선 토착 상품이 죽지 않았다는 사실이다. 서유럽이 동아시아에 진출한 최대 목적이 무역 흑자 창출이었다는 점을 고려할 때, 이처럼 저조한 시장 점유율은 서양의 위력이 생각 외로 강하지 않았음을 보여주는 것이다.

그런데도 청나라와 일본이 문호를 쉽게 개방한 것은 중남미 아즈텍제국의 문호 개방을 연상시킨다. 스페인 관리인 에르난 코르테스는 군인 140명을 이끌고 아즈텍제국에 당도했다. 객관적인 전력으로 보면, 코르테스 부대는 아즈텍 군대를 감당할 수 없었다. 스페인 군대는 총과 강철 무기로 무장했지만, 아즈텍 황제 목테수마 2세는 100만 이상의 군대를 보유하고 있었다. 코르테스가 도착했을 때만 해도 목테수마 2세는 스페인 사람들을 얼마든 제압할 수 있었다. 그런데 그는 그렇게 하지 않고 코르테스를 황궁으로 불러들였다. 스페인 군대를 만만히 봤던 것이다. 방심이 결국 화를 불렀다. 목테수마 2세는 황궁에서 스페인 사람들에게 납치됐다. 이를 계기로 대결이 장기화되면서 스페인 사람들을 통해 천연두가 퍼지고 아즈텍제국이 멸망했다.

청나라와 일본이 서양인들과 전면전을 벌이지 않은 일차적 이유는 서양 군대가 소수였기 때문이다. 그 정도 군대한테 멸망당하지는 않는다고 판단했던 것이다. 물론 개방 뒤에 예상치 못한 피해를 입기는 했지만, '서양 군대가 우리를 멸망시킬 수 없다'는 판단은 결코 틀리지 않았다.

서양 열강이 생각 외로 강하지 않았다는 것은 병인양요, 신미양요 후의 태도에서도 드러난다. 프랑스와 미국은 그 후 조선 문전에서 머뭇거렸다. 그나마 미국이 수교를 위해 적극성을 보였지만, 미국도 담대하게 행동하지 못했다. 미국이 조선과의 수교를 재추진한 것은 고종이 친정을 선포하고 개화 정책을 전개한 뒤였다. 이때도 미국은 직접 접근하지 못했다. 제너럴셔먼호 사건과 신미양요의 충격이 채 가시지 않았기 때문이다. 그래서 미국은 중재를 거쳤다. 처음에는 조선과 조일수호조규(강화도조약)를 체결한 일본의 도움을 얻고자 했다. 하지만 실패했다. 조약 체결에도 불구하고 조선에 대한 일본의 영향력은 미미했다. 결국 미국은 청나라를 이용해 다시 접근했다. 이번 시도는 성공했다. 청나라 북양대신 이홍장의 중재하에 미국은 1882년 조선과의 수호통상조약 체결에 성공했다. 이를 계기로 영국, 독일, 이탈리아, 러시아, 프랑스, 오스트리아, 벨기에, 덴마크가 조선과의 국교 체결에 나섰다.

그런데 청나라나 서양 열강은 조선의 달라진 태도에 담긴 의미를 정확히 이해하지 못했다. 청나라는 자국이 중재에 나섰으므로 조선이 입장을 바꾸었으리라고 판단했다. 서양 열강도 그랬다. 하지만 조선은 나름의 계산이 있었다. 무엇보다도 고종의 의도가 중요한 작용을 했다. 고종은 노장파 대신들로부터 벗어나 왕권을 강화하고자 소장파에 힘을 실어주고 있었다. 1880년에 36세의 김홍집이 일본에 수신사(修信使)로 파견된 것은 그런 맥락에서 이루어진 일이다. 또 1880년대 후반에는 쇄국론에 회의를 느끼는 관료들이 속출했다. 정세 변동에 대처하려면 서양 열강과 통상하고 서양을 끌어들여 세력 균형을 도모해야 한다는 논의도 대두했다. 이런 상황에서 고종은 서양 열강을 끌어들여 정국을 전환시키면 노장파를 견제할 수 있을 뿐 아니라, 외세 상호 간에 세력 균형이 생겨 조선에 대한 위협이 줄어들 것이라고 판단했다. 그런 판단하에 청나라의 중재를 거쳐 서양 열강을 끌어들인 것이다.

고종의 조급함, 망국을 재촉하다

이런 의문이 들 수 있다. 서양이 자기 힘으로 조선을 개방시키기 힘들었다면 일본이 조선을 개항시킨 것은 어떻게 된 일인가? 일본이 서양보다 강했다는 말인가?

이를 이해하기 위해서는 2가지를 고려해봐야 한다. 하나는, 조선과 일본의 국교 체결이 그리 특이한 일이 아니었다는 점이다. 메이지유신(1868) 이전만 해도 조선과 일본은 대마도를 매개로 국교를 유지했다. 대마도는 독립 정권을 유지했고, 그런 대마도를 매개로 한일 관계가 이루어졌다. 그런데 메이지유신 직후, 일본은 조선과 직접 교류하고자 했다. 또 종래의 한일 관계에서는 한 번도 등장한 적이 없는 천황을 국가대표로 내세웠다. 그때까지 일본 국왕(막부 쇼군)이 대마도 도주를 통해 조선 주상과 외교 관계를 맺었는데, 갑자기 천황이라는 존재가 나타나 조선 주상과 직접 상대하려 하니, 조선에서는 당황할 수밖에 없었다. 그래서 조선은 메이지유신 이후의 일본 정부를 대화 상대로 인정하지 않았다. 그 결과, 한동안 국교가 단절됐다. 인접국 간의 외교 단절이 장기화되면 양국 모두에 불이익이다. 그래서 양국 모두 국교를 재개하기를 원했다. 그러므로 조·일 국교 회복은 시간문제였다.

또 하나는, 조일수호조규 체결에 고종의 의지가 크게 작용했다는 점이다. 일본이 함포를 내세워 국교 재개를 요구하자 고종이 수락한 것은 일본 함포에 놀랐기 때문이기도 하지만, 무엇보다 고종이 외세를 별로 두려워하지 않았기 때문이다. 아버지가 일본보다 강력한 미국과 프랑스를 돌려보내는 것을 목격한 고종이 단순히 일본 함포가 무서워서 문호를 개방했다고 볼 수는 없다. 미국, 영국, 프랑스 등을 끌어들일 때 고종 자신의 개방 의지가 강했던 것처럼, 일본을 끌어들일 때도 고종 자신의 의지가 강했다고 봐야 한다.

체결 과정에서 조선의 의지가 강하게 작용했다는 사실은 조약 체결권자가 조선 주상과 일본 천황이 아니라 조선국 정부와 일본국 정부였다는 사실에서도 드러난다. 이 조약은 양쪽 국가 원수의 명의로 체결됐어야 했다. 그런데도 양국 정부 명의로 체결된 것은 일본 천황과는 외교 관계를 맺지 않겠다는 조선 측의 강력한 의지가 반영된 결과였다.

일본이 이 조약을 통해 조선과 청나라를 끊어놓았으니 일본이 막강했다고 봐야 하지 않을까? 이런 물음의 근거는 조일수호조규 제1조의 "조선은 자주의 나라"라는 표현이다. 청나라의 속국인 조선이 자주국임을 선포하도록 함으로써 일본이 조선과 청나라를 갈라놓는 데 성공했다고 보는 시각이 있다. 하지만 조선과 청나라에서는 이 조항을 당연시했다. 사대 관계에서는 신하국의 자율성이 존중됐고, 그래서 '속국=자주국'이라는 등식이 존재했다. 조선-청나라 관계의 실체를 문의하는 서양 외교관들에게 청나라 총리각국사무아문은 '조선은 속국이지만, 내정과 외교는 자주적으로 처리한다'는 입장을 일관되게 천명했다. 그렇기 때문에, 조일수호조규 제1조를 외교적 성과로 자찬한 일본과 달리 조선과 청나라는 덤덤했다. 조일수호조규 제1조가 조선-청나라 관계에 별 영향을 주지 못했던 것이다. 일본의 영향력이 그리 강하지 않았던 셈이다.

일본 외교관들이 그런 점을 감안하지 못한 이유는 무엇이었을까? 일본과 중국의 사대 관계는 1551년 단절됐다. 일본과 조선 사이에는 수직적 사대 관계가 아닌 수평적 교린 관계가 작동했다. 그래서 메이지유신 당시 일본 외교관들은 동아시아 사대 관계에 대한 인식이 부족했다. 속국인 동시에 자주국인 동아시아 특유의 사대 관계에 대한 인식이 일천했다. 그래서 조선이 청나라의 속국이라는 외형에만 주목했다. 속국이지만 자주국이라는 점에는 주의를 기울이지 못했다. 그래서 조선을 자주국으로 만들어 청나라와 떼어놓겠다며 조일수호조규 제1조에 목숨을 걸었던 것이다.

1876년 이후 일본의 대(對)조선 영향력이 그리 강하지 않았다는 점은 1894년까지 청나라가 조선 내정에 간섭했다는 사실에서도 잘 드러난다. 그나마 미미하던 일본의 영향력은 갑신정변(1884) 이후 사실상 끊어졌다. 경제적 측면에서는 일본의 영향력이 강했지만, 정치적 측면에서는 청나라의 영향력이 강했다. 정상적인 경우라면 경제적 영향력을 가진 쪽이 정치적 영향력도 행사하게 되지만, 이 시기 한반도 정세는 그렇지 않았다. 경제적 영향력과 정치적 영향력이 일본과 청나라에 의해 각각 반분됐다.

이것이 가능했던 것은 일본을 무시하는 조선인들의 인식, 청나라를 통해 서양을 끌어들이려는 고종의 전략, 청나라가 영향력을 행사하는 것에 대한 영국, 러시아의 양해 등이 있었기 때문이다. 영국과 러시아는 상대방과의 충돌을 우려해 조선에 대한 영향력 행사를 시도하지 못했다. 대신, 청나라가 조선에 영향력을 행사하는 것을 지지함으로써 상대방이나 제삼국이 끼어드는 것을 막고자 했다. 이처럼 19세기 후반에는 서양 열강이 조선에 영향력을 행사하기 힘들었다. 1894년 이전에는 일본도 그랬다.

지금까지 설명한 것처럼, 19세기 말 조선에 대한 서양 열강의 영향력은 지극히 미미했다. 서세동점이라는 말은 조선에는 통하지 않았다. 그렇기 때문에 고종이 좀 더 늦게 개화 정책을 폈다면 서양 열강은 훨씬 오랫동안 조선 문전에서 대기할 수밖에 없었을 것이다. 경제력이 좋아진 뒤에 문호를 개방했다면 외부 충격에 훨씬 잘 적응할 수도 있었을 것이다. 무엇보다 그렇게 급히 개방할 필요도 없었다. 급하게 개방할 것을 재촉하는 외세도 없었다. 서양 열강을 이용하려는 고종의 전략이 개방을 앞당겼을 뿐이다.

제1차 세계대전(1914~1918) 이후, 동아시아에서 서양의 힘이 현저히 약해졌다. 전쟁 때문에 동아시아에 관심을 돌릴 여력이 없었던 것이다. 이 틈을 타서 일본은 동아시아 최강국으로 성장하고, 중국은 신해혁명을 통해 진일보한 길로 나아갔다. 조선이 좀 더 내실을 갖춘 뒤 시장을 개방했더라면 조선도 청나라와 일본처럼 기력을 회복할 수 있었을 것이고, 그랬다면 35년간의 식민통치도 겪지 않았을 것이다. 19세기 말에 동아시아가 위기를 겪었다지만, 청나라와 일본은 주권을 지키고 위기를 넘겼다. 그들과 달리 조선이 국권을 상실한 것은 준비도 안 된 상태에서 '속살'을 그대로 공개했기 때문이다.

27. 김옥균이 갑신정변에 성공했다면?

_ 조선은 친러 국가가 됐을 것이다

외세를 끌어들여 세력 균형을 이루겠다는 고종의 전략은 출발부터 난관에 부딪혔다. 상황이 고종의 뜻대로 흘러가지 않았던 것이다.

청나라 실권자인 북양대신 이홍장은 '중국의 안보를 지키려면 조선을 장악해야 한다'는 판단에 따라 서양 열강과의 조약 체결을 알선하겠다며 접근했고, 고종은 청나라를 포함한 열강을 끌어들여 세력 균형을 조성하면 조선이 어느 한 나라한테 독점되지 않을 거라며 이홍장의 제안을 수락했다. 이렇게 해서 조선은 사상 최초로 청나라의 '지도'를 받아들이게 됐다. 광서 5년 7월 4일자(1879. 8. 21.) 청나라 광서제의 유지에서 나타난 것처럼, 청나라가 조선의 내정에 간여하는 것은 수월치 않은 일이었다. 그런데 양국의 이해관계가 일치해 청나라가 사상 최초로 조선 문제에 관여할 수 있게 됐다. 이것이 맺은 첫 번째 결실은 1882년 청나라의 알선하에 조선이 미국, 영국, 독일 등과 국교를 체결한 일이다. 외세를 끌어들여 독립을 수호하겠다는 고종의 전략은 이렇게 틀을 갖추었다.

그러나 얼마 안 있어 문제가 터졌다. 미국에 문호를 개방한 직후 임오군란이 발발한 것이다. 임오군란으로 시민군이 한양을 통제했고, 흥선대원군이 시민군의 추대로 권좌에 복귀했다. 실권을 잃은 고종은 사적 경로를 통해 청나라 군대를 끌어들였다. 이것을 계기로 조선은 내정 간섭을 받게 됐다. 시민군을 진압해준다며 상륙한 청나라군이 내정 간섭 군대로 돌변했던 것이다.

외세를 이용해 독립을 수호하겠다던 고종의 전략은 임오군란이라는 돌발 사태를 맞아 엉뚱한 방향으로 흐르게 됐다. 청나라와 서양 열강이 상호 견제하는 가운데 조선이 독립을 유지하는 게 아니라, 청나라가 강력해진 발언권을 토대로 조선의 독립을 침해하는 상황이 발생했다. 이렇게 시작된 12년간의 간섭은 조선-청나라 관계에서 유례없는 일이었다. 몽골 간섭기를 제외하고 한국이 외국의 간섭을 받은 것은 이때가 처음이었다. 조선과 중국의 사대 관계는 형식적인 것이었기에 그 속에서 조선은 독립과 자율성을 지켜왔다. 하지만 임오군란을 계기로 청나라가 내정 간섭에 성공하는 바람에 조선은 자주성을 침해당하게 됐다. 1882~1894년의 내정 간섭은 조선-청나라 관계에서 매우 특이한 현상이었다.

청나라가 독립을 침해하는 상황에 누구보다 분개한 것은 김옥균을 위시한 개혁파 관료들이었다. 그들은 청나라와 관련하여 2가지를 청산하고자 했다. 하나는 1882년 이후의 간섭 정책이고, 다른 하나는 전통적인 사대 관계다. 이들은 단독으로는 일을 벌일 수 없어 일본군의 힘을 빌려 청나라를 몰아내고자 했다. 이것이 1884년의 갑신정변이다. 하지만 이 시도는 3일 만에 수포로 돌아갔고, 청나라의 간섭은 더욱 심해졌다.

갑신정변의 네 주역. 왼쪽부터 박영효, 서광범, 서재필, 김옥균.

만약 갑신정변이 3일 천하로 끝나지 않았다면 역사는 어떻게 됐을까? 갑신정변이 성공했다면 조선이 일본의 영향권에 들어가지는 않았을까?

갑신정변 성공, 누구에게 유리했을까?

갑신정변은 고종 21년 10월 17일(1884. 12. 4.) 발발했다. 김옥균 회고록인 『갑신일록(甲申日錄)』에 따르면, 주한 일본 공사 다케조에 신이치로(竹添進一郎)와 거사 계획을 협의한 김옥균 등은 주한 외교관들과 보수파 핵심들을 이날 저녁 열린 우정총국 개업 축하연에 초대했다. 김옥균은 우정총국 주변과 창덕궁 인정전 및 창경궁 통명전 등에서 화약이 폭발하도록 준비했다. 도성의 혼란을 이용해 정국을 장악하고 자 했던 것이다.

화약이 터지자 김옥균은 창덕궁으로 달려가 저녁에 일찍 잠든 고종을 깨웠다. 김옥균은 비상사태가 발생해 외국군의 도움이 필요하다며, 친필 서한을 써주면 일본군을 데려오겠다고 말했다. 재가를 받은 그는 일본 군대가 고종을 호위하도록 한 뒤, 그 위세를 빌려 정국을 장악했다. 개혁파가 지휘하는 소수 병력으로는 창덕궁처럼 넓은 곳을 지킬 수 없었기 때문에 창덕궁 옆 경우궁으로 고종과 왕궁 사람들을 옮긴 뒤, 그곳에서 비상대책위원회를 꾸렸다. 경우궁 자리에 지금은 현대그룹 사옥이 있다.

그런데 왕실 사람들이 경우궁이 좁다며 환궁을 요청하면서부터 일이 틀어지기 시작했다. 개혁파는 할 수 없이 경우궁 주변 저택으로 왕실 식구들을 잠시 옮겼다가 창덕궁으로 되돌아갔다. 개혁파 병력으로 창덕궁을 지키기 힘들다는 것은 이미 예상된 일이었다. 창덕궁으로 돌아가자 예상대로 청나라군의 압박이 가중됐다. 10월 19일 (1884. 12. 6.), 개혁파와 일본군은 고종과 창덕궁을 청나라군에 빼앗겼다. 수적으로 우세한 청나라 군대를 당해낼 수 없었던 것이다. 3일 천하는 그렇게 끝났다. 주모자 김옥균은 다케조에를 따라 일본으로 망명했다.

만약 김옥균이 고종을 경우궁에 붙들어두든가 창덕궁에서 저항에 성공해 신(新)권력을 공고히 하든가 했다면 향후의 상황은 어느 나라에 유리했을까? 갑신정변이 성공했을 경우, 청나라가 가장 불리했으리라는 점은 명약관화하다. 그럼 가장 이익을 얻을 나라는 어느 나라였을까?

갑신정변이 성공했다면 일본이 가장 유리했을 거라고 생각하기 쉽지만, 갑신정변의 성공은 일본에 결코 유리하지 않았다. 불리하게 작용할 수도 있었다.

일본의 손을 빌리기는 했지만, 김옥균은 평소 일본을 무척 불신했다. 그는 일본인들이 일관성이 결여됐다고 생각했다. 사연이 있었다. 갑신정변 1년 전인 1883년, 김옥균은 차관 300만 원을 얻기 위해 일본을 방문했다. 하지만 실패했다. 평소 친했던 다케조에의 방해 때문이었다. 이 사건은 일본에 대한 김옥균의 인식에 부정적 영향을 미쳤다. 그는 일본인의 이중성에 치를 떨었다. 나중에 다케조에가 그 일을 사과하며 정변에 가담하겠다고 말하자 김옥균은 한편으로는 손을 잡으면서도 한편으로는 진의를 의심했다. 반신반의하면서도 손을 잡은 것은 그렇게라도 하지 않으면 뜻을 이룰 수 없어서였다.

협력하기로 한 뒤에도 김옥균은 여전히 일본을 불신했다. 『갑신일록』에는 거사일이 임박한 상황에도 김옥균이 일본의 진의를 계속 확인하고, 거사 당일에도 박영효를 보내 다케조에의 의중을 확인하는 장면들이 나온다. 김옥균을 비롯한 개혁파는 이 정도로 일본을 불신했다. 청나라 타도라는 목표 때문에 일시적으로 손잡았을 뿐, 진심으로 한편이 되지는 않았던 것이다.

어떤 동기로 제휴했든 간에 갑신정변이 성공했다면 일본과 계속 협력할 수밖에 없었을 것이고, 그랬다면 일본의 위상이 높아지지 않았을까? 물론 일시적으로 영향력이 높아졌을 수는 있다. 하지만, 장기적으로 보면 그렇지 않았을 가능성이 더 높다. 갑신정변 성공은 조선도 일본도 청나라도 아닌 제삼국의 이익으로 귀결될 가능성이 높았다.

김옥균, 러시아를 끌어들여 정치 지형을 바꾸다

이 대목에서 고종과 김옥균의 외교 전략을 살펴보자. 김옥균은 고종의 수족으로, 고종의 외교 전략을 충실히 이행했다. 고종의 외교 전략은 열강을 이용한 세력 균형 정책이었다. 일종의 이이제이(以夷制夷) 전략이었다. 김옥균이 일본군을 끌어들인 것도 이이제이였다. 너무 강해진 청나라를 일본 힘으로 약화하려는 것이었다. 그렇기 때문에, 갑신정변이 성공했더라도 일본이 정변 주역들을 마음대로 다루기는 힘들었다. 어쩌면 일본은 청나라가 아닌 새로운 적과 경쟁해야 했을 것이다.

1882년 이래 고종과 김옥균이 설계한 그림이 있었다. 이들은 세계 정치에 충격을 줄 만한 사건을 기획했다. 조선에 러시아를 끌어들이는 것이었다. 이는 19세기 세계 정치 판도를 움직일 만한 것이었다.

나폴레옹을 진압하고 유럽 질서를 정리한 1815년 빈 회의 이후, 유럽 정치의 최대 특징은 영국과 러시아의 양강 구도였다. 1840년 아편전쟁에서 유럽이 동아시아를 꺾음에 따라 유럽의 양강 구도는 세계의 양강 구도로 격상됐다.

이 구도하에서 러시아는 어떻게든 남하하려 하고, 영국은 어떻게든 저지하려 했다. 이런 양상이 발칸반도, 중앙아시아, 동아시아에서 연출됐다. 유라시아 서부, 중앙, 동부에서 힘겨루기가 펼쳐진 것이다. 이런 상황에서 조선과 러시아가 합작할 경우, 동아시아에서의 영·러 대결이 러시아 쪽으로 기울어질 가능성이 컸다. 러시아 지배하의 연해주와 영국 영향하의 일본, 그 중간에 조선이 있었기에 조선이 러시아 쪽으로 기울면 동아시아에서 영국이 약해질 수밖에 없었다. 그래서 러시아를 끌어들이려는 고종과 김옥균의 구상은 영·러 대결에까지 파급력을 미칠 수 있었다.

고종과 김옥균이 러시아를 택한 것은 다른 나라보다 러시아에 힘을 실어주는 게 안전했기 때문이다. 본국 수도와 멀리 떨어진 조선에 큰 욕심이 없을 뿐 아니라 영국과 더불어 세계 최강인 러시아를 끌어들이면 청나라와 일본은 물론이고 서양 열강까지 견제할 수 있으리라 믿은 것이다.

그들이 이런 인식을 가진 데는 임오군란 이후의 정세 변화가 큰 몫을 했다. 군란을 진압하고 정권을 되찾을 목적으로 청나라 군대를 끌어들인 고종은 청나라 군대가 '지원군'에서 '점령군'으로 돌변하자 크게 당황했다. 실수했다고 판단한 고종은 러시아와 미국의 지원 의사를 타진했다. 청나라의 압박으로부터 조선을 보호해줄 의사가 있는지 확인해본 것이다. 미국은 그럴 의사가 전혀 없었다. 조미수호통상조약(한미수호통상조약) 제1조에서 미국은 어느 일방이 제삼국에게 부당한 대우를 받으면 다른 일방이 지원하기로 합의했다. 하지만 조선이 제1조를 거론하자 냉랭한 반응을 보였다. 러시아는 달랐다. 동아시아에 남진 기지를 설치할 욕심으로 호의적인 반응을 보였다.

그 후 조선과 러시아는 비밀 접촉을 가졌다. 당시 국제 사회가 러시아 견제를 위해서라면 언제라도 일치단결했기 때문에 남들 눈을 피해 밀회를 가질 수밖에 없었다. 러시아가 조선에 진입하기도 힘들고, 조선이 러시아를 끌어들이기도 힘들었다. 이런 만남이 공개될 경우, 국제 사회가 충격을 받을 것이 분명했다. 그래서 밀회밖에는 방법이 없었다.

비밀 접촉에 투입된 인물 중 하나가 바로 김옥균이다. 임오군란 직후, 김옥균은 일본 측 피해에 대해 사과할 목적으로 철종의 사위 박영효 등과 함께 현해탄을 건넜다. 이때 김옥균의 지위는 수행원이었다. 김옥균이 그렇게 자청했다. 비밀 접촉을 하자니 그게 편했던 모양이다. 대수롭지 않은 자격으로 일본을 방문했지만, 실상은 중대 임무를 띠고 있었다. 비밀 임무는 주일 러시아 공관과 접촉하는 것이었다.

김옥균은 주일 러시아 공사 로마노비치 로젠(Romanovich Rosen)과 수교 문제를 논의했다. 김옥균과 러시아의 접촉은 계속됐다. 1883년 말과 1884년 초에는 새로 부임한 주일 러시아 공사 알렉산드르 다비도프(Alexander P. Davydov)와 접촉했다. 한편, 1884년 초에는 고종이 개인적으로 파견한 김관선이 러시아 변방 행정관 마튜닌(N. G. Matiunin)과 수교 문제를 상의했다. 일련의 비밀 접촉 끝에 양국은 고종 21년 5월 15일(1884. 6. 8.), 조러수호통상조약을 체결했다. 갑신정변 6개월 전이었다.

영국, 청나라, 일본, 미국, 독일, 프랑스, 이탈리아 등이 러시아의 남진을 견제하는 상황에서 조선이 러시아를 끌어들이자 국제 사회는 큰 충격을 받았다. 영국이 1885년에 거문도를 점령한 것도 조·러 수교에 대한 견제의 표시였다. 영국을 포함한 전 세계를 깜짝 놀라게 한 일을 완수해낸 장본인이 바로 김옥균이다. 갑신정변의 주역인 김옥균이 러시아와의 동맹을 추진했다는 사실은 갑신정변의 궁극적 지향점이 무엇인지를 시사한다.

고종과 김옥균은 러시아 군대를 끌어들이는 계획을 세웠다. 당장에 실현하지는 못했지만, 그들이 그런 계획을 품었다고 해석할 만한 정황이 있다. 훗날 청일전쟁 패전과 함께 청나라 군대가 철수하자 고종은 러시아 군대를 끌어들였다. 러시아와 수교하고 그 군대를 끌어들이는 게 고종의 구상 속에 있었음을 보여주는 대목이다. 그러나 1884년만 해도 러시아군을 끌어들이는 게 여의치 않았다. 러시아와 수교한 것도 충격적인 일인데 군대까지 끌어들인다면 상황은 조선이 감당할 수 없는 방향으로 흘러갔을 것이다.

그래서 1884년 12월 당시 고종과 김옥균한테는 러시아 군대보다는 일본 군대의 힘을 빌려 청나라를 몰아내는 게 가장 현실적이었다. 그래서 일본군을 이용한 것이지, 다른 이유가 있어서가 아니었다. 갑신정변이 성공했다면 고종과 김옥균은 러시아의 입지를 강화해주고, 이를 통해 청나라, 일본 등을 견제했을 것이다. 갑신정변 당시의 일본은 고종과 김옥균에게 이용당했을 뿐이다.

이처럼 갑신정변이 성공했을 경우 가장 손해를 볼 나라는 청나라, 가장 이득을 볼 나라는 러시아, 불의의 손실을 볼 나라는 일본이었다. 또 갑신정변이 성공했을 경우 조선은 친러 국가가 됐을 가능성이 컸다.

28. 청일전쟁에서 일본이 패배했다면?

_ 일본의 번영은 없었을 것이다

조선 왕조는 영·정조 시대에 국가 시스템을 보수할 기회가 있었지만, 그 기회를 충분히 살리지 못했다. 그래서 정조의 급사와 함께 조선은 내리막길로 접어들었다. 이후 조선 왕조는 썩어 들어갔다. 고종이 성급하게 시장을 개방한 뒤부터는 더욱 약해졌다. 개방 자체는 바람직하고 필요하지만, 충격을 흡수할 수 없는 상태에서 개방을 단행한 탓에 후유증에 시달려야만 했다. 이것은 왕조의 시스템을 와해하는 요인으로 작용했다. 이런 위기 상황에서 동학농민혁명이 발발했다.

동학혁명은 엉뚱한 방향으로 흘러갔다. 동학군과 정부군의 싸움이던 것이 청나라와 일본의 싸움으로 둔갑했다. 청·일 양국이 개입하지 않았으면 동학군의 승리로 끝났을 일이었다. 호남 곡창 지대의 중심일 뿐 아니라 전라감영 소재지인 전주성이 농민군에 함락되자 조선 정부는 청나라에 구원을 요청했다. 이를 통해 알 수 있듯이 조선 정부는 동학군을 상대할 능력이 없었다. 그런데 정부의 무능력이 사태를 엉뚱한 방향으로 끌고 갔다. 정부가 요청한 청나라군뿐 아니라 '불청객' 일본군까지 발을 들여놓은 것이다. 그러자 동학군은 전주성을 도로 비워주며 외국군 철수를 요구했다. 사태를 일으킨 동학군이 사태를 마무리하는 쪽으로 방향을 튼 것이다. 하지만 상황은 조선인들의 뜻과 관계없이 흘러갔다. 조선 정부도 외국군 철수를 요구하고, 청나라군도 철수하려 했지만, 이토 히로부미(伊藤博文) 내각은 한판 대결을 각오했다. 일본은 동학군뿐 아니라 청나라군과도 승부를 겨루고 싶어 했다. '링'에 올랐다가 관객들(청·일 양국)이 난입하는 걸 보고 깜짝 놀란 동학군과 정부군은 링 아래로 내려와 관객들의 '시합'을 구경하는 신세로 전락했다.

상륙한 일본군은 한양으로 진격해 조선 정부를 장악한 뒤 관망하는 태도를 취했다. 청나라를 상대로 개전하는 것은 일본 홀로 결정할 사안이 아니었다. 조선 문제에 이해관계를 가진 서양 열강의 의중을 확인해야 했다. 일본의 국력이 그리 강하지 못했기에 국제 사회가 전쟁을 반대하면 일본은 철수할 수밖에 없었다. 그래서 일본은 조선 정부를 장악한 뒤부터 외교전에 뛰어들었다. 청나라도 마찬가지였다. 일본은 국제 사회가 중립을 지켜줄 것을 요청했고, 청나라는 국제 사회가 전쟁을 반대해줄 것을 요청했다. 조선은 청나라 편에 섰다.

하지만 국제 사회는 일본의 손을 들어주었다. 영국, 미국 등은 일본이 청나라를 대신해 조선을 장악하면 러시아가 쉽게 접근할 수 없을 거라고 점쳤고, 러시아는 일본이 조선을 장악하면 영국이 조선을 점령하지 않을 거라고 예측했다. 영국, 러시아 외의 '2진급' 국가들은 세계 최강 영국과 러시아가 직접 조선을 지배하지만 않는다면 청나라가 지배하든 일본이 지배하든 상관없다는 입장을 취했다. 그래서 국제 사회는 청일전쟁을 사실상 지지했다.

이런 분위기를 감지한 일본은 조선 영역과 서해를 무대로 청나라와 일전을 벌였다. 일본 해군은 산둥반도 앞에서 청나라 정예 해군 북양함대를 괴멸하고 청나라를 제압했다. 이로써 일본은 조선에서 청나라의 힘을 제거했고, 이때 청나라한테서 받은 전쟁 배상금으로 산업 근대화의 기초를 닦았다. 이것은 일본이 세계 주류 질서에 편입하는 데 결정적 계기가 됐다. 이후 일본은 약간의 우여곡절을 거쳐 한반도에 대한 지배권을 공고히 했다. 그런 뒤, 만주와 대한해협을 무대로 러일전쟁을 벌여 만주에 대한 영향력을 확보하고 조선을 멸망시켰다.

만약 청일전쟁에서 일본이 이기지 않고 청나라가 이겼다면 한반도를 포함한 주변 정세는 어떻게 전개됐을까?

이홍장의 우유부단함이 패배를 부르다

일본은 1884년 갑신정변에서 청나라에 당한 뒤로 조선 문제와 거리를 뒀다. 그리고 10년간 열심히 군비를 증강했다. 그 덕분에 일본이 승리한 측면도 있다. 하지만 청나라 실권자 이홍장의 태도도 큰 영향을 줬다는 점을 부정할 수 없다.

청·일 양국에는 황제와 천황이 각각 있었지만, 실권자는 이홍장과 이토 히로부미였다. 대외 관계에서 두 사람은 색깔이 달랐다. 이토 히로부미가 저돌적이라면 이홍장은 유순한 편이었다. 이홍장은 확실한 승산이 없으면 무력에 호소하지 않았다. 가급적이면 평화적 수단으로 문제를 해결하는 스타일이었다.

1879년에 이토 히로부미는 청나라의 견제에도 불구하고 오키나와를 전격 합병했다. 이때 이홍장은 강경 대응을 택하지 않았다. 그 대신, 조선과의 관계를 강화하는 쪽으로 방향을 잡았다. 일본의 다음 표적이 조선이 될 거라는 판단하에 조선만큼은 넘어가지 않도록 방비하자는 전략을 세웠다. 1880년대 초반에 조선의 대외 관계를 중재해주겠다며 조선 문제에 개입한 것은 그 때문이었다. 이홍장은 자국과 조선의 관계를 돈독히 하고 서양 열강을 조선에 끌어들이면 일본이나 러시아가 함부로 넘볼 수 없을 거라고 판단했다. 그 결과물이 1882년에 나왔다. 그해에 조선은 청나라의 중재하에 미국, 영국, 독일과 수교했다. 오키나와가 일본에 넘어가지 않도록 저지하기보다는 다음 표적이 될 조선만이라도 확실히 지키려 했던 사실로부터 이홍장의 스타일을 짐작할 수 있을 것이다.

그런 이홍장에게 사고가 생기지 않았다면 1882년 임오군란도 다른 방향으로 전개됐을 것이다. 이홍장은 1879년 이래 북양대신 자격으로 조선 문제를 관장했다. 그가 임오군란 당시에 집무실을 지켰다면 군란에 대한 청나라의 개입은 점잖은 방향으로 진행됐을 것이다. 그런데 그때 이홍장은 집무실에 없었다.

1882년 4월 19일, 이홍장은 어머니가 위독하다는 전갈을 받고 고향 안후이성(安徽省)으로 내려갔다. 안후이성은 상하이 왼쪽이다. 며칠 뒤 어머니가 눈을 감았고, 그는 고향에 계속 머물 수밖에 없었다. 임오군란은 그가 고향에 체류하는 동안에 발발했다. 이때가 7월 23일이다. 이홍장이 업무에 복귀한 시점은 9월 5일이었다.

이홍장이 자리를 비운 사이에 직무를 대리한 사람은 강경파 장수성(張樹聲)이다. 그래서 군란에 대한 청나라의 접근법에는 장수성의 개성이 반영될 수밖에 없었다. 청나라군은 일본군보다 신속하게 조선을 장악했다. 그도 모자라 흥선대원군을 납치해 청나라로 끌고 갔다. 조선군 훈련대장도 구금했다. 군인 거주지인 왕십리까지 습격했고, 거기서 사건 가담자들을 체포해 처형했다. 강경파 장수성이 아니고는 할 수 없는 일이었다. 청나라와 동시에 상륙한 일본군은 전광석화 같은 청나라의 행보를 구경하는 수밖에 없었다. 이홍장이 대외관계를 관장할 때는 쉽게 볼 수 없었던 풍경이었다.

이홍장이 자리를 지켰다면 청나라가 그렇게까지 강경하게 나오지는 않았을 것이다. 일본군이 쉽게 물러났으니 망정이지, 자칫하면 일본군과 충돌할 수도 있었다. 장수성이 그 정도로 위험천만했던 것이다. 이홍장이 모친상을 당하지 않고 직접 문제를 처리했다면 청나라의 행동은 훨씬 온건했을 것이다. 그랬다면 청나라와 일본 중 어느 쪽이 군란 진압을 주도했을지 알 수 없다.

좋게 표현하면 신중하고 나쁘게 표현하면 우유부단한 이홍장의 스타일은 청일전쟁 발발 직전에도 그대로 드러났다. 조선에 진주한 일본군이 청나라 쪽으로 총칼을 돌리는데도 이홍장은 평화적 해결에만 집착했다. 이를 간파한 일본은 한판 대결도 불사하겠다는 태도로 더욱 대담하게 행동했다. 결과는 일본의 완승이었다.

오늘날 중국 역사학자들은 이홍장을 비판하고 있다. 중국사회과학원 근대사연구소가 발행한 『근대사 연구』에 실린 콩샹지(孔祥吉)의 논문 「청일전쟁 당시 북양해군 상층부의 심리」에 따르면, 이홍장이 기세등등한 일본 앞에서 "기회만 엿보며 행동을 하지 않았다.", "전쟁을 피하고 강화만을 모색했다."는 게 중국 역사학자들의 비판이다. 청나라가 처음부터 강경한 태도로 일본을 압박했다면 상황이 어떻게 됐을지 장담할 수 없기 때문이다.

청나라가 승리했다면?

만약 장수성 같은 유형이 청일전쟁을 이끌었다면 어떤 일이 벌어졌을까? 강력한 인물이 상황을 이끌고 그 결과로 청나라가 승리했다면 어땠을까? 동북아 정세와 조선 정세, 그리고 일본의 운명이라는 3가지 방향에서 유추해볼 수 있다.

첫째, 동북아 정세이다. 일본은 청일전쟁 승리를 발판으로 세계 최강 영국과 동맹을 체결하고, 나아가 러시아까지 제압했다. 이로써 세계 정상급 반열에 올랐다. 이것은 일본이 조선, 만주, 중국, 내몽골로 팽창할 수 있는 초석이 됐다. 만약 일본이 패배했다면 청나라에도 유사한 기회가 주어졌을까? 답은 분명하다. 청나라한테는 기회가 주어지지 않았을 것이다.

전통적으로 중국인들은 유라시아 초원길로 중국에 접근하는 흉노족 같은 유목민족을 두려워했다. 러시아는 유목국가는 아니었지만 초원길 방향에서 중국에 접근했다. 그래서 중국인들한테는 러시아나 흉노족이나 다르지 않았다. 일본인들도 러시아를 두려워했지만, 중국인들과는 달랐다. 중국인들은 수천 년간 북방의 위협을 경험했지만, 일본은 그런 경험이 적었다. 일본이 청일전쟁 승리의 여세를 몰아 러시아한테 자신만만하게 덤벼들 수 있었던 것은 북방민족을 상대한 경험이 적었기 때문이다. 위험에 대한 정보가 적었기에 용감할 수 있었던 것이다. 그에 비해, 중국인들은 북방민족한테 시달린 경험이 많았기 때문에, 청일전쟁에서 승리한다 해도 러시아를 상대로 또 다른 모험을 감행할 가능성은 별로 없었다.

청나라가 러시아와 대적하기 힘든 또 다른 이유가 있었다. 러일전쟁 당시, 일본은 주로 만주에서 싸웠다. 대한해협에서도 전투가 벌어졌지만, 전쟁의 주 무대는 중국 땅이었다. 남의 땅에서 벌어지는 전쟁이 아니었다면 일본이 그처럼 과감하지 않았을 것이다. 청나라가 청일전쟁에서 승리한 뒤 러시아와 싸웠다면 이때도 중국 영토가 무대가 될 확률이 높았다. 길고 긴 중·러 국경선이 화염에 휩싸일 가능성이 있었다. 이럴 경우, 청나라의 운명이 어떻게 될지 누구도 예측할 수 없었다. 그렇기 때문에, 청나라가 청일전쟁에서 승리했더라도 새로운 전쟁을 도발할 가능성은 거의 없었다. 청나라가 승리했더라도 그것이 청나라의 팽창으로 이어지지는 않았을 것이다.

둘째, 조선 정세이다. 청나라가 승리했다면 일본의 조선 진출에 제동이 걸렸을 것이다. 그랬다면 1910년의 국권 침탈도 없었을 것이다. 청나라가 승리했다면 조선에 대한 청나라의 영향력이 강화되었겠지만, 청나라가 일본처럼 조선을 강점하기는 힘들었을 것이다.

임오군란 직후 청나라 강경파인 청류당에서 '이참에 조선을 합병하자'는 목소리가 나왔다. 하지만 그것은 현실성 없는 주장이었다. 청나라가 조선에 욕심을 부린다면 러시아는 물론 영국도 가만히 있지 않았을 것이다. 러시아 입장에서는 그렇게 되면 자국 함대가 대한해협을 통과하기 힘들어지고, 극동에서 부동항을 얻기 어려워지리라는 계산을 할 수밖에 없었다. 영국 입장에서는 청나라가 조선을 삼키면 러시아가 분란을 일으킬 게 뻔하고, 그렇게 되면 조선 문제에 끼어들지 않을 수 없었을 것이다. 그렇기 때문에, 청나라가 승리했을 경우 조선에 대한 청나라의 영향력이 증대될 수는 있어도 청나라가 조선을 삼키기는 쉽지 않았을 것이다. 국제 사회도 용인하지 않았을 것이다.

영국과 러시아가 청나라의 조선 강점을 반대했을 것으로 본다면, 일본의 조선 강점에 대해서도 양국이 동일한 반응을 보였어야 하지 않을까? 하지만 일본의 경우는 사정이 달랐다. 일본은 러시아를 제압하고 동북아 최강이 된 상태에서 조선 강점에 나섰기 때문에 일본이 조선을 삼킨다고 영·러 대결이 동북아에서 확대될 이유가 없었다. 또 국제 사회가 저지할 수도 없었다. 반면 청나라는 러시아와 싸울 수 없었기 때문에 러시아를 그대로 둔 상태에서 조선 강점을 추진할 수밖에 없었다. 그렇기 때문에 청나라가 조선 강점을 추진했다면 영·러의 간섭과 훼방을 피할 수 없었을 것이다. 조선을 강점하는 면에서는 청나라가 일본보다 훨씬 불리했다.

셋째, 일본의 운명이다. 청일전쟁에서 승리한 일본은 배상금 등의 명목으로 3억 6,500만 엔 정도를 받았다. 청나라의 3년 치 재정, 일본의 4년 반 치 재정에 해당하는 거금이었다. 이것은 일본의 군비와 산업을 일으키는 밑천이 됐다. 일본이 20세기 초에 세계적 강대국으로 급부상한 원동력은 바로 그것이다. 이런 점을 볼 때, 청일전쟁에서 청나라가 승리해 일본이 배상금을 물었다면 일본은 종전처럼 동아시아 변방에 머물렀을 것이다. 하지만 청나라는 일본처럼 무리하게 뜯어내지는 못했을 것이다. 만주에서 중원으로 진출한 뒤로 청나라는 사방의 적을 의식해서 원만한 대외 관계를 추구했다. 주변 국가들을 자극하지 않으려 노력했다. 병자호란 때만 해도 조선의 굴욕을 강요했던 청나라가 명나라 땅을 차지하고 중원의 패자가 된 뒤로는 조선의 입장을 존중한 사실에서도 그 점을 알 수 있다. 그러므로 청나라가 전쟁 배상금을 받았더라도 청나라의 국운을 좌우할 정도는 안 됐을 것이다.

전반적으로 볼 때, 청나라가 승리했다면 조선은 물론 동아시아 전체가 상당 기간 평화로웠을 것이다. 일본은 청일전쟁 승리의 여세를 몰아 러시아를 꺾고 조선을 강점하고 세계적 강대국으로 급부상했다. 일본의 승리는 동북아 정치 지형을 급격히 변형시켰다. 하지만 청나라는 전쟁에서 승리하더라도 러시아를 상대로 모험을 감행하기도 힘들었고, 조선을 강점하기도 힘들었으며, 무리하게 배상금을 받아내기도 힘들었다. 그러므로 만약 청나라가 승리했다면 일본의 기세가 꺾인 상태에서 동북아 정치 지형이 상당 기간 그대로 유지됐을 것이다.

29. 아관파천이 없었다면?

_ 조선은 1907년쯤 멸망했을 것이다

1895년에 끝난 청일전쟁 결과, 일본은 조선에서 청나라의 영향력을 배제했다. 전통적 사대 관계까지 없애버렸다. 일본이 조선을 독점할 수 있는 여건이 조성된 것이다. 그리고 나서 15년 뒤인 1910년, 일본은 조선을 강점했다. 그런데 이 15년이라는 시간은 '돌발 변수'만 없었다면 12년이나 13년으로 단축되어 1907년이나 1908년쯤 조선 강점이 완료됐을 것이다. 조선 강점에 차질을 초래한 돌발 변수의 시초는 고종의 아관파천이었다. 아관파천으로부터 시작해서 일본의 전략에 제동을 거는 국제 정세가 2년 정도 유지됐다.

삼국간섭에서 아관파천까지

청일전쟁 종결 뒤인 1895년 4월 17일, 일본과 청나라는 시모노세키조약에 서명했다. 이를 통해 일본은 조선과 청나라를 갈라놓고,

청나라로부터 대만과 팽호열도(澎湖群島)를 할양받고 진쟁 배상금까지 받아냈다. 하지만 일본은 이에 만족하지 않고 과욕을 부렸다. 청나라로부터 요동반도까지 빼앗았다. 시모노세키조약에 요동반도 할양 조항을 삽입한 것이다. 이게 화근이 됐다.

일본이 요동반도를 차지하면 가장 손해를 보는 나라는 러시아였다. 조선이나 요동반도에서 부동항 후보지를 물색하던 러시아로서는 이를 묵과할 수 없었다. 그래서 일본의 요동반도 확보에 항의하는 국제 캠페인을 주도했다. 일본이 요동반도를 차지하면 중국의 수도 베이징도 위험해지고, 조선의 독립도 위험해지며, 나아가 극동 평화도 위험해진다는 게 러시아의 주장이었다. 러시아는 독일, 프랑스, 영국에 협조를 청했다. 독일과 프랑스는 요청에 화답했다. 독일은 중국 영토에 관심을 갖고 있었기에, 프랑스는 러시아와 동맹을 체결했기에 쉽게 호응했다. 영국은 '앞으로는 일본을 통해 러시아를 견제하겠다'는 판단에 따라 일본의 요동반도 확보를 묵인했다.

러시아가 독일과 프랑스를 끌어들여 일본의 요동반도 점유에 항의한 이 사건을 '삼국간섭'이라 부른다. 삼국간섭은 성공했다. 삼국을 동시에 상대할 수 없었던 일본은 요동반도를 반환했다. 러시아 군함이 태평양과 접한 고베 앞바다에서 무력시위를 단행한 것도 결단을 이끌어낸 요인 중 하나였다. 일본의 요동 점유는 처음부터 없었던 일이 됐다.

청일전쟁 직전, 일본의 후원하에 친일파 김홍집 내각이 국정을 접수했다. 김홍집은 1894~1896년에 총 4차례에 걸쳐 내각을 구성했다. 청일전쟁 직전에 조직된 것은 제1차 김홍집 내각이었다. 전쟁 직후에는 제2차 내각이 구성되어 일본의 영향력을 조선에 부식하는 데 주력했다. 그러나 삼국간섭으로 일본의 입지가 좁아지자 조선에서도 친일파가 위축됐다. 삼국간섭 뒤 들어선 제3차 김홍집 내각에는 친러파가 중용됐다. 정세 변화를 놓치지 않고 고종과 친러파가 세력 확장에 나섰기 때문이다. 이런 분위기에 제동을 걸고자 일본이 도발한 게 바로 을미사변이다. 조선 정부가 러시아 쪽으로 기울자 친(親)러시아 노선을 걷는 명성황후를 살해했던 것이다. 이때가 고종 32년 8월 20일(1895. 10. 8)이다. 을미사변 뒤에 구성된 제4차 김홍집 내각은 친일 노선으로 회귀했다.

을미사변은 반일 감정을 부추겼다. 을미사변 후에 단행된 이른바 을미개혁은 조선인들의 원성을 샀다. 한 명의 군주가 하나의 연호만 사용한다는 일세일원(一世一元) 원칙 채택, 태양력 사용, 군제 개혁, 단발령 실시 등의 조치가 취해졌는데, 이 중에서도 단발령이 반일 감정에 불을 질렀다. 단발령 당시 풍경이 김구 자서전인 『백범일지』 상권에 묘사되어 있다.

> 때는 마침 김홍집 일파가 일본의 후원으로 우리나라 정권을 잡아서 신장정(新章程)이라는 법령을 발하여 급진적으로 모든 제도를 개혁하던 무렵으로서, 그 새 법의 하나로 나온 것이 단발령이었다. 대군주 폐하라고 부르는 상감께서 먼저 머리를 깎고 양복을 입으시고는 관리로부터 서민에 이르기까지 모두 깎게 하자는 것이었다. 이 단발령이 팔도에 내려졌으나 백성들이 응종(應從)하지 아니하기 때문에, 서울을 비롯하여 감영, 병영 같은 큰 도회지에서는 목목이('길목마다'라는 뜻) 군사가 지켜서서 행인을 막 붙들고 상투를 잘랐다. 이것을 늑삭('억지로 깎는

다는 뜻)이라 하여 늑사을 당한 사람은 큰일이나 난 것처럼 통곡을 하였다.

단발령에 대한 거부감은 전국적인 의병 투쟁으로 이어졌다. 친일 내각과 일본에 대한 거부감이 어떠했는지 짐작할 수 있다. 이를 활용해 고종과 친러파는 정국을 전환시킬 묘책을 강구했다. 그렇게 해서 나온 것이 임금을 러시아 공사관으로 옮긴 뒤 러시아 힘으로 정국을 바꾸는 방안이다. 고종과 친러파는 주한 러시아 공사 베베르와 러시아 군대의 도움을 받아 서울 정동에 있는 아관(俄館), 즉 러시아 공사관으로 임금의 집무실을 파천(播遷)했다. 1896년 2월 11일의 일이다. 임금이 일본이나 친일파의 눈치를 보지 않고 왕명을 내릴 수 있는 상황을 조성한 것이다.

아관에 들어간 고종은 친일파 김홍집, 유길준, 정병하, 조희연, 장박을 역적으로 규정하고 체포령을 내렸다. 경복궁에서 친일파에 둘러싸여 있었다면 이런 명령은 불가능했을 것이다. 이런 상황에서 백성들도 들고 일어섰다. 김홍집과 정병하는 길거리에서 백성들에게 붙잡혀 피살됐다. 아관파천으로 일본의 영향력은 급속히 줄어들었다. 군주가 외국 공관으로 몸을 옮긴 것은 치욕스러운 일이지만, 고종으로서는 일본의 압박으로부터 벗어나자면 그 길밖에 없었다.

아관파천, 조선의 멸망을 잠시 유예하다

아관파천은 조선 정세를 새로운 국면으로 유도했다. 일본과 러시아가 조선에서 세력 균형을 형성하도록 만든 것이다. 일본은 아관파천으로 손해를 봤지만, 조선에서 쫓겨날 정도는 아니었다. 러시아는 아관파천으로 이익을 봤지만, 조선을 장악할 수 있을 정도는 아니었다. 어느 한 나라도 조선을 독점할 수 없었기에 아관파천 후에 세력 균형을 이룰 수 있었던 것이다.

세력 균형은 양국 협약으로 구체화됐다. 1896년 5월 14일의 베베르-고무라 각서와 같은 해 5월 26일의 로바노프-야마가타 의정서였다. 전자는 아관파천과 친러 정권을 인정하고 고종의 환궁 여부를 고종 자신에게 맡기되 러·일 합의로만 고종에게 환궁을 권고하며, 일본 병력을 조선에서 철수시킨다는 내용이었다. 후자는 조선 문제에 러·일이 공동으로 간섭한다는 것이었다.

세력 균형은 시장 개방 이래 고종이 일관되게 추구한 바였다. 고종은 열강을 조선에 끌어들여 열강끼리 상호 경쟁하도록 한 뒤 이를 이용해 독립을 유지한다는 전략을 갖고 있었다. 이런 열망은 늘 실패했다. 조선과 서양을 중재해준 청나라가 이 틈을 타 조선 내정을 간섭했다. 청일전쟁으로 청나라가 물러간 뒤에는 일본이 바통을 이어받았다. 그래서 아관파천 전에는 둘 이상의 외세가 상호 대등한 힘을 갖는 형세가 출현하지 않았다. 항상 한 나라가 조선을 독점했다. 하지만 아관파천 이후는 달랐다. 이 상황은 고종의 열망에 부합했다. 개항 이래 조선의 입지가 가장 강해진 것은 바로 이때였다. 어느 한 국가도 조선을 독점할 수 없게 되면서 고종과 조선이 운신할 수 있는 폭이 넓어졌다. 세력 균형이 스스로의 힘으로 생겼다면 조선의 운명에 긍정적으로 작용했을 것이다. 하지만 남의 힘으로 얻어진 것이었기에 언제 무너질지 모르는 사상누각과도 같았다.

세력 균형 덕분에 운신의 폭을 넓힌 고종은 환궁한 뒤 대한제국 선포를 추진했다. 군주 명칭의 개정도 추진했다. 조선 임금의 칭호는 원래 주상이었다가 갑오개혁 때 대군주로 개정됐는데, 이것을 황제로 개칭하는 작업을 추진한 것이다. 그 결과로 1897년 10월 12일, 대한제국을 선포하고 황제를 칭했다(칭제건원). 독자적 연호인 광무(光武)는 2개월 전에 이미 선포돼 있었다. 칭제건원을 둘러싸고 내외적으로 찬반 논란이 있었지만, 적어도 고종 입장에서 그것은 '꿈의 성취'였다. 개항 이래 열렬히 추구한 세력 균형의 결과로 획득한 '전리품'이었다.

하지만 이 모든 것은 사상누각이었다. 칭제건원 자체는 바람직했지만, 조선의 자력으로 얻은 것이 아니었다. 러시아와 일본이 상호 견제하는 가운데 조선의 입지가 넓어진 데 따른 부수적 결과였다. 조선에서 러시아와 일본의 세력이 엇비슷해져 어느 한쪽도 조선을 독점할 수 없게 된 데 따른 반사 이익이었다. 그래서 일시적 어부지리에 불과한 것이었다. 러시아나 일본 중 어느 일방이 비대해지거나 갑자기 발을 빼면 조선의 독립을 장담할 수 없는 상황이었다.

이런 일이 실제로 발생했다. 2건의 러·일 조약이 체결된 때부터 '겨우' 2년 뒤인 1898년 4월 25일, 러·일 양국은 로젠-니시 협정을 통해 '겨우' 2년 동안의 세력 균형에 종지부를 찍었다. 조약 내용은 만주는 러시아가, 조선은 일본이 차지한다'는 것이었다. 러·일 양국이 만주와 조선을 각각 분점하기로 합의한 것이다. 이렇게 러시아가 조선에서 발을 뺌에 따라 조선은 일본의 단독 영향 아래 놓이게 됐다. 일본이 조선을 빼앗을 수 있는 환경이 조성된 것이다. 1905년과 1910년의 치욕은 실은 1898년부터 시작된 것이었다.

앞서, 아관파천이 없었다면 일본의 조선 강점이 2~3년 정도 앞당겨졌을 것이라고 말했다. 아관파천으로 세력 균형이 조성된 1896~1898년 사이에 일본은 별다른 영향력을 행사할 수 없었다. 일본이 조선 지배를 본격 추진한 것은 1898년에 러시아가 조선에서 나간 이후였다. 그러므로 일본 입장에서는 아관파천으로 2~3년 정도를 지체한 셈이다. 아관파천이 없었다면 을미사변 이후 일본의 기세는 꺾이지 않고 계속 강해졌을 것이다. 그래서 아관파천이 없었다면 1907년이나 1908년쯤에 조선이 강점됐을 거라고 말한 것이다.

한 가지 의문이 남는다. 러시아는 왜 1898년에 조선에서 발을 뺐을까? 흥미롭게도 이 문제는 칭다오맥주의 기원과 관련이 있다. 중국에서 가장 인기 있는 칭다오맥주가 조선 멸망과 관련이 있었다. 이 문제를 마지막 장에서 살펴보자.

30. 칭다오맥주가 안 나왔다면?
_ 조선은 망하지 않았거나 멸망이 늦어졌을 것이다

일반적으로 중국 식당에서는 물을 유료로 제공한다. 그래서 물 대신 맥주를 사서 마시는 손님이 적지 않다. 중국 전역에서 생산되는 맥주는 대략 3,000종에 이르며, 지방 식당들은 대부분 자기 지역 맥주를 판매한다. 베이징 시내 식당에서는 베이징맥주인 연경맥주(옌징피지우)를 쉽게 볼 수 있다.

그런데 베이징을 가든 지방을 가든 쉽게 만날 수 있는 맥주가 있다. 산둥성 칭다오(靑島)에서 생산되는 칭다오맥주[23]가 바로 그것이다. 대부분의 식당에서는 자기 지역 맥주와 칭다오맥주를 동시에 제공한다. 칭다오맥주 맛이 특별하기 때문이다.

---

23 칭다오맥주는 1903년 독일인과 영국인의 합작으로 설립된 로망맥주 지분유한공사에 의해 처음 생산됐다. 생산 설비와 원재료는 맥주의 나라 독일에서 도입됐다. 생산 개시 3년 만인 1906년 뮌헨 국제박람회에서 금상을 수상했을 정도로 이 회사는 빨리 성장했다. 세계적 명성도 얻었다. 그 뒤 이 회사는 중국 측에 넘어가 국영 칭다오 맥주회사(중국 명칭은 '칭다오 피지우창')가 됐다. 지금은 칭다오맥주 지분유한공사로 불린다.

홍미롭게도, 아니 유감스럽게도 칭다오맥주가 맛있는 것은 500년 조선 왕조의 종말과 연관이 있다. 그래서 칭다오맥주가 맛있는 것은 한국인에게는 슬픈 일이다. 칭다오맥주가 안 나올 수 있었다면 조선의 운명도 크게 달라졌을 것이다.

자오저우만 점령, 조선의 멸망을 앞당기다?

아관파천과 2차례의 러·일 협정으로 조선에서 세력 균형이 형성됐고, 이것은 대한제국 선포로 이어졌다. 고종이 오래전부터 희망했던 일로, 표면상으로 보면 조선의 독립과 평화를 위해 바람직한 상태였다.

이런 분위기에 찬물을 끼얹은 사건이 발생했다. 1897년 11월 14일, 독일이 산둥반도 남부의 자오저우만(膠州灣)을 전격 점령했다. 자오저우만에는 좋은 항구가 있어서 이전부터 독일과 러시아의 주목을 받았다. 독일 입장에서는 산둥반도가 대륙과 해양을 연결하는 교량이었기에, 러시아 입장에서는 자신들이 찾는 부동항이었기에 관심을 갖고 있었다. 영국과 러시아에 비해 동아시아 시장에서 후발 주자였던 독일은 자오저우만 점령을 통해 동아시아 진출의 교두보를 마련하고 위상을 높이고자 했다. 조선에서 러·일이 세력 균형을 유지할 때, 바로 옆에서 이런 일이 터졌다. 누구보다 러시아가 당황했다. 이는 조선에 대한 러시아의 관심을 약화하는 결과를 초래했다.

독일의 자오저우만 점령은 칭다오맥주의 출발점이 됐다. 중국 맥주 중에서 유독 칭다오맥주에만 독일 기술이 투입된 것은 그 때문이다. 독일인들은 그곳이 천년만년 자기네 땅이 될 줄 알았다. 그래서 자국 자본과 기술을 들여 독일식 맥주 회사를 설립했다. 칭다오맥주가 유달리 맛있는 것은 그 때문이다. 하지만 칭다오맥주의 설립은 제국주의 열강의 동아시아 침략을 반영하는 일이다.

독일이 자오저우만을 점령하기 전만 해도 러시아의 극동 정책은 온건하고 평화적이었다. 하지만 이 사건을 계기로 러시아 강경파의 입지가 확대됐다. 강경파는 온건 정책을 비판했고, 러시아의 관심을 만주에 집중할 것을 요구했다. 독일이 점령한 산둥반도에서 마주 보이는 만주에 러시아의 힘을 집중해야 남진 정책에 유리한 환경을 조성할 수 있다고 주장했다. 온건파는 만주에 대한 힘의 집중이 조선에 대한 일본의 도발을 불러일으킬 것이라며 반대했다. 독일이 자오저우만을 점령한 지 12일 뒤인 11월 26일, 드디어 결판이 났다. 이날 열린 러시아 각료회의에서 승리를 거둔 쪽은 강경파였다. 이에 따라 러시아는 1898년 3월 27일 산둥반도에서 마주 보이는 요동반도의 뤼순(旅順), 다롄(大連)에 대한 점령 작전에 돌입했다. 결과는 성공이었다. 이로 인해 독일과 러시아가 서해를 사이에 두고 서로를 견제하는 긴장 국면이 조성됐다.

청나라와 러시아는 본래 사이가 안 좋았다. 하지만 청일전쟁 후에는 괜찮은 관계를 유지했다. 러시아가 삼국간섭으로 일본의 요동반도 점령을 무산시켰기 때문이다. 그런 러시아가 뤼순과 다롄을 점령하자 청나라의 태도는 순식간에 싸늘해졌다. 청나라는 러시아에 맞서기로 결심했다. 러시아의 뤼순·다롄 점령은 일본의 항의까지 초래했고, 이로 인해 청나라와 일본이 가까워지는 상황까지 생겨났다. 청나라와 일본이 불편한 감정을 털어버리고 공동으로 해상 시위를 벌이기도 했다. 리시아의 뤼순·다롄 점령은 그 정도로 충격적인 일이었다. 청나라와 일본만 반발한 게 아니었다. 영국도 청나라와 일본을 지지했다. 러시아는 순식간에 외톨이가 됐다.

러시아는 국제적 포위에 당황했다. 이를 돌파할 목적으로 러시아가 선택한 게 일본과의 타협이었다. 러시아는 반(反)러시아 연대에서 일본을 빼내고자 했다. 그런 생각을 한 것은 일본과는 주고받을 게 있었기 때문이다. 바로 조선 문제였다. 조선에서 일본과 세력 균형을 유지하고 있었던지라, 조선에서 발을 빼면 일본의 이익이 증대될 게 분명했다. 조선을 일본에 양보하면 뤼순·다롄 문제에 대해 일본의 협조를 얻을 수 있다는 게 러시아의 판단이었다.

러시아는 판단을 실천에 옮겼다. 뤼순과 다롄을 발판으로 만주 지배권을 공고히 할 목적으로 조선 문제에서 발을 뺐다. 시베리아 횡단철도가 완공될 때까지는 조선 활동을 보류하기로 하고 조선 주재 훈련 교관 및 재정 고문들도 철수시켰다. 1898년 4월 25일에는 일본과 로젠-니시 협정을 체결했다. 이를 통해 '만주는 러시아가, 조선은 일본이 차지한다'는 세력 분할 방안에 합의했다. '만한(滿韓) 교환 원칙'에 합의한 것이다. 1896년의 베베르-고무라 각서 및 로바노프-야마가타 의정서 이래 유지된 러·일 세력 균형은 그렇게 순식간에 와해됐다. 로젠-니시 협정과 함께 조선에 남은 것은 거대해진 일본뿐이었다. 러시아가 이렇게 쉽게 조선을 포기한 것은 러시아가 얻고자 했던 부동항을 뤼순·다롄에서 얻었기 때문이다.

러시아가 세력 균형 구도를 깨고 이탈함에 따라 1898년 4월 25일 이후 조선은 일본의 단독 영향 아래 놓이게 됐다. 조선의 신세는 평균 신장이 30미터가 족히 넘는 거인국 브롭딩낵에 표류한 '난쟁이'

걸리버와 다를 바 없었다. 조선이 독자적으로 할 수 있는 일은 아무것도 없었다.

　러시아의 철수로 조선을 장악한 일본은 얼마 안 가 만한 교환 원칙마저 깨고 러시아와 전쟁을 벌였다. 이 전쟁에서도 승리한 일본은 만주에서 유리한 입지를 확보했고, 이를 바탕으로 조선을 자국 지배하에 두었다. 조선의 멸망이 1905년 을사늑약 때부터 가속화됐다고 보는 경향이 있지만, 실제로는 1898년 로젠-니시 협정 때부터 가속화됐다. 그때부터 조선이 '거인국 사람들'의 손아귀에 놓였기 때문이다. 일본의 조선 장악을 가능케 한 로젠-니시 협정의 시초가 독일의 자오저우만 점령이었고, 자오저우만 점령이 칭다오맥주 생산으로 이어졌다. 그러므로 칭다오맥주가 안 나올 수 있었다면, 다시 말해 독일이 자오저우만을 점령하지 않았다면 조선에서의 러·일 세력 균형은 좀 더 오래 지속됐을 것이고, 그랬다면 조선의 멸망도 좀 더 늦어졌을 것이다. 어쩌면 그렇게 벌어들인 시간을 발판으로 조선이 독립 자주의 길을 모색했을 수도 있다.

참고문헌

한국 문헌

사료

『경종실록(景宗實錄)』,『고려사(高麗史)』,『고려사절요(高麗史節要)』,『광해군일기(光海君日記)』,『단군세기(檀君世記)』,『단암만록(丹巖漫錄)』,『단종실록(端宗實錄)』,『당의통략(黨議通略)』,『명종실록(中宗實錄)』,『백범일지(白凡逸志)』,『사씨남정기(謝氏南征記)』,『산성일기(山城日記)』,『삼국사기(三國史記)』,『삼국유사(三國遺事)』,『삼봉집(三峯集)』,『삼성기(三聖記)』,『선원계보기략(璿源系譜紀略)』,『선조수정실록(宣祖修正實錄)』,『세조실록(世祖實錄)』,『송서습유(宋書拾遺)』,『수문록(隨聞錄)』,『숙종실록(肅宗實錄)』,『순조실록(純祖實錄)』,『승정원일기(承政院日記)』,『어수신화(禦睡新話)』,『연려실기술(燃藜室記述)』,『연산군일기(燕山君日記)』,『열하일기(熱河日記)』,『영조실록(英祖實錄)』,『운영전(雲英傳)』,『인조실록(仁祖實錄)』,『인현왕후전(仁顯王后傳)』,『조선경국전(朝鮮經國典)』,『조선사연구초(朝鮮史研究草)』,『조선상고사(朝鮮上古史)』,『중종실록(中宗實錄)』,『춘향전(春香傳)』,『태조실록(太祖實錄)』,『태종실록(太宗實錄)』,『한중록(閑中錄)』.

단행본 · 논문

게오르그 빌헬름 프리드리히 헤겔,『역사철학강의』, 권기철 옮김, 동서문화사, 2008.

고영진,「이황 – 반동적 관념론자인가」『역사비평』1993년 가을호, 역사비평사, 1993.

구태훈,『일본 역사 탐구』, 태학사, 2002.

국제역사학회의 한국위원회,『한미수교 100년사』, 1982.

권석봉,「이홍장의 대조선 열국입약권도책에 대하여」『역사학보』21집, 역사학회, 1963.

_____,『청말 대조선 정책사 연구』, 일조각, 1995.

권혁수, 『19세기 말 한중 관계사 연구』, 백산자료원, 2000.

김구진, 「조선 전기 對여진 관계와 여진 사회의 실태」『동양학』14, 단국대학교 동양학연구소, 1984.

김기혁, 「근대 초기의 한·청·일 관계의 전개: 갑신정변에 미친 영향을 중심으로」『사상과 정책』, 경향신문사, 1984.

김달중, 「중국의 대한 간섭 및 통제 정책: 1880년대를 중심으로」『사회과학논집』12, 연세대학교 사회과학연구소, 1981.

김돈, 「연산군대의 군·신 권력 관계와 그 추이」『역사교육』53, 역사교육연구회, 1993.

김명호, 『초기 한미 관계의 재조명』, 역사비평사, 2005.

_____, 『환재 박규수 연구』, 창비, 2008.

김문준, 「우암 춘추대의 정신의 이론과 실천」『동양철학연구』13집, 동양철학연구회, 1992.

김범, 「조선 연산군대의 왕권과 정국 운영」『대동문화연구』53집, 성균관대학교 대동문화연구원, 2006.

김병우, 「고종의 친정 체제 형성기 정치 세력의 동향」『대구사학』63집, 대구사학회, 2001.

김용숙, 『조선조 궁중풍속 연구』, 일지사, 1987.

김인호, 「정도전의 역사 인식과 군주론의 기반」『한국사연구』131호, 한국사연구회, 2005.

김한규, 『한중관계사』1·2, 아르케, 1999.

론도 캐머런 외, 『간결한 세계 경제사』, 이헌대 옮김, 에코피아, 2009.

문정창, 『가야사』, 백문당, 1978.

민덕기, 「조선·유구를 통한 에도 바쿠후(江戸幕府)의 대명 접근」『한일 관계사 연구』2집, 한일관계사학회, 1994.

민두기, 『일본의 역사』, 지식산업사, 1976.

박광용, 『영조와 정조의 나라』, 푸른역사, 1998.

박기현, 『조선참모실록』, 역사의아침, 2010.

박일근, 「한미수호조약에서 본 미·중의 대한 외교 정책: 고종의 비밀 외교를 중심으로」『한국정치학회보』11권, 한국정치학회, 1977.

박한제 외, 『아틀라스 중국사』, 사계절, 2007.

박홍규·방상근, 「정도전의 '재상주의론' 재검토」 『대한정치학회보』 15집 3호, 대한정치학회, 2008.

배성동, 「개항 직전의 한일 관계: 1868~1874」 『한국정치학회보』, 한국정치학회, 1972.

서영희, 「명성왕후 재평가」 『역사비평』 2002년 가을호, 역사비평사, 2002.

신명호, 『조선왕비실록』, 역사의아침, 2007.

신항수, 「조선 후기 북벌론의 실상」 『내일을 여는 역사』 19호, 내일을 여는 역사, 2005.

안드레 군더 프랑크 지음, 『리오리엔트』, 이희재 옮김, 이산, 2003.

오종록, 「광해군 시대의 교훈」 『내일을 여는 역사』 5호, 내일을 여는 역사, 2001.

_____, 「신숙주의 군사 정책과 재상으로서의 경륜」 『역사학논총』 3·4, 동선사학회, 2003.

윤사순, 「이황의 생애와 사상」 『사상』 1992년 가을호, 사회과학원, 1992.

이덕일, 『정약용과 그의 형제들』, 김영사, 2004.

이병조·이중범, 『국제법 신강』, 일조각, 1996.

이완재, 「개화기의 청조 종속 문제에 대하여」 『한국학논집』 12집, 한양대학교 한국학연구소, 1987.

이이화, 「북벌론의 사상사적 검토」 『창작과 비평』 1975년 겨울호, 창작과비평사, 1975.

이익주, 「공민왕대 개혁의 추이와 신흥 유신의 성장」 『역사와 현실』 15권, 한국역사연구회, 1995.

이종호, 『정암 조광조』, 일지사, 1999.

이태진, 『고종 시대의 재조명』, 태학사, 2000.

임계순, 「한러 밀약과 그 후의 한러 관계」 『한러 관계 100년사』, 한국사연구협의회, 1984.

장영숙, 「서양인의 견문기를 통해 본 명성황후의 정치적 위상과 역할」 『한국근현대사연구』 2005년 겨울호, 한울, 2005.

전순동, 「영락제의 외정과 정치적 의의」 『중국사연구』 54집, 중국사학회, 2008.

전해종, 『한중 관계사 연구』 3판, 일조각, 1974.

정두희, 「송시열의 숭명배청론 재검토」 『역사비평』 1996년 겨울호, 역사비평사, 1996.

정성일, 「역지빙례 실시 전후 대일무역의 동향」 『경제사학』 15권, 경제사학회, 1991.

정재훈, 「17세기 우암 송시열의 정치사상」 『한국사상과 문화』 42집, 한국사상문화학회, 2008.

제프리 브루운, 『19세기 유럽사』, 길현모 옮김, 탐구당, 1989.

조유식, 『정도전을 위한 변명』, 푸른역사, 2006.

조종업, 「북벌과 춘추대의」 『백제연구』 10집, 충남대학교 백제연구소, 1979.

채수환, 「고려 공민왕대의 개혁과 정치적 지배 세력」 『사학연구』 55~56합집호, 한국사학회, 1998.

최문형, 『명성황후 시해의 진실을 밝힌다』, 지식산업사, 2001.

최소자, 『명청 시대 중·한 관계사 연구』, 이화여자대학교출판부, 1997.

한국학중앙연구원, 『숙빈최씨자료집 1』, 한국학중앙연구원, 2009

한영국, 「조선 초기 대일 통교와 신숙주」 『어문연구』 30권 4호, 한국어문교육연구회, 2002.

한영우, 「정도전의 정치개혁사상」 『창작과 비평』 1972년 겨울호, 창작과비평사, 1972.

한우근, 『동학과 농민봉기』, 일조각, 1989.

외국 문헌

일본

高橋秀直, 「形成期明治國家の軍備擴張政策: 壬午事變後の軍擴決定をめぐつて」 『史學雜誌』 99卷 8号, 東京大學文學部史學會, 1990.

藤村道生, 『日淸戰爭前後のアジア政策』, 岩波書店, 1995.

北島万次, 『豊臣秀吉の朝鮮侵略』, 吉川弘文館, 1995.

井上光貞 等 編, 『日本歷史大系』 4, 山川出版社, 1984.

崔碩莞, 「一八八〇年代中葉の日本政府の東アジア政策」 『史學雜誌』 106卷 1号, 山川出版社, 1997.

중국

『論語』, 『大明會典』, 『大學』, 『孟子』, 『三國志』, 『書經』, 『書經集傳』, 『朝鮮策略』, 『漢書』.

姜鳴 編, 『中國近代海軍史事日志(1860~1911)』, 三聯書店, 1994.

故宮博物院編, 『光緒朝中日交涉史料』, 臺北 文海出版社.

徐新吾, 『江南土布史』, 上海社會科學院出版社, 1992.

李金明, 「明朝對日本貿易政策的演變」 『福建論壇』 2007年 第2期, 廈門大學南洋研究院, 2007.

林明德, 『袁世凱與朝鮮』, 臺北 中央研究院 近代史研究所, 1970.

張維華 編, 『中國古代對外關係史』, 高等教育出版社, 1993.

鄭洁・劉文鵬, 『李鴻章外交之道』, 陝西師範大學出版社, 2002.

中國舊海關史料編輯委員會, 『中國舊海關史料(1859~1948)』, 2001.

中央研究院 近代史研究所 編, 『清季中日韓關係史料』, 臺北 中央研究院 近代史研究所, 1972.

미국

E. V. G. Kiernan, *British Diplomacy in China 1880~1885*, New York, Straus & Giroux Inc., 1970.

Key-hiuk Kim, *The Last Phase Of The East Asian World Order: Korea, Japan And The Chinese Empire*, University of California Press, 1980.

John J. Stephan, *The Russian Far East: A History*, Stanford University Press, 1994.

역사 추리 조선사

초판 1쇄 펴낸 날 2018. 4. 2.

지은이   김종성
발행인   양진호
책임편집   위정훈
디자인   김민정
발행처   도서출판 인문서원

등 록   2013년 5월 21일(제2014-000039호)
주 소   (121-893) 서울시 마포구 양화로 56 동양한강트레벨 718호
전 화   (02) 338-5951~2
팩 스   (02) 338-5953
이메일   inmunbook@hanmail.net

ISBN   979-11-86542-48-4 (03910)

© 김종성, 2018

값은 뒤표지에 있습니다.
잘못 만들어진 책은 구입하신 서점에서 바꾸어 드립니다.

이 도서의 국립중앙도서관 출판예정도서목록(CIP)은 서지정보유통지원시스템
홈페이지(http://seoji.nl.go.kr)와 국가자료공동목록시스템(http://www.nl.go.kr
/kolisnet)에서 이용하실 수 있습니다. (CIP제어번호: CIP2018007940)